Economic Development in Cambodia

新・カンボジア経済入門

高度経済成長とグローバル化

廣畑伸雄・福代和宏・初鹿野直美［著］

日本評論社

はじめに

　本書は2004年に上梓された『カンボジア経済入門——市場経済化と貧困削減』の改訂版である。この10年間に同国は急速な経済発展を遂げ、また、特に2011年以降は日本企業による進出が急増している。まさに十年一昔という状況で、旧版の記述内容の多くが現状に合わないものとなったことから、今般内容の全面的な見直しを行い、書名も『新・カンボジア経済入門』と改めたものである。本書の特徴について、前書との異同を含めて説明すれば以下のとおりである。

　第一に、本書においては、カンボジア経済についてできるだけ幅広い視点からみることとし、同国に進出を考えている日本企業の担当者、同国に対する国際援助関係者、開発経済学に関心を持つ研究者などの参考になる情報を提供することを心掛けた。第二に、前書の執筆に際しては、必要な情報やデータを入手することが容易ではなかったが、本書では筆者も参画したカンボジア政府統計能力向上プロジェクトの成果物である人口センサス、経済センサスの調査結果を活用した。また、現在はインターネットの普及などにより基礎情報の入手は容易になっていることから、より深く知りたい方が有用な情報にアクセスしやすいように、参考文献をより厳選して記載した。第三に、本書においては、話題性のある新しいテーマとして、同国における企業グループの形成、ストリート・ビジネスの実態、天然ゴム産業の躍進、国境経済圏の成立、銀行の経営戦略とマイクロファイナンスの拡大、女性の社会進出、ミレニアム開発目標、環境とエネルギー問題などを取り上げた。第四に、本書においては、特に日本企業の活動について記述した。中小企業やサービス分野の個人企業も含め、日本人が登録した企業数は直近数年の間に約700社

にのぼっており、企業進出ラッシュが続いている。第五に、前書のサブタイトルは「市場経済化と貧困削減」で、同国が国内経済活動を活性化し、国際経済社会に復帰する過程であったが、高度経済成長が継続的に達成されているなかで、本書においては、同国経済はNIEs諸国やASEAN先行諸国に追いついていく過程ととらえ、サブタイトルを「高度経済成長とグローバル化」とした。

　本書の構成については以下のとおりである。第1章「カンボジアの概要」においては、同国の歴史と政治、地理・風土と社会・文化、人口動態の特徴について整理した。第2章「成長するカンボジア経済」においては、同国の高度経済成長の下での市場経済化の進展と、産業構造の転換について分析し、事業所と従事者の状況について整理した。第3章「国家計画と経済政策」においては、同国の国家計画について、経済復興が最重要課題とされた時期、貧困削減が中心課題と位置づけられた時期、グッド・ガバナンスが目標とされた時期に区分し、特に経済政策について考察した。第4章「グローバル化の進展」においては、同国経済の国際化の進展に関して、貿易の推移について概観し、外国直接投資の動向について分析し、日本企業の活動状況について整理した。第5章「拡大する都市経済」においては、同国の民間セクターの企業構造と、主要な企業グループの特徴について分析し、同国最大の産業である繊維縫製業について概観し、また、ストリート・ビジネスの実態を明らかにした。第6章「多様化する地方経済」においては、農業や地場産業について概観し、天然ゴム産業について分析し、また、国境地域における経済活動の実態を明らかにした。第7章「金融の自由化と資金供給の拡大」においては、同国の金融セクターについて概観し、商業銀行の経営戦略について分析し、マイクロファイナンス機関の活動状況を明らかにした。第8章「貧困削減と産業人材育成」においては、同国の貧困削減への取り組みについて概観し、産業人材育成にかかる教育の現状について整理し、また、女性の社会進出の状況を明らかにした。第9章「国家財政と国際援助」においては、同国の国家財政について概観し、同国に対する国際援助の歴史と現状について整理し、また、NGOの活動について明らかにした。第10章「環境とエネルギー問題」においては、同国の環境問題について概観し、エネルギー問題

について分析し、電力問題について考察した。

　本書の執筆の分担については、福代が、第10章（環境とエネルギー問題）を担当し、初鹿野が、第5章第2節（繊維縫製業）と第6章第3節（国境経済）を担当し、その他の部分は廣畑が担当した。

　本書の執筆に際しては、日本評論社の武藤誠氏（2015年春に退職）、高橋耕氏、岩元恵美さんにお世話になりました。また、その他たくさんの方々にもご協力いただいたことに御礼を申し上げます。

2016年6月

廣畑　伸雄

新・カンボジア経済入門

目　次

はじめに　　*i*

第1章　カンボジアの概要 …………………………………… *1*

第1節　カンボジアの歴史と政治　　*2*
1　カンボジアの歴史　*2*
2　カンボジアの和平　*5*
3　カンボジアの政治　*6*

第2節　カンボジアの社会とクメール文化　　*10*
1　カンボジアの地理と風土　*10*
2　カンボジアの社会と文化　*11*

第3節　カンボジアの人口　　*12*

第2章　成長するカンボジア経済 …………………………… *19*

第1節　市場経済化の進展　　*20*
1　市場経済への転換プロセス　*20*
2　経済成長の軌跡　*22*
3　東南アジアにおけるカンボジア経済　*24*

第2節　産業構造の転換　　*26*
1　カンボジアの産業構造　*26*
2　東南アジア諸国の産業構造　*29*

第3節　事業所と従事者　　*30*
1　事業所数と従事者数　*30*
2　事業所の創業年　*30*

第3章　国家計画と経済政策 ………………………………… *33*

第1節　社会経済の復興と開発　　*34*

1　社会経済復興計画（1991〜1995年）　*34*
   2　第一次社会経済開発計画（1996〜2000年）　*35*
   3　第二次社会経済開発計画（2001〜2005年）　*37*
  第2節　貧困の削減　*41*
   1　国家計画　*41*
   2　貧困削減戦略文書　*42*
  第3節　グッド・ガバナンス　*44*
   1　国家戦略開発計画（2006〜2010年）　*44*
   2　国家戦略開発計画改訂版（2009〜2013年）　*46*
   3　国家戦略開発計画（2014〜2018年）　*47*

第4章　グローバル化の進展　……………………………………　51
  第1節　貿易の自由化　*52*
   1　ASEAN加盟とAFTA　*52*
   2　カンボジアの貿易政策　*53*
   3　カンボジアの貿易動向　*54*
  第2節　投資の自由化　*59*
   1　投資誘致政策　*59*
   2　外国直接投資　*61*
   3　インフラ整備　*66*
  第3節　日本企業の進出　*71*

第5章　拡大する都市経済　……………………………………　83
  第1節　企業グループ　*84*
   1　カンボジアの企業構造　*84*
   2　カンボジアの企業グループ　*87*
  第2節　繊維縫製業　*100*
  第3節　ストリート・ビジネス　*105*
   1　ストリート・ビジネスの概要　*105*
   2　ストリート・ビジネスの事業　*113*
   3　ストリート・ビジネスの経営　*115*
   4　ストリート・ビジネスの類型化　*117*

第6章　多様化する地方経済 ……………………… 123
第1節　農業と地場産業　　124
1　コ メ　124
2　商品作物　124
3　地場産業　125
第2節　天然ゴム　　127
1　天然ゴム産業　127
2　天然ゴムのバリューチェーン　128
3　天然ゴムの経営　134
第3節　国境経済　　139

第7章　金融の自由化と資金供給の拡大 ……………… 147
第1節　カンボジアの金融セクター　　148
1　カンボジアの金融制度　148
2　カンボジアの銀行セクター　149
3　金融市場の動向　150
4　証券市場の動向　154
第2節　銀行の経営戦略　　155
1　銀行の経営方針　155
2　銀行の経営戦略の類型化　162
3　個別銀行の経営戦略　163
4　銀行セクターの展望　167
第3節　マイクロファイナンス　　169
1　カンボジアにおけるマイクロファイナンス　169
2　マイクロファイナンスの拡大　170
3　マイクロファイナンスの現況　171
4　マイクロファイナンスの融資分野　177
5　マイクロファイナンスの事例　179

第8章　貧困削減と産業人材育成 ………………… 183
第1節　所得貧困と人間開発　　184
1　カンボジアの所得貧困　184
2　貧困削減　185

3　人間開発　*188*
　　　4　ミレニアム開発目標　*188*
　　第2節　産業人材育成　*191*
　　　1　カンボジアの教育制度　*191*
　　　2　カンボジアの産業人材育成　*192*
　　第3節　女性の社会進出　*193*
　　　1　女性経営者　*193*
　　　2　女性雇用者　*196*
　　　3　地域的特徴　*199*
　　　4　女性経営者のビジネスの採算性　*201*

第9章　国家財政と国際援助 ················· *205*
　　第1節　カンボジアの国家財政　*206*
　　　1　財政収支　*206*
　　　2　財政改革　*206*
　　第2節　カンボジアに対する援助　*209*
　　　1　カンボジアに対する国際援助　*209*
　　　2　国際援助の必要性　*210*
　　　3　日本のカンボジアに対する国際援助　*212*
　　第3節　NGO　　*218*

第10章　環境とエネルギー問題 ················· *221*
　　第1節　環境問題　*222*
　　　1　カンボジアにおける主要な環境問題　*222*
　　　2　森林保全　*224*
　　　3　土壌劣化防止　*226*
　　　4　水産資源管理　*227*
　　　5　生活環境改善　*229*
　　第2節　エネルギー問題　*232*
　　　1　エネルギー消費量の増加　*232*
　　　2　エネルギーの自給と輸入　*234*
　　　3　部門別のエネルギー消費量　*235*
　　　4　住宅部門におけるエネルギー消費の実態　*237*

5　エネルギー価格　*239*
   6　エネルギー供給の安定性　*241*
第3節　電力問題　*242*
   1　電力の生産、輸入、消費の推移　*242*
   2　電力供給の状況　*243*
   3　住宅部門における電力消費の実態　*245*
   4　電力需給問題　*247*

付　表　　　*249*

人名索引　　　*267*
事項索引　　　*268*

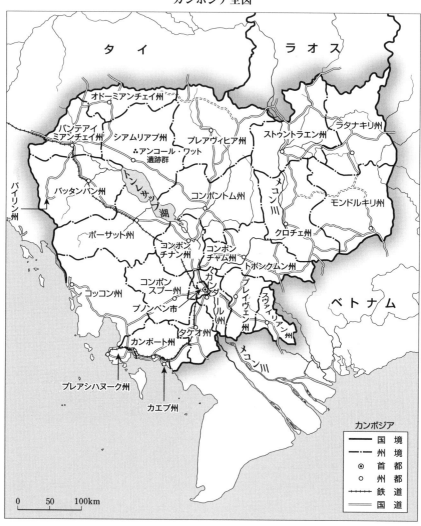
カンボジア全図

第1章
カンボジアの概要

（アンコール・トム）

　カンボジアにおいて9世紀頃に成立したアンコール朝は、12〜13世紀頃に隆盛を極めてインドシナ地域一帯を支配し、壮大なアンコール遺跡群が現在にその栄華を伝えている。19世紀後半以降は仏領インドシナ連邦に組み込まれ、第二次世界大戦を経て1953年にようやく独立を果たした。しかしながら、1970年以降の四半世紀はカンボジアにとって激動の時代であり、クーデター、クメール・ルージュによる混乱、内戦が続いた。平和への道が開けたのは1980年代後半で、1993年に新政権が誕生して以降は、シハヌーク国王とフン・セン首相の下で政治的に一応の安定をみている。
　カンボジアは独自の言語・文字を持つクメール族が多数を占める国家で、メコン川を利用した農業や伝統的産業を中心とした経済社会を形成している。

長く続いた内戦の影響で、文化と伝統的社会は大きなダメージを受けたが、現在は傷跡も癒えてきており、国際援助も受けながら社会は復興している。人口は着実に増加しており、若年層が多く、特に都市人口が増加している。

本章においては、カンボジアの歴史と現代の政治状況について整理し（第1節）、地理と風土、社会と文化について概観し（第2節）、同国の人口動態の特徴についてみていく（第3節）。

第1節　カンボジアの歴史と政治

1　カンボジアの歴史

カンボジアの歴史は古く、紀元前4,200年頃の生活跡や、紀元前1,500年頃の人骨が発見されている。1世紀頃には南部のメコンデルタに扶南国が建国され、インドや中国などとの交易により栄えた。その後、扶南国は7世紀頃にラオス南部に興ったクメール真臘に併合されたが、8世紀頃にクメール真臘が北部の陸真臘と南部の水真臘に分裂するなどの混乱を経てジャヤヴァルマン2世が全国統一を成し遂げ、9世紀はじめにアンコール朝が創建された。アンコール朝は12〜13世紀頃に最盛期を迎え、スールヤヴァルマン2世によりアンコール・ワット（寺院の町）が建設され、ジャヤヴァルマン7世によりアンコール・トム（大きな町）が建設された。この当時、アンコール朝は勢力範囲を拡大し、東はベトナム南部、西はタイ東部、北はラオス南部を支配した。しかしながら、14〜15世紀頃にはシャムのアユタヤ王朝との戦争が激化し、アンコール朝は衰退した。その後は時代により、隣国のタイ、ベトナムや、欧米のポルトガルなどによる政治・経済的干渉を受け、また、国内各地への遷都を繰り返している（表1-1-1参照）。

カンボジアがフランスの植民地に組み込まれたのは19世紀後半のことで、1863年にフランス・カンボジア保護条約、1884年にフランス・カンボジア協約が締結され、1887年に仏領インドシナ連邦に編入された。その後、第二次世界大戦中の1945年に、進駐した日本軍によりフランス軍の武装解除、両条約の破棄、カンボジアの独立宣言がなされたが、終戦により失効した。

表1-1-1　カンボジアの歴史

年号	事項
1世紀頃	扶南国建国（カンボジア南部）
7世紀頃	ラオス南部に興ったクメール真臘に併合
8世紀頃	クメール真臘が北部の陸真臘と南部の水真臘に分裂
9世紀初	アンコール王朝創建、ジャヤヴァルマン2世即位
12世紀初	スールヤヴァルマン2世がアンコール・ワット建設
13世紀初	ジャヤヴァルマン7世がアンコール・トム建設
15世紀頃	アンコール王朝衰退
1863年	フランス・カンボジア保護条約締結
1884年	フランス・カンボジア協約締結
1887年	仏領インドシナ連邦成立
1941年	シハヌーク国王即位（18歳）
1945年	フランス・カンボジア条約を破棄して独立宣言するも失効
1953年	カンボジア独立
1954年	対日賠償請求権放棄
1955年	日本・カンボジア間友好条約調印
1970年	ロン・ノル政権樹立（クメール共和国）
1975年	ポル・ポト政権樹立（民主カンプチア政権）
1979年	ヘン・サムリン政権樹立（カンプチア人民共和国）
1982年	民主カンボジア連合政府結成（シハヌーク、ソン・サン、ポル・ポト）
1989年	パリ会議開催
1991年	パリ協定締結、カンボジア最高国民評議会創設
1992年	国連カンボジア暫定統治機構（UNTAC）設立 **日本でPKO法案成立、自衛隊・警察派遣**
1993年	第一回総選挙、カンボジア王国誕生、新憲法施行 ラナリット第一首相、フン・セン第二首相就任
1997年	小規模な内戦勃発、アジア通貨危機
1998年	第二回総選挙、フン・セン首相就任、ポル・ポト死去
1999年	ASEAN加盟
2003年	第三回総選挙
2004年	WTO加盟、シハモニ国王即位（51歳）
2007年	日本・カンボジア投資協定締結
2008年	第四回総選挙
2012年	シハヌーク国王死去
2013年	第五回総選挙

カンボジアの独立が達成されたのは1953年のことである。1941年に18歳という若さで即位したシハヌーク国王は積極的に独立運動を推進した。カンボジアは、1950年に締結された協定によりフランス連合内での独立を認められたが、司法権・警察権・軍事権が与えられない限定的独立であった。シハヌーク国王は完全独立を目指して1952年に国内で全権を掌握し、1953年にフランスとの交渉を開始した。また、国際世論に訴えることにより世界各国の支援を得てカンボジアは完全独立を達成した。シハヌーク国王は1955年に王位を父に譲り、自らは政治団体サンクム・リア・ニヨム（人民社会主義共同体）を結成して政権を掌握した。サンクムは国内的には王制と仏教を支持する仏教社会主義を標榜し、対外的には非同盟・中立政策を採用し、この時期にカンボジアは社会・経済的発展を遂げた。ただし、この良き時代は長続きせず、1960年代の後半以降は隣国ベトナムの対米戦争の余波を受けることとなった。北ベトナム軍の構築したホーチミン・ルートは、カンボジアの領土内も通過していたため米軍の爆撃を受け、これにより米国との関係が悪化した。しかしながら、逆に1970年に親米派のロン・ノル首相がクーデターを起こし、シハヌーク殿下は追放され、王制を廃止した共和制のクメール共和国が樹立された。これに対応すべく、シハヌーク殿下は北京でカンプチア民族統一戦線を結成した。

　このカンプチア民族統一戦線の中では、ポル・ポトを中心とする共産主義勢力のクメール・ルージュが次第に勢力を拡大し、1975年にロン・ノル政権を打倒し、民主カンプチア政権が樹立された。ポル・ポト政権は中国の毛沢東思想と文化大革命に影響を受け、急進的な共産主義政策を進めた。首都プノンペンに居住していた住民は地方に移され、強制的に農作業に従事させられた。旧支配者層、インテリ層（文化人・僧侶・教師等）や反抗者は虐殺の対象とされ、シハヌーク殿下は王宮内に幽閉された。経済面では通貨が廃止され、商業活動は停止された。また、農業計画の失敗により飢餓が発生し、100万人以上と推測される国民が、虐殺に加えて飢えや病などにより命を失うという悲劇を生んだ。ポル・ポト政権はベトナムと対立し、1977年に大規模な国境紛争が勃発し、ベトナム軍は1978年にカンボジアの領内に侵攻した。1979年にはベトナムの支援を受けた救国民族統一戦線のヘン・サムリンが率

いる軍がプノンペンを陥落させ、ポル・ポト派はタイ国境の山岳地帯へと逃走した。ポル・ポト政権の崩壊後には、ヘン・サムリンによるカンプチア人民共和国が樹立された。これに対し、シハヌーク殿下は1982年に反ベトナムのシハヌーク派、ソン・サン派、クメール・ルージュによる民主カンボジア連合政府を結成してヘン・サムリン政権に対抗し、この二大勢力による対立は、1991年のパリ和平協定の締結まで続いた。

2　カンボジアの和平

カンボジアの和平に向けた努力は、民主カンボジア連合のシハヌーク殿下と、ヘン・サムリン政権のフン・セン首相による1987年の会談により開始された。1989年には日本を含む19カ国が参加したカンボジア和平のための国際会議（パリ会議）が開会され、1991年には、カンボジア和平のための国際協定（パリ協定）が締結された。この協定にしたがい四派の代表からなるカンボジア最高国民評議会が創設された。また、停戦の監視、各派の武装解除・動員解除、議会選挙を実施するために国連カンボジア暫定統治機構（UNTAC：United Nations Transitional Authority in Cambodia）」が設立され、明石国連事務総長特別代表が責任者の任に就き、日本からは警察官・自衛官・ボランティアによる協力がなされた。

1993年5月に実施された総選挙の結果、旧シハヌーク派のフンシンペック党が120議席中58議席を得て第一党となり、旧ヘン・サムリン政権の人民党が51議席を得て第二党となった。同年9月にシハヌーク国王を国家元首とするカンボジア王国が誕生し、民主主義、立憲君主制、市場経済を原則とする新憲法が公布された。新政権はフンシンペック党のラナリット殿下が第一首相に、人民党のフン・センが第二首相に就任する連立政権となった。この新政権は政治的に不安定であり、政権内での対立や小規模な抗争が散発した。1997年7月には、プノンペンにおいてラナリット第一首相側とフン・セン第二首相側の間で大規模な武力衝突事件が発生し、結果的にラナリット第一首相は国外脱出を余儀なくされた。この事件により同国の国際社会に対する信用は失墜し、国際援助も一時的に中断された。

1998年7月に実施された第二回総選挙では、自由で公正な選挙を実施するために、日本やEUが主体となった国際選挙監視団が設置された。総選挙には全部で39の政党が参加し、122議席中64議席を獲得した人民党が第一党となった。フンシンペック党は43議席で第二党となり、サム・ランシー党が15議席で第三党を占めた。この選挙の結果、二人首相制は廃止され、人民党のフン・センが首相に就任した。国際選挙監視団は、この総選挙について、おおむね自由公正に行われ国民の意思が反映されたものと評価し、同国の国際社会に対する信用が回復する基礎となった。

なお、カンボジアの政治問題の中で懸案事項であったクメール・ルージュ問題は収束に向かい、1996年におけるイエン・サリの投降、1998年のポル・ポトの死去、その後における有力者ソン・センの粛清、キュウ・サンパンの投降、タ・モクの逮捕などにより、クメール・ルージュは事実上消滅した。

3　カンボジアの政治

カンボジアの政治体制は1993年に施行された新憲法により、シハヌーク国王を国家元首とする立憲君主制となった。カンボジアの政治に関してはシハヌーク国王の存在が大きかった。1941年に18歳で国王に即位してから、途中不在・幽閉期間もあったが、70年にわたり同国の舵取りを行い、第二次世界大戦後の独立、四半世紀わたる内戦の終結に尽力し、国民の信望は非常に厚かった。シハヌーク国王は2012年に死去したが、生前の2004年に、モニク妃との長男であるシハモニ殿下に王位を譲っている。

カンボジアにおいては、2003年に第三回総選挙、2008年に第四回総選挙が実施され、いずれもカンボジア人民党（CPP：Cambodian People's Party）が第一党となり、フン・セン政権が継続している。フン・セン首相は、ヘン・サムリン政権において首相に就任してから軍・警察を掌握し、卓越した政治的手腕を発揮してきた。ただし、2013年7月に実施された第五回総選挙においては、カンボジア人民党68議席に対し、カンボジア救国党（CNRP：Cambodia National Rescue Party）が55議席を獲得している。同党は、2012年にサム・ランシー党と人権党が合併して創設されたものである。なお、カンボ

表 1-1-2　議会（2014年現在）

項目	上院	下院（国民議会）
創設	1999年3月	1993年5月
任期	6年間（第1期のみ5年間）	5年間
議長	チア・シム	ヘン・サムリン
定数	61人	123人
政党	カンボジア人民党：46議席 サム・ランシー党：11議席 国王選任：2議席 国会選任：2議席	カンボジア人民党：68議席 カンボジア救国党：55議席

ジアの議会は一院制であったが、1999年3月に新たに上院が設置されている（表1-1-2参照）。

　行政府は、フン・セン首相の下、カンボジア人民党から9人の副首相、15人の上級大臣、28人の大臣、13人の特命大臣が任命され、現在は28の省庁により構成されている（表1-1-3参照）。

表 1-1-3　閣僚名簿（2014年現在）

役職	氏名
首相	フン・セン
副首相	ソー・ケーン
副首相	ソック・アーン
副首相	ティア・バニュ
副首相（常任）	キアト・チョン
副首相	ハオ・ナムホン
副首相	マエン・ソムオーン
副首相	ブン・チュン
副首相	ユム・チャイリー
副首相	カエ・クムヤーン
上級大臣	ウム・チュンルム
上級大臣	チャーイ・トーン
上級大臣	チョーム・プロサット
上級大臣（特別任務担当）	ニュム・ヴァンダー
上級大臣（特別任務担当）	クン・ハン
上級大臣（特別任務担当）	リー・トゥイ
上級大臣（特別任務担当）	チャン・サルン
上級大臣	スン・チャントル
上級大臣（特別任務担当）	アオム・ユンティアン

上級大臣（特別任務担当）	イアン・ムーリー
上級大臣（特別任務担当）	ヴァー・クムホン
上級大臣（特別任務担当）	ユム・ノルラー
上級大臣（特別任務担当）	セライ・コソル
上級大臣（特別任務担当）	フム・チャエム
上級大臣（特別任務担当）	チュン・ブンシアン
大臣会議官房大臣	ソック・アーン
内務大臣	ソー・ケーン
国防大臣	ティア・バニュ
外務・国際協力大臣	ハオ・ナムホン
経済・財政大臣	オーン・ポアンモニーロアト
農林水産大臣	フック・ラブン
地方開発大臣	チア・ソパラー
商業大臣	スン・チャントル
鉱工業大臣	スイ・セム
工業・ハンディクラフト大臣	チョーム・プロサット
計画大臣	チャーイ・トーン
教育・青年・スポーツ大臣	ホン・チュオンナルン
社会・退役軍人・青少年更生大臣	ヴォーン・ソート
国土整備・都市化・建設大臣	ウム・チュンルム
環境大臣	サーイ・ソムアル
水資源・気象大臣	ルム・キアンハオ
情報大臣	キアウ・カニャルット
司法大臣	オーン・ヴォーンヴァッタナー
議会関係・監査大臣	マエン・ソムオーン
郵便・通信大臣	プラク・ソコン
保健大臣	モーム・ブンヘーン
公共事業・運輸大臣	トラム・イーウトゥック
文化・芸術大臣	プアン・サコナー
観光大臣	タオン・コン
儀典・宗教大臣	ムン・クン
女性大臣	ウン・コンターパヴィー
労働・職業訓練大臣	ウット・ソムヘーン
公務員大臣	ペーチ・ブントゥン
首相補佐特命大臣	ホー・セッティー
首相補佐特命大臣	ソック・チェンダーサオピア
首相補佐特命大臣	モーム・サルン
首相補佐特命大臣	スリー・タムルン
首相補佐特命大臣	ガオ・ソヴァン
首相補佐特命大臣	チアン・ヤナラー
首相補佐特命大臣	ドゥル・クアン
首相補佐特命大臣	ユー・スンロン
首相補佐特命大臣	オースマーン・ハッサン
首相補佐特命大臣	サオム・スアン
首相補佐特命大臣	ソック・コントー

首相補佐特命大臣	ザカリヤ・アダーム
首相補佐特命大臣	カウ・クムフオン
大臣会議附属民間航空庁長官	マウ・ハーヴァンナル

参考文献

Bouillevaux, C. E.（1874）*L'annam et le Cambodge, Voyages et notices historiques*, Victor Palmé, Paris.（北川香子訳〈2007〉『カンボジア旅行記』連合出版）

Chandler, P. D.（1992）*Brother Number One: A Political Biography of POL POT*, West View Press.（山田寛訳〈1994〉『ポル・ポト伝』めこん）

── (1998) *A History of Cambodia*, 2nd edition, Silkworm Books, Chiang Mai.

Coedès, G.（1962）*Les Peuples de la Péninsule Indochinoise*, Dunod, Paris.（辛島昇・内田晶子・桜井由躬雄訳〈1969〉『インドシナ文明史』みすず書房）

Delaporte, L.（1880）*Voyage au Cambodge, L'architecture Khmer*, Lib. ch. Delagrave, Paris.（三宅一郎訳〈1970〉『アンコール踏査行』平凡社）

Khamboly Dy（2007）*A History of Democratic Kampuchea 1975-1979*, Documentation Center of Cambodia, Phnom Penh.

Mehta, H. C. and Mehta, J. B.（1999）*Hun Sen, Strongman of Cambodia*, Graham Brash, Singapore.

Mouhot, H.（1868）*Voyage dans les Royaumes de Siam, de Cambodge, de Laos et autres parties centrales de l'Indochine*, Hachette, Paris.（大岩誠訳〈2002〉『インドシナ王国遍歴記』中央公論新社）

Pires, T.（16世紀初頭）*Suma Oriental que trata do Maar Roxo ate os Chins*.（生田滋・池上岑夫・加藤栄一・長岡新治郎訳〈1966〉『東方諸国記』岩波書店）

Prince Norodom Sihanouk with Bernard Krisher（1990）*Charisma and Leadership*.（仙名紀訳〈1990〉『私の国際交遊録──現代のカリスマとリーダーシップ』恒文社）

Royal Government of Cambodia（1993）"The constitution of the Kingdom of Cambodia," Phnom Penh.

Sam Rainsy with Whitehouse, D.（2013）*We Didn't Start The Fire*, Silkworm Books, Chiang Mai.

Slocomb, M.（2003）*The People's Republic of Kampuchea 1979-1989*, Silkworm Books, Chiang Mai.

明石康（1995）『忍耐と希望──カンボジアの560日』朝日新聞社

石澤良昭（1996）『アンコール・ワット』講談社

今川幸雄（2000）『カンボジアと日本』連合出版

木村哲三郎編（1984）『インドシナ三国の国家建設の構図』アジア経済研究所

周達観（14世紀初頭）『真臘風土記』（和田久徳訳〈1989〉平凡社）

襴津正志（1943）『印度支那の原始文明』河出書房

第2節　カンボジアの社会とクメール文化

1　カンボジアの地理と風土

　カンボジアはインドシナ半島に位置し、東側はベトナム、北側はラオス、西側はタイと国境を接している。南側はタイ湾に面し、海岸線は約435kmである。国土は南北に約440km、東西に約560km、面積は約18万 km^2 で、日本の約半分に相当する（表1-2-1参照）。

　カンボジアの中央部は平野地帯で、米作を中心とした農業が営まれている。一方、隣接する3カ国との国境地域の大部分は山岳地帯で森林に覆われている。ただし、近年における過剰な原生林伐採により森林は減少してきている。水資源は豊富で、同国の中央部には巨大なトンレサップ湖があり、漁業が行われている。同国の中央を南北に縦断して流れているメコン川は、中国の雲南省からミャンマー、タイ、ラオスを経て同国を流れ、ベトナムから太平洋に流れ込む国際河川で、人々の移動や物資の輸送手段として利用されている。北側のラオスとの国境には巨大な滝があるため航行できないが、南側のベトナムとの国際物流に利用されている。また、トンレサップ湖からプノンペン市に向けてトンレサップ川が流れており、同市内でメコン川に合流している。

　カンボジアの気候は熱帯モンスーン気候で、季節は5～10月の雨季と、11～4月の乾季に分かれている。年間の平均降雨量は1,300mm程度で、10月の250mmが最も多く、1月の10mmが最も少ない。雨季にはメコン川が氾濫するが、運ばれてくる滋養分を活かして農業が行われている。ただし、洪水が発生する年には甚大な被害が生じている。雨季にはメコン川の水はトンレサップ川に流れ込んで逆流し、トンレサップ湖は倍以上の大きさに膨れ上がり、天然の貯水池として機能している。年間の平均気温は27～28度で、4月に最も気温が高くなり、平均気温は29～30度、日中の気温は35～40度になる。また、最も気温が低い1月でも平均気温は25～26度である。

表1-2-1　カンボジアの概要

項目	概　要
面積	約18万km^2（日本の約半分）
気候	熱帯モンスーン気候（雨季：5〜10月、乾季：11〜4月）
平均気温	27〜28度（最高：29〜30度〈4月〉、最低：25〜26度〈1月〉）
人口	約1400万人
民族	クメール人95％、華人、ベトナム人、チャム族他
言語	クメール語
宗教	上座仏教95％、キリスト教、イスラム教（チャム族）
主要都市	首都：プノンペン、港湾：シハヌーク、アンコール遺跡：シアムリアプ

2　カンボジアの社会と文化

　カンボジアの人口は約1400万人で、民族的にはクメール人が全体の9割以上を占めている。クメール人は都市では政治・経済活動に従事し、地方では農業と伝統的産業に従事している。カンボジアの人口の残りは約20の民族によって構成されているが、なかでも華人、ベトナム系、チャム族の人口が比較的多い。華人はアンコール期から交易活動に携わっており、現在は都市部を中心に居住し、主に商業活動に携わっている。ベトナム系はフランス植民地時代から移住者があり、現在は都市部を中心に居住し、主に商業、漁業などに携わっている。チャム族はベトナムで栄えたチャンパ王国の末裔で、現在はトンレサップ湖周辺を中心に居住し、主として漁業を営んでいる。

　カンボジアの文化について、言語はクメール語が使用され、固有の文字が用いられている。公式文書については高等教育との関係でフランス語に翻訳されるものが多かったが、現在は英語に翻訳されている。宗教は仏教徒（上座仏教）が95％を占めているが、イスラム教徒（チャム族）、キリスト教徒などもいる。

　カンボジアの文化は、12〜13世紀に隆盛を極めたアンコール文化の流れを連綿として引き継いでいる。しかしながら、1970年以降の四半世紀にわたる内戦、特にポル・ポト政権時代に文化は破壊され、現在もこの影響が残っている。ポル・ポト政権は旧来の文化を否定し、宗教や学校教育は禁止され、文化人は虐殺の対象とされ、伝統的社会は崩壊した。特に内戦後の農村地域

における村落共同体は、「壊れた籠」とも呼ばれるような状況を呈した（Meas Nee〈1995〉）。1990年代に新政権が誕生して以降は、徐々にカンボジアの社会と文化の復興が進められてきている。寺院は修復され、宗教行事は復活し、教育体制も整備されてきている。農村地域における村落共同体の機能も回復してきている。

参考文献
Meas Nee（1995）*Towards Restoring Life, Cambodian Villages*, Phnom Penh（西愛子・清水俊弘・清水由美訳〈1996〉）『壊れた籠――カンボジアの村の再生に賭ける』日本国際ボランティアセンター）
綾部恒雄・石井米雄編（1996）『もっと知りたいカンボジア』弘文堂

第3節　カンボジアの人口

　2013年におけるカンボジアの人口は、男性7,121,508人、女性7,555,083人、合計14,676,591人と推計されている。世帯数は合計3,163,226世帯と推計され、1世帯当たりの平均家族数は約4.6人である。

　カンボジアで最初に国勢調査が行われたのは1962年で、当時の人口は5,728,771人であった。その後、人口は増加したが、1975～1979年のポル・ポト政権時代において、虐殺・病死等により人口は減少している。1980年以降、人口は一貫して増加しているが、その伸び率は低下してきており、過去5年間の年平均人口増加率は約1.8％である（図1-3-1参照）。

　カンボジアの人口構成の特徴については、第一に若年層が多いこと、第二に女性が多いこと、第三に都市化が進んでいることが挙げられる。カンボジアの人口ピラミッドは図1-3-2のとおりである。

　カンボジア人の平均余命は68.9歳である。年齢の中央値は24.5歳と若く、15歳未満が人口の29.4％を占めている。30代半ばの人口が少ないが、これはポル・ポト政権時代に出生率が低下したことによるものである。また、カンボジアの性比（女性数を100とした場合の男性数）をみると94.3であり、女性のほうが多い。特に50歳以上で男性が女性よりも少ないが、これは四半世紀にわたる内戦の影響によるものである。

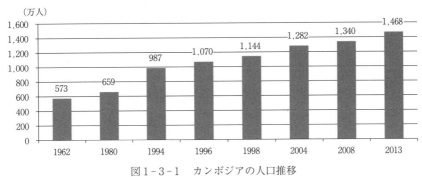

図1-3-1　カンボジアの人口推移

出所：NIS（2013a）

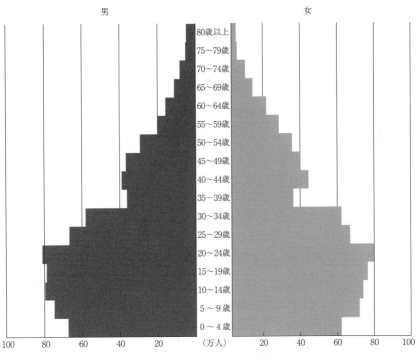

図1-3-2　カンボジアの人口ピラミッド

出所：NIS（2013a）

マルサス（1798）は、人口が等比級数的に増大するのに対して、農業産出量は等差級数的にしか増加せず、1人当たりの農業産出量が収穫逓減の法則にしたがい減少するため、人口の増加はいずれ停止し、生活の水準は最低生存水準で低迷せざるをえないことを説明している。また、ローマ・クラブ（1972）は、計量モデルを用い、食糧生産の耕地限界、生産性向上のための費用逓増と人口の幾何数的増加などによる人類の危機などを訴えた。しかしながら、先進国の経験に即してみると、所得水準の向上と同時に人口増加率が低下するという人口転換が達成されている。人口は、当初の高出生率・高死亡率という状態から、医療水準の向上などによる乳幼児死亡率の低下にともない死亡率は低下し、高出生率・低死亡率の状態へと移行した。この期間において人口は増加したが出生率も低下し、現在は低出生率・低死亡率という状態で安定している。ライベンシュタイン（1957）は、子どもを持つことの効用・不効用を説明している。子どもを持つことの効用としては、①生み育てることによる満足感としての消費効用、②労働の担い手としての所得効用、③老後の生活を保障するという安全効用を挙げている。一方、不効用としては、養育に関する、①直接的費用と、②機会費用を挙げている。これらの効用は生活水準の向上にともなう児童労働の減少や社会保障制度の充実により低下し、一方、不効用は養育費と機会費用の増加により増大するため出生率は低下する。カンボジアは、この人口転換のプロセスの中で、高出生率・高死亡率の状態から、高出生率・低死亡率へ移行し、これから低出生率・低死亡率へと移行する段階にある。

　こうした人口転換プロセスの結果として、生まれる子どもの数が少ない一方で、若い人々の労働力が膨張する人口ボーナス期が到来する（UNFPA〈1998〉）。一般に生産年齢人口（15～64歳）が多く、従属人口（0～14歳と65歳以上）が少ない状態は、経済成長を押し上げる効果がある。2013年におけるカンボジアの生産年齢人口と従属人口の比率については1.91倍にまで上昇してきている。2010年代後半には、この比率が2倍を超える人口ボーナス期が到来することが予想される。

　カンボジアの人口を地域別にみると、都市部の人口が3,146,212人（構成比21.4％）、農村部の人口が1,153,0379人（同78.6％）と推計されている。カ

ンボジアの行政区は首都のプノンペン市と23州に区分され、159郡、1,429村、14,119集落により構成されている。州別の人口は図1-3-3のとおりで、プノンペン市以外では、コンポンチャム州、バッタンバン州、プレイヴェン（プレイベン）州、カンダール州などの人口が多い（NIS〈2013a〉）。

カンボジアにおいては、首都プノンペン市と、同市を取り巻いて隣接するカンダール州の首都圏に人口が集中する形で都市化が進んでいる。2008年から2013年の5年間でみると、首都圏の年平均人口増加率は1.9％で、その他地域の1.6％を上回っている。ルイス（1954）は、農村の伝統部門と都市の近代部門からなる二部門モデルを用いて、農村に存在する余剰人員が都市の近代部門に雇用され、経済発展にともない、この二重構造が解消されていくことを説明している。1990年代後半以降のカンボジアにおいては、首都圏に外国資本による労働集約的な繊維縫製工場が次々と数多く設立されてきた。これらの工場で働く女性従業員の多くは農村地域の出身者で、農村の余剰人員が都市の近代部門に吸収されていく過程と位置づけられる。ハリス＝トダロ（1970）は、都市における失業者の増加と貧困層の拡大という現象を、農村・都市間人口移動モデルを用いて説明している。このモデルにおいて農村居住者は、現状の農村賃金率と都市期待賃金率を比較して都市への移住を決定するものとされている。ここでの都市期待賃金率は最低賃金率に雇用確率を乗じたものを意味しており、結果的に職を得られない都市移住者が生じることが説明されている。現在のカンボジア首都圏においては、多くの完全失業者や偽装失業者がみられる。

また、カンボジアからタイに出稼ぎに出ている労働者が約30～40万人いる。ただし、2014年5月に発生したタイの軍事クーデターを契機として、出稼ぎ者の過半は帰国の途についている。

カンボジアの人口を他の東南アジア諸国と比較してみると、第一に人口は少なく、東南アジア諸国全体の人口の約2％に過ぎない。第二に人口密度もラオスよりは高いが、ブルネイ、ミャンマー、マレーシアと並んで低い。第三に農村人口比率が最も高いことが挙げられる（表1-3-1参照）。

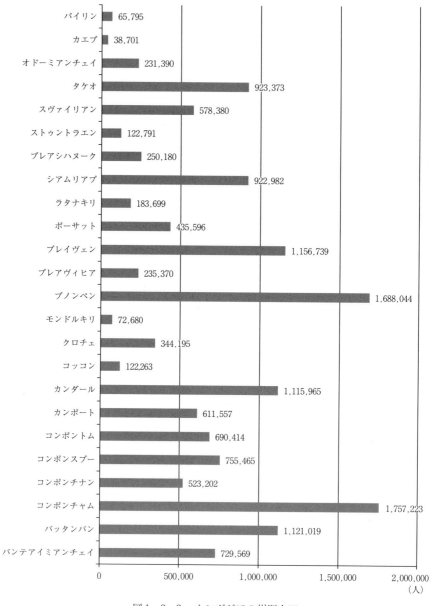

図1-3-3　カンボジアの州別人口

出所：NIS（2013a）

表1-3-1 東南アジア諸国比較

国名	人口 (千人)	国土 (千 km²)	人口密度 (人/km²)	都市人口比率 (％)
シンガポール	5,412	0.7	7,731	100.0
ブルネイ	418	5.8	72	76.0
マレーシア	29,717	330.0	90	72.8
タイ	67,011	514.0	130	34.1
フィリピン	98,394	299.4	329	48.8
インドネシア	249,866	1,890.0	132	50.7
ベトナム	91,680	329.2	278	31.0
ラオス	6,770	240.0	28	34.3
カンボジア	14,677	181.0	81	21.4
ミャンマー	53,259	680.0	78	32.6

出所:NIS(2013b)、外務省ホームページより作成

参考文献

Donella, H. M., Dennis, L. M., Jorgen, R. and William, W. B. (1972) *The Limits to Growth: A Report for the Club of Rome's Project on the Predicament of Mankind*, Universe Books, New York.(大来佐武郎監訳〈1972〉『成長の限界——ローマ・クラブ「人類の危機」レポート』ダイヤモンド社)

Harris, J. and Todaro, M. P. (1970) "Migration, Unemployment and Development: A Two Sector Analysis," *American Economic Review*, Vol.60, No.1.

Leibenstein, H. (1957) *Economic Backwardness and Economic Growth*, John Wiley & Sons, Inc., New York.(三沢嶽郎監修、矢野勇訳〈1960〉『経済的後進性と経済成長——経済発展理論の研究』財団法人農林水産業生産性向上会議)

Lewis, W. A. (1954) "Economic Development with Unlimited Supplies of Labor," *Manchester School of Economics and Social Studies*, Vol.22.

Malthus, T. R. (1798) *An Essay on the Principle of Population*, London.(高野岩三郎・大内兵衛訳〈1961〉『初版人口の原論』岩波書店)

National Institute of Statistics, Ministry of Planning of Cambodia (1998) "General Population Census of Cambodia 1998," Phnom Penh.

―― (2013a) "Cambodia Inter - Censal Population Survey 2013, Final Report," Phnom Penh.

―― (2013b) "Cambodia Inter: Censal Population Survey 2013, Analysis of CIPS Results Report 2, Spatial Distribution and Growth of Population," Phnom Penh.

United Nations Population Fund (1998) "State of World Population 1998: The New Generations," New York.

第2章
成長するカンボジア経済

（中央市場）

　カンボジアは米作を中心とした農業国で、産業としては衣食住関連の小規模零細な事業がほとんどであった。しかしながら、1990年代前半に一応の政治的安定が達成されたのと同時に、経済については計画経済から市場経済への体制移行が行われ、貿易・投資・金融等の自由化が急速に進められたことを契機として、現在に至るまで高度経済成長を遂げてきている。同国においては国際援助機関等による援助の効果が大きい。産業としては華人系を中心とした外国資本による労働集約的輸出型の繊維縫製産業が同国のリーディング産業に成長しており、また、世界遺産であるアンコール遺跡群を中心とした観光産業が伸びている。特に近年においては、日本・韓国・中国の企業による直接投資も急増しており、経済成長を支えている。

カンボジアの経済水準をASEAN諸国と比較すると、先進国水準のシンガポール、ブルネイは別格として、ASEAN4諸国とも大きな差がある。しかしながら、先行諸国が歩んできた道と同様に工業化が進捗しており、産業構造転換が進んでいる。

本章においては、カンボジアの市場経済化の進展について概観し（第1節）、産業構造の転換について分析し（第2節）、また、同国における事業所と従事者の状況について整理する（第3節）。

第1節　市場経済化の進展

1　市場経済への転換プロセス

1980年代までのカンボジアは米作を中心とした農業国であった。米作以外の主要産業も天然ゴム産業や林業などで、1990年代前半までは、第一次産業の就業者数が労働力人口の約9割を占めていた。第二次産業は小規模零細で、①民族衣装の絹・綿織物、②加工度の低い食品類、③レンガ・タイル・土器、石材、竹・籐製品など、衣食住関連の地場産業が中心であった。

カンボジア経済に転期が訪れたのは1990年代初頭である。同国においては、1991年10月のパリ和平協定締結により内戦が終結し、1993年5月のUNTAC監視下の総選挙を経て政治面では一応の安定をみている。これと同時に経済面では計画経済から市場経済への体制移行が進められ、1993年9月に施行されたカンボジア王国憲法において、市場経済化を進めていくことが明記された。この政治経済面での一大転換以降、同国経済は短期間に急激な構造変化を遂げており、その概略を時系列で区分してみると以下のとおりである。

① 計画経済から市場経済への転換開始（1993年以降）
② 国際援助機関等による援助依存型経済の成立（1994年以降）
③ 外国資本による労働集約的な繊維縫製業の急成長（1995年以降）
④ 政情不安問題とアジア通貨危機の影響（1997〜1998年）
⑤ ASEANへの加盟等による国際化の進展（1999年以降）
⑥ 継続的な高度経済成長（1999年以降）

⑦ 日・韓・中の直接投資の急増（2008年以降）

　最初に計画経済から市場経済への転換を開始した当時は、UNTAC等によりカンボジアに常駐した多数の外国人援助関係者等の生活関連需要が創出された。その後、UNTACが任務を完了して引き上げて以降も同国には多数の外国人が引き続き居住し、国際援助機関やNGO等の支援による国際援助依存型経済が成立しており、こうした状況は現在に至るまで続いている。

　カンボジアにおいて工業化がスタートしたのは、1994年8月に投資法が施行されてからである。同法には投資優遇措置が定められているが、外国資本の誘致を主たる目的として制定された色彩が非常に強い。同法が施行されてからは、台湾・香港・ASEAN諸国の華人系企業を中心に、投資優遇措置、安価な土地、低廉な人件費などを活用する労働集約的な繊維縫製業の直接投資が増加している。特に1997年に米国より最恵国待遇（MFN：Most Favored Nation Status）を得て、米国向けの製品輸出が有利になったことにともない繊維縫製業の工場進出は急増し、同国のリーディング産業に成長している。

　こうしてカンボジア経済は市場経済の構築に向けて順調な再スタートを切ったが、1997年7月に同時に発生した、内的要因としての政情不安問題、外的要因としてのアジア通貨危機にともなう影響により、同国経済は一時的に低迷した。この時期においては国際援助機関等による援助活動は中断され、民間企業による経済活動も停滞し、外国からの新規の直接投資も減少した。

　しかしながら、これらの影響が緩和された1999年以降、カンボジア経済は順調に回復している。特に1999年4月には念願であった東南アジア諸国連合（ASEAN：Association of South East Asian Nations）への加盟を承認され、ASEAN自由貿易地域（AFTA：ASEAN Free Trade Area）への参加により、同国経済のASEAN地域経済への統合が進んでいる。また、2004年10月に世界貿易機関（WTO：World Trade Organization）への加盟も承認され、経済の国際化が進展している。

2　経済成長の軌跡

　カンボジアにおいては、市場経済体制への転換以降に高水準の経済成長がスタートし、1995年には6.5％の実質経済成長率を達成した（図2-1-1参照）。この時期における主要な成長要因としては、第一に、1995年に同国の主要生産品目である米の生産量が大幅に回復したこと、第二に、1994年以降に繊維縫製業などの労働集約的産業の外国直接投資が増加して工業化が軌道に乗り始めたこと、第三に、多数の国際援助機関などによる援助活動が直接的・間接的に寄与したことなどが挙げられる。その後、1997年に同時発生した国内の政情不安とアジアの通貨危機の影響により経済成長率は一時的に若干鈍化したが、1999年には12.6％の経済成長を達成した。

　2000年以降における経済成長率についてみると継続的に6％を超えており、特に2000年代半ばには2桁の経済成長を達成している。この時期における主要な成長要因としては、繊維縫製業などの輸出の拡大が挙げられるが、農業や観光業などの成長の寄与も大きい。その後、2009年にはリーマン・ショックの影響によりゼロ成長にまで落ち込んだが、2010年以降は回復し、現在まで6％以上の経済成長を達成してきている。特に近年においては、日本・韓国・中国企業などによる直接投資の増加による寄与も大きい。

　また、カンボジアにおける物価の推移についてみると、1999年以降は比較的落ち着いた水準で推移してきた（図2-1-2参照）。2008年にはリーマン・ショックの影響などにより物価は一時的に高騰したが、インフレは収束している。ただし、現在は特にプノンペン市で物価が上昇傾向にあり、2014年には繊維縫製工場における最低賃金の月80ドルから100ドルへの引上げなどが実施されている状況にある。

　近年における開発途上国の経済成長率の推移をみると、アジア地域の成長率は比較的高く、アフリカやラテン・アメリカ等の他の地域の成長率は総じて低迷している。世界銀行（1993）は、東アジア地域における急速かつ持続的な経済成長と所得格差の縮小・貧困の緩和の同時達成を「東アジアの奇跡」と称した。経済成長の要因は、一般に資本投入量の増加、労働投入量の増加、技術進歩等に関する要因としての全要素生産性（TFP：Total Factor

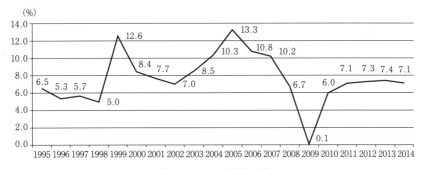

図2-1-1　経済成長率

出所：ADB（2015）より作成

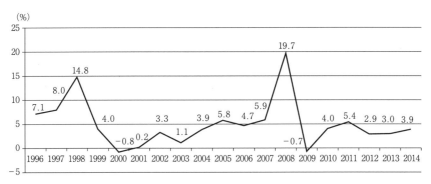

図2-1-2　消費者物価指数

出所：ADB（2015）より作成

Productivity）の向上に3分割される。世界銀行（1993）は、東アジアの急速な経済成長について、3分の2は資本・労働投入量の増加、3分の1は技術進歩により達成されたとしている。これに対してクルーグマン（1994）は、東アジアの経済成長は資本投入量と労働投入量の増加による部分が大きく、技術進歩による全要素生産性の向上はみられないとしており、これを「アジアの奇跡の幻」と称した。全要素生産性を正確に計測することが技術的に容易でないことから見解は相違している。これらの分析を踏まえ、カンボジアの経済成長の要因についてみると、同国の場合には資本投入量と労働投入量の増加による部分が大きい経済成長であることが推測できる。特に同国のリーディング産業である繊維縫製業についてみると、資本の投入については外

国資本に依存していること、労働の投入については女性労働力に依存していることが特徴的である。

　経済成長の発展段階に関してロストウ（1960）は、①伝統的社会、②離陸への先行条件の段階、③離陸、④成熟へのドライブ、⑤高度大衆消費時代の5段階を挙げている。この区分からするとカンボジア経済は、伝統的社会から自立成長への離陸の準備に入った段階に位置しているものと考えられる。また、赤松（1965）は、先進国を先端として後続するそれぞれの発展段階の系列を、副次的に雁行形態と呼ぶことができるとしている。東アジアの経済成長は日本から始まり、NIEs諸国、ASEAN諸国へと順に展開し、各国の主要産業は繊維縫製業等の軽工業から、電機製品、自動車、電子産業へと産業構造転換を達成してきているが、カンボジア経済も、こうした重層的追跡過程の入口に到達しており、現在は産業構造転換連鎖を開始する段階に至ったものと考えられる。

3　東南アジアにおけるカンボジア経済

　ASEANに加盟している10カ国は、地理的には同じ東南アジアに位置しているものの、政治・経済・文化面では多種多様であり、特に経済面では第二次世界大戦後における歴史的経緯からその発展段階を異にしている。ASEAN10カ国を3グループに区分してみると、貿易・物流に強みを持ち、現在は金融拠点として、また、東南アジアでのビジネスの地域ヘッドクオーター拠点としても機能しているシンガポールと、石油の資源輸出に特化しているブルネイが第一グループを形成し、この両国は先進国レベルの経済水準に達している。第二グループは、ASEAN4と称されるマレーシア、タイ、フィリピン、インドネシアの4カ国で、特に1985年の円高以降、日本企業等による工場進出が相次ぎ、自動車・家電製品等の生産拠点としての機能をベースに急速な発展を遂げてきている。第三グループは、各国の頭文字を取ってCLMV諸国と称されるカンボジア、ラオス、ミャンマー、ベトナムの4カ国で、政治的要因により経済的に出遅れてしまった諸国である（表2-1-1参照）。

表 2-1-1　ASEAN 諸国経済成長率

(単位：％)

国名	2005	2006	2007	2008	2009	2010	2011	2012	2013	2014
シンガポール	7.5	8.9	9.1	1.8	−0.6	15.2	6.2	3.4	4.4	2.9
ブルネイ	0.4	4.4	0.2	−1.9	−1.8	2.6	3.7	0.9	−2.1	−2.3
マレーシア	5.3	5.6	6.3	4.8	−1.5	7.4	5.3	5.5	4.7	6.0
タイ	4.2	4.9	5.4	1.7	−0.7	7.5	0.8	7.3	2.8	0.9
インドネシア	5.7	5.5	6.3	6.0	4.6	6.2	6.2	6.0	5.6	5.0
フィリピン	4.8	5.2	6.6	4.2	1.1	7.6	3.7	6.7	7.1	6.1
ベトナム	7.5	7.0	7.1	5.7	5.4	6.4	6.2	5.2	5.4	6.0
ラオス	6.8	8.6	7.8	7.8	7.5	8.1	8.0	7.9	8.0	7.6
カンボジア	13.3	10.8	10.2	6.7	0.1	6.0	7.1	7.3	7.4	7.1
ミャンマー	13.6	13.1	12.0	10.3	10.6	9.6	5.6	7.3	8.4	8.7

出所：ADB（2015）より作成

表 2-1-2　ASEAN 諸国比較（2014年）

国名	GDP（百万ドル）	1人当たり GNI（ドル）	同左（PPP 基準）（ドル）
シンガポール	452,691	55,150	82,763
ブルネイ	31,716	n.a.	77,000
マレーシア	771,591	10,760	25,499
タイ	1,067,308	5,370	15,929
インドネシア	2,676,109	3,630	10,613
フィリピン	692,706	3,470	6,991
ベトナム	510,715	1,890	5,629
ラオス	35,521	1,650	5,217
カンボジア	50,245	1,020	3,306
ミャンマー	261,505	n.a.	5,078
日本（参考）	4,631,654	42,000	36,432
韓国（参考）	1,732,352	27,090	34,356
中国（参考）	18,030,932	7,380	13,235

出所：ADB（2015）より作成

　アジア開発銀行（2015）の資料により、2014年におけるカンボジアの国内総生産（GDP：Gross Domestic Product）を他の ASEAN 諸国と比較してみると、人口が少ないこともあり、経済規模は小さい（表 2-1-2 参照）。また、1 人当たり国民総所得（GNI：Gross National Income）の水準で比較してみても、ASEAN 諸国の中では低い水準にある。

参考文献

Asian Development Bank (2015) "Key Indicators for Asia and the Pacific 2015," Manila.
Krugman, P. R. (1994) "The Myth of Asia's Miracle," *Foreign Affairs* 11/12, 1994.（中央公論〈1995年1月号〉「まぼろしのアジア経済」）
Rostow, W. W. (1960) *The Process of Economic Growth*, 2nd edition, Cambridge University Press, London.（酒井正三郎・北川一雄訳〈1965〉『経済成長の過程』東洋経済新報社）
World Bank (1993) *The East Asian Miracle : Economic Growth and Public Policy: A World Bank Policy Research Report*, Oxford University Press, New York.（白鳥正喜監訳／海外経済協力基金開発問題研究会訳〈1994〉『東アジアの奇跡——経済成長と政府の役割』東洋経済新報社）
赤松要（1965）『世界経済論』国元書房

第2節 産業構造の転換

1 カンボジアの産業構造

　カンボジアは1980年代までは伝統的な農業と簡易な軽工業が中心の経済であったが、1990年代以降に国際援助や外国直接投資などの強いインパクトを受けたことにより、現在は独自の産業構造を有している。その特徴としては、第一に伝統的な農業・家内制手工業とアンコール遺跡群を擁する観光業の存在が挙げられる。第二に近代的工業としての繊維縫製業の継続的な成長が際立っており、その結果として、第三に国内の伝統産業と外資系近代産業の二重構造が形成されている。第四の特徴として、国際援助機関等による支援と援助関係者の生活関連の需要効果が大きいことが挙げられる。第五は投資・貿易・金融等の自由化と規制緩和が進められたことで、これにより経済の国際化が急速に進展している。

　カンボジアの産業別名目国民総生産の推移は付表1〜4、実質国民総生産の推移は付表5〜8のとおりである。2010年における同国の産業構造について、実質国民総生産の構成比でみると、第一次産業が29.4％、第二次産業が28.6％、第三次産業が42.0％を占めている。この中で、産業別の構成比でウエイトの大きいものをみると、第一次産業では農業が15.8％を占め、第二次

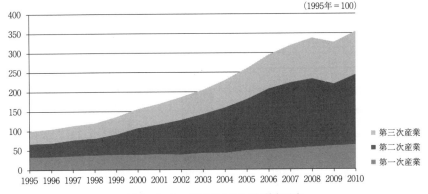

図 2-2-1　国民総生産の実質成長率
出所：NIS（2006, 2008, 2011）より作成

産業では繊維縫製業等が16.6％を占め、第三次産業では卸・小売業が9.7％を占めている。なお、製造業全体では22.0％を占めている。

　カンボジアの国民総生産の実質成長率について、1995年から2010年までの平均伸び率でみると7.6％で、同国の経済規模は約3倍にまで拡大している（図2-2-1参照）。産業別の実質成長率についてみると、第一次産業が4.3％であるのに対し、第二次産業は11.9％、第三次産業は8.4％で、特に製造業については14.0％と非常に高い伸びを示している。

　産業別の国民総生産の推移についてみると、第一次産業については農業の伸びが大きい。2000〜2002年においては洪水の影響により収穫高が減少しているが、近年においては米の生産量が自給水準から輸出可能なまでに増加し、また、商品作物であるキャッサバなどの生産量が急増している。他方、林業については、環境保護の観点から国際機関やNGOにより原木伐採に対する批判がなされていることにともない、生産量は横ばいの水準にて推移している。

　第二次産業については製造業の伸びが著しい。特に繊維縫製品や靴の生産量が継続的に増加しており、カンボジアのリーディング産業となっているほか、天然ゴム一次加工品等その他の製造業も増加傾向にある。また、特に近年においては、経済成長と都市化の急速な進展にともない、電気、ガス、水

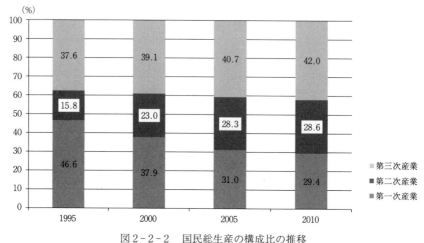

図 2-2-2　国民総生産の構成比の推移
出所：NIS（2006, 2008, 2011）より作成

道事業や建設業などのインフラ関連産業も大幅に伸びている。

　第三次産業についてはホテルや観光関連の伸びが大きい。国内要因として、1997～1998年の政情不安や、5年に一度の総選挙の影響を受け、国外要因として、アジア通貨危機やリーマン・ショックの影響を受けているが、世界遺産であるアンコール遺跡群等に対する観光需要は増加傾向にある。また、近年においては、金融、不動産などのサービス産業が大幅な伸びを示している。

　これらの産業別の実質成長率の格差により、国民総生産に占める産業別の構成比は変化しており、1995年には46.6％を占めていた第一次産業の構成比が、2000年には37.9％、2005年には31.0％、2010年には29.4％へと低下している。これに対して、第二次産業の構成比が1995年の15.8％から、2000年には23.0％、2005年には28.3％、2010年には28.6％へと上昇している。このうち特に製造業の構成比が、1995年の9.3％から、2000年の16.9％、2005年の20.7％、2010年の22.0％へと著しく上昇している。また、第三次産業の構成比も、1995年の37.6％が、2000年の39.1％、2005年の40.7％、2010年の42.0％へと着実に上昇している（図2-2-2参照）。

　こうした国民総生産における第一次産業の構成比の急速な低下、第二次産業の構成比の急速な上昇、第三次産業の構成比の緩やかな上昇は、ペティ＝

表2-2-1　ASEAN諸国の産業構成比（2014年）

国名	第一次産業	第二次産業	第三次産業
シンガポール	0.0	24.9	75.0
ブルネイ	0.9	67.8	31.2
マレーシア	9.0	40.4	50.6
タイ	10.5	36.8	52.7
インドネシア	13.7	42.9	43.3
フィリピン	11.3	31.4	57.3
ベトナム	18.1	38.5	43.4
ラオス	24.8	34.7	40.5
カンボジア	30.5	27.1	42.4
ミャンマー	27.9	34.4	37.7
日本（参考）	1.2	27.5	71.3
韓国（参考）	2.3	38.2	59.4
中国（参考）	9.5	42.8	47.7

出所：ADB（2015）より作成

クラークの法則と整合的であり、この点、カンボジア経済は、まさに産業構造の高度化への転換過程にあるものと位置づけられる。

2　東南アジア諸国の産業構造

　東南アジア諸国における国民総生産の産業別構成比をみると、1人当たり国民総生産の水準が高いシンガポールとブルネイは、第一次産業の構成比が著しく低い。ASEAN4諸国については、第一次産業の構成比が10％程度にまで低下しており、第二次産業と第三次産業の構成比が高まっている。CLMV諸国については、近年における経済成長率は各国ともに高いものの、まだ第一次産業の構成比が大きい（表2-2-1参照）。

参考文献

Asian Development Bank（2015）"Key Indicators for Asia and the Pacific 2015," Manila.

Clark, C. G.（1940）*The Conditions of Economic Progress*, Macmillan & Co. Ltd., London.（大川一司・小原敬士・高橋長太郎・山田雄三譯篇〈1955〉『経済的進歩の諸條件 下巻』勁草書房）

National Institute of Statistics, Ministry of Planning of Cambodia (2006) "Statistical Yearbook of Cambodia 2006," Phnom Penh.
―― (2008) "Statistical Yearbook of Cambodia, 2008," Phnom Penh.
―― (2011) "Statistical Yearbook of Cambodia, 2011," Phnom Penh.
Petty, W. (1690) *Political Arithmetic*, Peacock and Phoenix, London. (大内兵衛・松川七郎訳〈1955〉『政治算術』岩波書店)

第3節 事業所と従事者

1 事業所数と従事者数

カンボジアの事業所については、2011年3月に、経済センサス(Economic Census of Cambodia 2011)が実施されている。同センサスにおいては、カンボジアの国内における農林水産業などを除くすべての事業所に対する聞き取り調査が行われている。この調査結果によれば、カンボジアの事業所数は505,134事業所で、従事者数は1,673,390人である。

経済センサスにおける業種区分については、国際標準産業分類(ISIC: International Standard Industrial Classification of All Economic Activities, Revision 4)が用いられている。カンボジアの事業所について業種別大区分でみると、卸・小売、自動車・二輪車修理業が過半を占めており(292,350事業所、構成比57.9%)、製造業(71,416事業所、同14.1%)、宿泊・飲食業(69,662事業所、同13.8%)がこれに続いている(表2-3-1参照)。

カンボジアの事業所の従事者数について業種別大区分でみると、卸・小売、自動車・二輪車修理業(553,493人、構成比33.1%)と、製造業(530,341人、同31.7%)が多く、宿泊・飲食業(195,287人、同11.7%)がこれに続いている(表2-3-2参照)。

2 事業所の創業年

カンボジアの事業所について創業年別でみると、1970年代までに創業の事業所は6,039(構成比1.2%)、1980年代創業の事業所は20,431(同4.0%)、

表2-3-1 業種別事業所数

	業種別大区分	事業所数	構成比（％）
B	鉱業、砕石業	179	0.0
C	製造業	71,416	14.1
D	電気、ガス、蒸気等供給	4,607	0.9
E	上下水道、廃棄物処理	461	0.1
F	建設業	188	0.0
G	卸・小売、自動車・二輪車修理業	292,350	57.9
H	運輸業、倉庫業	1,557	0.3
I	宿泊・飲食業	69,662	13.8
J	情報・通信業	4,711	0.9
K	金融・保険業	3,584	0.7
L	不動産業	120	0.0
M	専門的、科学技術的活動	957	0.2
N	経営支援サービス	6,023	1.2
P	教育	9,874	2.0
Q	健康、福祉事業	4,885	1.0
R	芸術、娯楽	1,780	0.4
S	その他	32,780	6.5
	合計	505,134	100.0

出所：NIS（2013）

1990年代創業の事業所は60,461（同12.0％）、2000～2004年の間に創業した事業所は84,981（同16.8％）に過ぎず、特に2008年以降に創業した事業所が多い（図2-3-1参照）。

従事者数についても同様で、1970年代までに創業の事業所の従事者数は43,064人（構成比2.6％）、1980年代創業では77,181人（同4.6％）、1990年代創業では272,305人（同16.3％）、2000～2004年の間では286,368人（同17.1％）に過ぎず、特に2008年以降に創業した事業所の従事者数が多い。

参考文献

National Institute of Statistics, Ministry of Planning of Cambodia（2013）"Economic Census of Cambodia 2011, Analysis of the Census Results Report No.2, Comparative Analysis by Industry," Phnom Penh.

表2-3-2　業種別従事者数

	業種別大区分	従事者数	構成比（％）
B	鉱業、砕石業	2,040	0.1
C	製造業	530,341	31.7
D	電気、ガス、蒸気等供給	14,632	0.9
E	上下水道、廃棄物処理	4,208	0.3
F	建設業	2,029	0.1
G	卸・小売、自動車・二輪車修理業	553,493	33.1
H	運輸業、倉庫業	11,945	0.7
I	宿泊・飲食業	195,287	11.7
J	情報・通信業	16,589	1.0
K	金融・保険業	27,832	1.7
L	不動産業	1,071	0.1
M	専門的、科学技術的活動	3,814	0.2
N	経営支援サービス	30,080	1.8
P	教育	130,356	7.8
Q	健康、福祉事業	33,176	2.0
R	芸術、娯楽	40,163	2.4
S	その他	76,334	4.6
	合計	1,673,390	100.0

出所：NIS（2013）

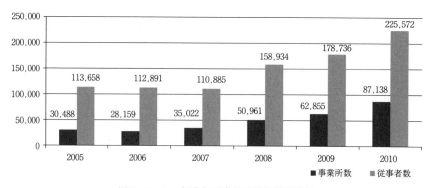

図2-3-1　創業年別事業所数と従事者数

出所：NIS（2013）

第 3 章
国家計画と経済政策

（国勢調査）

　カンボジア政府は、計画経済体制から市場経済体制へと移行する過程において、経済政策の指針となる国家計画を策定している。1990年代前半においては経済復興が最重要課題とされ、社会経済復興計画（1991～1995年）において、政治経済の安定化が指向された。1990年代後半には経済復興から経済発展の段階へと移り、第一次社会経済開発計画（1996～2000年）において、貧困緩和と地方開発が重要課題とされた。2000年代に入ると、国際機関により貧困削減戦略文書の作成が義務づけられたこともあり、第二次社会経済開発計画（2001～2005年）においては貧困削減が最大のテーマとなった。また、国連が主導するミレニアム開発計画を受け、国家戦略開発計画（2006～2010年）においては、ミレニアム開発目標の達成が重要課題として位置づけられた。

その後の国家計画である国家戦略開発計画（2009〜2013年）は、アップデートされた形となっており、また、現在の国家計画（2014〜2018年）においても、この流れを受け継いでいる。

本章においては、カンボジアの国家計画について、経済復興が最重要課題とされた時期（第1節）、貧困削減が中心課題と位置づけられた時期（第2節）、グッド・ガバナンスが目標とされた時期（第3節）に分け、特に経済関連事項について考察する。

第1節　社会経済の復興と開発

1　社会経済復興計画（1991〜1995年）

カンボジア政府は、1980年代までは、計画経済体制下における5カ年計画として、「社会経済復興プログラム（Socio-Economic Rehabilitation Program）」を策定していた。政府は、1990年代に入ると、政治体制の移行期であった1991年に、計画経済から市場経済への体制移行を想定した5カ年計画（1991〜1995年）として、「社会経済復興計画（Socio-Economic Rehabilitation Plan）」を策定した。その後、1993年5月の総選挙を経て成立した新政府は、同年9月に、「カンボジア王国憲法」を公布・施行し、この中で計画経済から市場経済への体制移行を明記した。新政府は、この経済体制移行により、1994年5月に、上記の社会経済復興プログラムを、市場経済体制を前提とした「社会経済復興計画（Socio-Economic Rehabilitation Plan, 1994-95）」に修正した。また、政府は、1994年3月に東京で開催された、「第2回カンボジア復興国際委員会（ICORC II：The Second International Committee on the Reconstruction of Cambodia）」において、外国からの援助を得る目的で、18〜24カ月間の開発指針となる、「カンボジア国家復興開発プログラム（NPRDC：National Program to Rehabilitate and Develop Cambodia）」を作成した。このプログラムにおいて政府は、開発理念として人々の幸福を掲げ、持続的な経済成長、人的資源の開発、天然資源の有効利用と管理を主要な政策目標と位置づけた。

政府は、同開発プログラムの遂行に向け、また、1995年3月にパリで開催

された、「第3回カンボジア復興国際委員会（ICORC Ⅲ：The Third International Committee on the Reconstruction of Cambodia）」のために、「カンボジア国家復興開発プログラムの遂行（INPRDC：Implementing National Programme to Rehabilitate and Develop Cambodia）」を作成し、具体的な政策目標として6点を掲げた。第一は民主主義社会と自由市場経済を前提とした法治国家の形成で、政府はこの確立に向け国家行政改革プログラムを作成し、行政改革、政府省庁における人材の育成、法制度の整備などに取り組むこととした。第二は経済の安定化と経済構造改革で、特に財政改革に注力することとした。経済成長については年7～8％の成長により、1995年から2004年までの10年間で国民総生産を倍増させることを目標とした。この達成のための重要産業として、第一次産業では農業、第二次産業では労働集約型産業、石油・鉱物資源開発、第三次産業では観光業を想定した。第三は基礎教育や保健医療の充実などを通じた人的資源の開発である。第四は産業振興の基礎となるインフラや公共施設等の復旧と整備である。分野としては道路・港湾・空港の復旧・整備と電力・水供給の増加を、整備地域としてはプノンペン市とシハヌーク市に重点を置くこととした。第五は経済の国際化で、特にASEANへの加入を目標とした。第六は地方開発と天然資源の有効利用・管理である。特に地方開発に関しては、農村開発省を創設し、農業問題、貧困問題、公共サービスの充実などに取り組むこととした。

2　第一次社会経済開発計画（1996～2000年）

カンボジア政府は、1997年1月に、市場経済体制を前提とした5カ年計画（1996～2000年）として、「第一次社会経済開発計画（SEDP：First Socioeconomic Development Plan）」を作成した。政府は貧困緩和と地方開発を最大の目標として掲げ、この実現のために公共投資額合計22億ドルのうちの65％相当を地方に投入することとした。また、重点を置く開発戦略項目として、①地方開発による貧困緩和、②社会サービスの向上（特に女性とハンディキャップ者）、③マクロ経済安定化のための組織・手法・政策の構築、④行政改革（特に地方分権）と法制度整備、⑤インフラ投資（特に地方道）、⑥市場経済に適応し

た人材の育成、⑦農業・畜産業の生産性向上、⑧労働集約型輸出産業、中小企業、観光業での雇用創出、⑨環境に配慮した持続的な資源開発、⑩経済の国際化の10項目を掲げた。

カンボジアの経済に関しては、経済成長率について7.5％、物価上昇率について4～5％を目標値として置き、この水準を達成するために、①財政改革（歳入の海外依存の低減、歳出の削減、税徴収の強化、公共投資予算の確保、軍事予算の削減、インフラ整備関連支出の増加）、②金融改革（中央銀行による政府への貸付けの停止、小切手取引の増加、貯蓄・投資の増加、脱ドル化、開発金融機関の設置、中央銀行機能の強化）、③国際化（貿易・投資・為替の自由化政策、ASEAN加入、一般特恵関税取得、IMFの指導受入れ）という目標を掲げた。

カンボジアの産業分野別の開発戦略に関しては、第一次産業については年5.2％成長を目標とした。特に米作に関しては年6％の成長を目標とし、①小規模灌漑設備の整備による米の増産、②民営化によるゴム・プランテーションの復旧、③農作物の多角化、④技術指導による畜産業の振興を重点項目とした。第二次産業については年9.8％以上の成長を目標とした。特に製造業については年10％以上の成長を目標とし、①民営化の実施、②外資の誘致、③輸出産業の振興、④労働集約型産業の振興、⑤国内資源の活用、⑥輸入代替産業の振興、⑦地方産業の振興、⑧都市のインフォーマル・セクターでの雇用促進、⑨化学産業の振興（川下分野）、⑩大企業と中小企業の同時育成を重点項目とした。第三次産業については年9％程度の成長を目標とした。特に観光業については、①インフラの整備、②ホテルの整備、③人材の育成、④社会文化と自然環境の保護により、2000年における入込客数の目標を年間百万人とした。また、運輸通信産業については年10％の成長を目標とし、①道路の整備（道路ネットワークの形成、全天候型の道路整備、国際高速道路の整備、管理財源の自己調達）、②鉄道の整備（ベトナムやタイと結ぶ鉄道の整備、鉄道事業における自己採算性の確保）、③港湾の整備（航道の整備、港湾設備の開発・維持・管理、港湾事業における自己採算性の確保）、④空港の整備（自己採算性の確保）を重点項目とした。

第一次社会経済開発計画の達成度についてみると、経済成長率は年平均7.4％でおおむね計画を達成したが、物価上昇率については年平均6.6％で計

画よりもインフレが進む結果となった。①財政改革については歳出の削減が不十分であり、公共投資の地方への資金投入も約35％にとどまった。②金融改革についても中央銀行の機能の強化が不十分であるという課題を残した。③国際化については、貿易・投資・為替の自由化が進み、ASEANへの加入、最恵国待遇や一般特恵関税の取得がなされた。産業分野別では、第一次産業については小規模灌漑の整備やゴム・プランテーションの民営化は進まず、成長率は年平均2.9％にとどまった。しかしながら、第二次産業については計画を大幅に上回る年平均16.0％の成長を達成し、特に製造業は年平均21.0％の成長を記録した。また、第三次産業も計画を上回る年平均9.9％の成長を達成した。

3　第二次社会経済開発計画（2001～2005年）

1998年7月の総選挙により成立した、フン・セン首相率いる人民党新政府は、「トライアングル・ストラテジー」と称して、①平和の構築、安定への復帰、安全の維持、②国際社会との関係正常化と地域への統合、③行政改革、財政改革等による経済社会開発の促進を三大目標として掲げた。

2002年7月に作成された、「第二次社会経済開発計画（SEDP2：Second Five Year Socioeconomic Development Plan）」は2001～2005年を計画期間とする5カ年計画で、政府は「トライアングル・ストラテジー」を基礎として、貧困削減を最重要課題として掲げ、①民間セクター主導型の経済成長と公平な分配、②貧困層の教育、保健、安全な水、衛生設備、電気、金融、市場、情報、技術へのアクセス改善を通じた社会と文化の開発、③天然資源と環境の持続的な管理と適正な利用を三大目標とした。

第一の経済成長と公平な分配については、2000年におけるカンボジアの1人当たりGDP（271ドル）と、貧困の状況（貧困者比率36％、貧困ギャップ比率8.7％、ジニ係数0.42）を出発点としている。経済成長については、2001～2005年の計画期間における成長率を6.1％、人口増加率を2.5％と想定し、1人当たりGDPの成長率年3.5％を達成することにより、2005年における1人当たりGDPを320ドルに引き上げることが目標とされた。所得貧困の削

表3-1-1 マクロ経済フレームワーク（第二次社会経済開発計画）

項目	目標値	備考
経済成長率	6.1%	第1次産業3.5%（米作4.6%） 第2次産業7.0%（繊維縫製業6.5%） 第3次産業8.0%（観光関連産業9.2%）
物価上昇率	4.0%	
M2対GDP比率	22.7%	（2000年）15.4%
歳入対GDP比率	13.7%	（2000年）11.8%
税収対GDP比率	10.5%	（2000年）8.6%
歳出対GDP比率	18.2%	（2000年）17.2%
経常支出対GDP比率	12.3%	（2000年）9.3%
政府資本支出対GDP比率	5.9%	（2000年）7.4%
財政赤字対GDP比率	4.6%	（2000年）5.6%
輸出伸び率	7.0%	
輸入伸び率	6.0%	
経常収支対GDP比率	−9.9%	（2000年）−10.4%
外貨準備高	輸入4カ月分	（2000年）輸入3カ月分
対ドル為替レート	4,000リエル	（2000年）3,900リエル
国内投資対GDP比率	19.5%	（2000年）18.7%
投資増加率	10.6%	
公共投資増加率	2.8%	
民間投資増加率	15.4%	
国内貯蓄増加率	13.9%	

出所：Royal Government of Cambodia（2002）

減については、所得分配水準の維持（ジニ係数一定）を前提として、2005年における貧困者比率を31％に下げることが目標とされた。この目標を達成するためのマクロ経済フレームワークとして、①産業分野別経済成長率、②物価上昇率、③政府財政収支、④国際収支、⑤貯蓄・投資率等に関する目標が設定された（表3-1-1参照）。

第一に産業分野別の経済成長率に関して、第一次産業については年3.5％の成長が目標とされた。特に米作については農地拡大と生産性向上により年4.6％の成長が目標とされ、また、作物転換の進展が想定された。第二次産業については年7.0％の成長が目標とされた。特に繊維縫製業については年6.5％の成長が想定され、また、おもちゃ、靴、電気製品、食品加工、ゴム、家具などの労働集約的産業の発展が想定された。第三次産業については年

8.0％の成長が目標とされ、特に観光業については年9.2％の成長が想定された。第二に物価上昇率に関しては、2000年のインフレ率が低いことを踏まえ、年４％の上昇率が想定された。また、M2対 GDP 比率については、2000年の15.4％が、2005年には22.7％に上昇することが想定された。第三に政府財政に関して、歳入については、付加価値税の増加（課税範囲の拡大、徴収能力の強化等）、新税の導入と増税（興行税、カジノ税、タバコ税等）、投資優遇措置の見直しによる税収増などにより、税収対 GDP 比率が2000年の8.6％から2005年には10.5％へと、歳入対 GDP 比率が2000年の11.8％から2005年の13.7％へと上昇することが想定された。一方、歳出については、軍人の動員解除、警察官の削減、公務員の削減などの支出減少要因を上回る水準の保健・教育セクターへの支出増加により、経常支出対 GDP 比率は2000年の9.3％から2005年には12.3％に上昇することが想定され、これらの結果として、財政赤字は2000年の対 GDP 比率5.6％から2005年の4.6％へと低下することが想定された。第四に国際収支に関して、輸出については繊維縫製品などの輸出増により年７％の増加が想定された。一方、輸入については繊維縫製品の原材料と石油などの輸入増により年６％の増加が想定された。これらの結果として、経常収支赤字は2000年の対 GDP 比率10.4％から2005年の9.9％への減少が想定され、外貨準備高は輸入の４カ月相当分まで積み増されることが想定された。なお、為替レートについては１ドル＝4,000リエルの水準が想定された。第五に貯蓄・投資率に関して、貯蓄については年13.9％の増加が想定された。また、投資についても年10.6％の増加が想定され、公共投資が年2.8％の増加である一方、民間投資については年15.4％の大幅な増加が想定された。この結果として、国内投資は2000年の対 GDP 比率18.7％から2005年の19.5％への増加が想定された。

　第二次社会経済開発計画の第二の目標である社会と文化の開発については、1998年のカンボジアの人間開発指数0.512を出発点とし、保健・医療、公共サービス、教育などへのアクセスの改善による指数水準の向上が目標とされた。また、特に未亡人、孤児、移住者、高齢者、少数民族、ハンディキャップ者などの脆弱な人々への配慮が重視された。数値目標として、保健・医療に関しては、幼児死亡率を6.5％（1998年8.9％）、胎児死亡率を0.2％（同0.5

表3-1-2 社会開発フレームワーク（第二次社会経済開発計画）

項目	目標値	備考
幼児死亡率	6.5%	(1998年) 8.9%
胎児死亡率	0.2%	(1998年) 0.5%
安全な水の利用率（都市）	87.0%	(1998年) 29.0%
安全な水の利用率（農村）	40.0%	
衛生施設の利用率（都市）	90.0%	(1998年) 15.0%
衛生施設の利用率（農村）	20.0%	
初等教育修了率	90.0%	(1998年初等教育入学率) 78.0%

出所：Royal Government of Cambodia (2002)

％）に低下させることが目標とされた。公共サービスに関しては、1998年には29％に過ぎない安全な水の利用率を、都市では87％、農村では40％に向上させること、同じく15％に過ぎない衛生施設の利用率を、都市では90％、農村では20％に向上させることが目標とされた。教育に関しては、初等教育修了率を90％（1998年初等教育入学率78％）に向上させることが目標とされた（表3-1-2参照）。政府はこれらの目標を達成するために、2001～2003年の3年間を計画期間とする公共投資プログラムにおいて、保健・医療、公共サービス、教育への予算配分に重点を置いた。3年間の予算合計1,650百万ドルの中で、保健・医療に対しては325.6百万ドル（構成比19.7％）、公共サービスに対しては181.0百万ドル（同11.0％）、教育に対しては197.0百万ドル（同11.9％）が配分されるものとされた。ただし、この予算原資には援助資金の見込み額も含まれていた。第一次社会経済開発計画においては計画された予算配分が機能しなかったことを踏まえ、第二次社会経済開発計画においては援助機関との調整に一層注力することとされた。

　第二次社会経済開発計画の第三の目標である、天然資源と環境の持続的な管理と適正な利用については、同国における森林の減少という問題を出発点としている。1973年には国土の73％をカバーしていた森林は約2割減少した。政府はこの対策として、原木の不法伐採に対する監視を強化することとした。また、漁業権の見直しにも取り組むこととした。

　第二次社会経済開発計画の達成度についてみると、経済成長率は計画を大幅に上回る年平均9.4％を達成し、物価上昇率についても年平均2.9％で計画

よりも低水準にて推移した。産業別の成長率でみると、第一次産業が年平均5.3%、第二次産業が年平均13.9%、第三次産業が年平均10.2%の成長を達成した。

参考文献
Royal Government of Cambodia (1991) "Socio-Economic Rehabilitation Plan," Phnom Penh.
―― (1994a) "Socio-Economic Rehabilitation Plan, 1994-95," Phnom Penh.
―― (1994b) "National Program to Rehabilitate and Develop Cambodia," Phnom Penh.
―― (1995) "Implementing National Programme to Rehabilitate and Develop Cambodia," Phnom Penh.
―― (1997) "First Socioeconomic Development Plan," Phnom Penh.
―― (2002) "Second Five Year Socioeconomic Development Plan," Phnom Penh.

第2節　貧困の削減

1　国家計画

　カンボジア政府は、同国が計画経済体制から市場経済体制に移行していく過程で、国家復興開発プログラムや、社会経済開発計画などの経済政策に関連する計画を策定してきた（表3-2-1参照）。これらの計画の多くは国際機関の支援を受けながら作成されたもので、国際機関の関心が貧困削減問題へと傾斜したことにともない、同国の経済政策も貧困削減への取り組みが中心課題になった。この点、同国の経済政策の立案に関する自主性は制約を受けたが、国際援助依存型の経済構造からの脱却が容易ではないこと、当時の政府の制度能力の実情に鑑みれば、事情やむをえない面もあった。実際に、第二次社会経済開発計画については、アジア開発銀行（ADB：Asian Development Bank）、ユニセフ（UNICEF：United Nations Children's Fund）、国連食糧農業機関（FAO：Food and Agriculture Organization）、国連開発計画（UNDP：United Nations Development Programme）の支援により作成された経緯がある。

表3-2-1　国家計画関連文書

年月	国家計画	計画期間
1980年代	社会経済復興プログラム	5カ年計画
1991年	社会経済復興計画	1991～1995年
1994年2月	カンボジア国家復興開発プログラム	1994～1995年
1994年5月	社会経済復興計画（改訂）	1994～1995年
1995年2月	カンボジア国家復興開発プログラムの遂行	1995～1996年
1997年1月	第一次社会経済開発計画	1996～2000年
2000年10月	貧困削減戦略文書中間報告書	2001～2003年
2002年7月	第二次社会経済開発計画	2001～2005年
2002年12月	国家貧困削減戦略文書	2003～2005年
2005年12月	国家戦略開発計画	2006～2010年
2010年6月	国家戦略開発計画改訂版	2009～2013年
2014年7月	国家戦略開発計画	2014～2018年

出所：著者作成

2　貧困削減戦略文書

　国際援助機関の関心が貧困削減問題へと一層傾斜していくなかで、開発途上国は、「貧困削減戦略文書（PRSP：Poverty Reduction Strategy Paper）」の作成を義務づけられることとなった。これは、1999年9月に開催された世界銀行／IMF総会において決定された事項で、世界銀行グループの国際開発協会（IDA：International Development Association）による融資、重債務貧困国（HIPC：Heavily Indebted Poor Country）イニシアティブ（1996年に世界銀行／IMFにより提唱された重債務貧困国の債務負担を一定の条件を満たした場合に一部免除する仕組み）の適用に際しての必要条件とされた。この作成に際しては、①政府のオーナーシップにより、②包括的開発フレームワーク（CDF：Comprehensive Development Framework）の考え方（1999年1月に世界銀行により提唱された開発に関する途上国のオーナーシップ、パートナーシップ、参加型意思決定プロセス、結果指向、長期的視点を重視する枠組み）を援用した政府、国際機関、二国間援助機関、NGOなどの幅広い関係者の参画によるパートナーシップの下で、③3年間の社会・経済開発計画をもとにした目標設定・結果重視型の中期支出枠組み（MTEF：Medium Term Expenditure Framework）を策定することが要請された。

カンボジア政府は、この要請を受けて貧困削減戦略文書の作成に着手し、2000年5月にフン・セン首相が発表した、①長期的・持続的な経済成長（目標年間経済成長率6～7％）、②経済成長の果実の公平な分配（持てる者と持たざる者、都市と農村、男性と女性）、③持続的な環境と自然資源の管理という貧困削減に関する目標を基礎に置いた、「貧困削減戦略文書の中間報告書（I-PRSP：Interim Poverty Reduction Strategy Paper）」を2000年10月に作成した。貧困削減戦略文書の最終報告書は2002年12月に完成し、トライアングル・ストラテジーに基礎に置く形で、2003～2005年の3年間を計画期間とする、「国家貧困削減戦略文書（NPRS：National Poverty Reduction Strategy Paper 2003-2005)」として取りまとめられた。

　貧困削減戦略の内容としては、①マクロ経済の安定の維持（行政改革、財政改革、銀行改革、投資環境の改善）、②農村居住環境の改善（土地、水、道路の改善、農林水産業の改善）、③雇用機会の拡大（民間セクター振興、輸出振興、観光振興）、④能力開発（教育問題、医療問題）、⑤制度能力の強化とガバナンスの向上（法制度整備、地方分権、汚職撲滅、動員解除、自然資源の管理）、⑥脆弱性や社会的疎外の緩和（自然災害対策、地雷除去、食糧問題、社会的弱者の救済）、⑦男女平等（女性の権利強化）、⑧人口問題（啓蒙活動の推進）の8項目が挙げられている。

　経済成長に関しては、①労働集約的産業（繊維縫製、靴、おもちゃ）の成長、②農業（綿花、砂糖、パームオイル、カシューナッツ、ゴム、果物）、農産品加工業の成長、③天然資源関連産業（魚、肉、セメント、レンガ、タイル）の成長、④ハンディクラフトの成長、⑤電気製品産業の成長、⑥工業団地、輸出加工区の整備による成長、⑦輸入代替産業（紙、薬品、日用品）の成長、⑧観光産業（文化・自然）の成長が期待されている。また、この実現のためには、①中小企業の振興（中長期金融の供給）、②国営企業の改革（民営化の推進）、③密輸の禁止強化、④輸出障壁の除去（輸出税、ライセンス）、⑤輸入障壁の除去（事業用資産）、⑥幼稚産業の保護、⑦中小企業と大企業の連携、⑧生産性向上による生産コストの低下、⑨国立製品規格機関の設立、⑩国立技術研究所の設立、⑪工業所有権の確立、⑫職業訓練の強化、⑬一村一品運動の推進、⑭法制度の整備（工場法、工業団地法、知的財産法）が必要とされた。ただし、

計画期間における予算として1,584百万ドル（政府予算230百万ドル、外国直接投資1,084百万ドル）が見積もられたなかで、民間セクター振興と貿易振興には各4百万ドル、観光振興には10百万ドルが割り当てられたに過ぎず、政策目標と予算計画はリンクしたものではなかった。

参考文献
Royal Government of Cambodia（2000）"Interim Poverty Reduction Strategy Paper," Phnom Penh.
――（2002）"National Poverty Reduction Strategy 2003-2005," Phnom Penh.

第3節　グッド・ガバナンス

1　国家戦略開発計画（2006～2010年）

カンボジア政府は、2004年7月に、「レクタングラー・ストラテジー」を作成し、良い統治（グッド・ガバナンス）に向け、①汚職撲滅、②法制度・司法改革、③行政改革（地方分権化と分散化を含む）、④軍事改革（動員解除を含む）に取り組むこととした。この中では、①平和、政治的安定、社会秩序の維持、②開発関係者（民間セクター、国際援助機関、市民社会）とのパートナーシップの形成、③経済と財政の安定、④国際経済への統合の四つが目標とされた。

経済成長に関しては、①農林水産業の振興、②民間セクターの発展と雇用創出、③継続的なインフラの復旧・整備、④制度整備と人的資源開発の四つが目標とされた。第一の農林水産業に関しては、1）生産性の向上と農作物の多角化、2）土地改革と地雷除去、3）漁業関連整備、4）林業関連整備の四つが課題とされた。第二の民間セクターに関しては、1）民間セクターの強化と投資誘致、2）中小企業の振興、3）雇用の増加と労働環境の改善、4）社会的セーフティネットの整備の四つが課題とされた。第三のインフラに関しては、1）輸送インフラの整備、2）水資源と灌漑設備の管理、3）電力と送電網の整備、4）情報通信技術の発展の四つが課題とされた。第四の

表3-3-1　マクロ経済フレームワーク（国家戦略開発計画）

項目	目標値	備考
経済成長率	6.0%	第一次産業 3.4～3.8% 第二次産業 7.1～9.1%（製造業 6.8～8.6%） 第三次産業 6.0～7.1%（観光業 10.0%）
物価上昇率	3.0%	（2005年）　6.2%
歳入対 GDP 比率	13.8%	（2005年）11.8%
歳出対 GDP 比率	16.5%	（2005年）14.9%
財政赤字対 GDP 比率	3.1%	（2005年）　2.7%
経常収支対 GDP 比率	－2.6%	（2005年）－4.1%
対ドル為替レート	4,163リエル	（2005年）4,378リエル

出所：Royal Government of Cambodia（2005）

制度・人的資源に関しては、1）教育の質の向上、2）保健サービスの改善、3）ジェンダー平等化、4）人口政策の実施の四つが課題とされた。

　2005年12月に作成された、「国家戦略開発計画（NSDP：National Strategic Development Plan 2006-2010)」は2006～2010年を計画期間とする5カ年計画で、政府は「レクタングラー・ストラテジー」を基礎として、貧困の削減を最大の目標とした。また、国連が主導するミレニアム開発計画（MDGs：Millennium Development Goals）の達成にも注力することとした。国家戦略開発計画において、マクロ経済に関しては、①年6％の経済成長、②為替レートの安定、③年3％以下の物価上昇率の維持が目標として設定された。また、④地方への投資誘致、⑤歳入の増加と貧困削減に資する歳出、⑥国有財産取引の透明性と説明責任の確保が重点課題とされた。特に経済成長に関しては、第一次産業については年3.4～3.8%、第二次産業については年7.1～9.1%（製造業については年6.8～8.6%）、第三次産業については年6.0～7.1%（観光業については年10.0%）が目標として設定された（表3-3-1参照）。

　国家戦略開発計画の達成度についてみると、経済成長率は計画を若干上回る年平均6.8%を達成したものの、物価上昇率については年平均6.7%で計画よりも高水準にて推移した。産業別の成長率でみると、第一次産業が年平均5.1%、第二次産業が年平均6.9%（製造業は年8.0%）、第三次産業が年平均7.0%の成長を達成した。

表3-3-2　マクロ経済フレームワーク（国家戦略開発計画改訂版2009～2013年）

項目	目標値	備考
経済成長率	6.5%	第一次産業 3.2% 第二次産業 8.2%（製造業 9.2%） 第三次産業 7.4%（観光業 10.0%）
物価上昇率	3.0%	（2008年）19.7%
歳入対 GDP 比率	14.2%	（2008年）13.3%
歳出対 GDP 比率	17.7%	（2008年）15.9%
財政赤字対 GDP 比率	3.5%	（2008年） 2.9%
経常収支対 GDP 比率	−7.8%	（2008年）−12.2%
対ドル為替レート	4,163リエル	（2008年）4,060リエル

出所：Royal Government of Cambodia（2010）

2　国家戦略開発計画改訂版（2009～2013年）

　カンボジア政府は、「国家戦略開発計画」について2008年に中間評価を行った後、2010年6月に、2009～2013年を計画期間とする、「国家戦略開発計画改訂版（National Strategic Development Plan Update 2009-2013）」を作成した。この改訂に際しては、「レクタングラー・ストラテジー」と「国家戦略開発計画」のコンセプトを継承することとした。

　マクロ経済に関しては、①年6.5％の経済成長、②為替レートの安定、③年3％以下の物価上昇率の維持が目標として設定された。特に経済成長に関しては、2013年の産業別の目標値として、第一次産業については年3.2％、第二次産業については年8.2％（製造業については年9.2％）、第三次産業については年7.4％（観光業については年10.0％）の成長が設定された。この結果、2008年には738ドルであった1人当たり国民総生産が、2013年には981ドルに増加するものと試算された（表3-3-2参照）。

　カンボジア政府は、「国家戦略開発計画改訂版」について2012年に中間評価を行った後、2013年4月に、「国家戦略開発計画再改訂版要綱（Guideline for formulating National Strategic Development Plan Update 2014-2018）」を作成した。このガイドラインにおいては年7％の経済成長が目標として設定され、有望産業として繊維縫製業と食品加工業が挙げられた。

国家戦略開発計画改訂版の達成度についてみると、経済成長率はリーマン・ショック後の2009年を除いて計画を若干上回る水準を達成し、物価上昇率についても目標を達成した。2013年の産業別の成長率についてみると、第一次産業が4.2％、第二次産業が9.8％、第三次産業が8.8％の成長を達成した。

3　国家戦略開発計画（2014～2018年）

　カンボジア政府は、2014年7月に、2014～2018年を計画期間とする、「国家戦略開発計画（National Strategic Development Plan 2014-2018）」を作成した。この改訂に際しては、「国家戦略開発計画改訂版」のコンセプトを継承することとし、新たに「レクタングラー・ストラテジー3」が作成され、良い統治（グッド・ガバナンス）に向け、①汚職撲滅、②法制度・司法改革、③行政改革、④軍事改革に取り組むこととした。この中では、①平和、政治的安定、社会秩序の維持、②経済・財政の安定と環境の維持、③民間セクターとのパートナーシップ、④国際経済への統合の四つが目標とされた。

　経済関連では、①農林水産業の振興、②インフラの整備、③民間セクターの成長と雇用の創出、④制度整備と人的資源開発の四つが目標とされた。第一の農林水産業に関しては、1）生産性の向上と農作物の多角化・商業化、2）土地改革と地雷・不発弾の除去、3）畜産業と水産業の振興、4）天然資源の持続的管理の四つが課題とされた。第二のインフラに関しては、1）輸送と都市インフラの整備、2）電源開発、3）水資源と灌漑設備の管理、4）情報通信技術の発展の四つが課題とされた。第三の民間セクターに関しては、1）民間セクターの強化と投資の促進、2）労働市場の発展、3）製造業と中小企業の振興、4）金融セクターの発展の四つが課題とされた。第四の制度・人的資源に関しては、1）教育・科学技術の振興、2）保健の充実、3）社会保障制度の充実、4）人口政策とジェンダー平等化の四つが課題とされた。

　マクロ経済に関しては、①年7％の経済成長、②貧困率を毎年1％低下させることが目標として設定された。特に経済成長に関しては、2018年の産業

表3-3-3 マクロ経済フレームワーク（国家戦略開発計画2014～2018年）

項目	目標値	備考
経済成長率	7.0%	第一次産業4.0% 第二次産業8.6%（製造業8.3%） 第三次産業7.3%
物価上昇率	3.5%	(2013年) 3.0%
歳入対GDP比率	16.9%	(2013年) 14.9%
歳出対GDP比率	20.1%	(2013年) 20.3%
財政赤字対GDP比率	4.4%	(2013年) 2.2%
経常収支対GDP比率	−5.5%	(2013年) −9.5%
対ドル為替レート	4,100リエル	(2013年) 4,050リエル

出所：Royal Government of Cambodia (2014)

別の目標値として、第一次産業については年4.0％、第二次産業については年8.6％（製造業については年8.3％）、第三次産業については年7.3％の成長が設定された。この結果、2013年には1,036ドルであった1人当たり国民総生産が、2018年には1,572ドルに増加するものと試算された（表3-3-3参照）。

また、政府は2015年3月に、「工業開発10カ年政策（Cambodia Industrial Development Policy 2015-2025）」を策定している。同計画においては労働集約的産業から熟練産業への脱皮が指向され、2025年までに国民総生産に占める製造業の割合を20％に高めること、輸出に占める農産加工品のシェアを12％に高めることなどにより繊維縫製品の輸出シェアを85％に引き下げること、投資環境の整備により外国直接投資を増加させることなどが目標とされている。

参考文献

Royal Government of Cambodia (2004) "Rectangular Strategy," Phnom Penh.
—— (2005) "National Strategic Development Plan 2006-2010," Phnom Penh.
—— (2008) "Mid - Term Review 2008 on National Strategic Development Plan 2006 - 2010," Phnom Penh.
—— (2010) "National Strategic Development Plan Update 2009-2013," Phnom Penh.
—— (2012) "Mid - Term Review 2011 on National Strategic Development Plan Update 2009-2013," Phnom Penh.

―― (2013) "Guideline for formulating National Strategic Development Plan Update 2014-2018," Phnom Penh.
―― (2014) "National Strategic Development Plan 2014-2018," Phnom Penh.
―― (2015) "Cambodia Industrial Development Policy 2015-2025," Phnom Penh.

第4章
グローバル化の進展

（繊維縫製工場）

　カンボジアは、1999年にASEAN、2004年にWTOに加盟して国際化を進めており、現在はAFTAの枠組みの中で、地域経済統合への道を歩んでいる。同国における輸入規制は少なく、関税率も低減するなど貿易の自由化が進展するなかで、貿易量は著しく増加してきている。

　カンボジアにおいては、外国企業にとって有利な投資インセンティブを提示するなど投資の自由化を進めたことにより、1990年代半ば以降に華人系の繊維縫製企業による投資がなされた。また、特に2000年代後半以降、分野別では農業、鉱業、エネルギー、インフラ分野への投資が増加し、国別では中国・韓国からの投資が増加している。

　日本企業によるカンボジアへの投資は非常に少なかったが、特に2011年以

降に急増している。進出企業の多くは、低廉な人件費や安価な土地のメリットを享受する労働集約的で輸出型の製造業であるが、現在は特にプノンペン市における生活水準の向上に着目した内需型の投資も増えている。

　本章においては、カンボジア経済の国際化の進展について、貿易の推移について概観し（第1節）、外国直接投資の動向について分析し（第2節）、日本企業の活動状況についてみていく（第3節）。

第1節　貿易の自由化

1　ASEAN加盟とAFTA

　カンボジアは、1999年に、「東南アジア諸国連合（ASEAN：Association of South-East Asian Nations）」に加盟している。ASEANは、1967年にシンガポール、インドネシア、フィリピン、タイ、マレーシアの5カ国により創設され、その後、1984年にブルネイが加盟している。CLMV諸国がASEANに加盟したのは1990年代後半以降で、1995年にベトナム、1997年にラオスとミャンマーが加盟し、1999年のカンボジアの加盟により計10カ国となっている。

　ASEANにおいては、1992年にASEAN地域内での市場統合を目的として、「ASEAN自由貿易地域（AFTA：ASEAN Free Trade Area）」が創設されている。AFTAの枠組みの中では、2015年までにASEAN域内における輸入関税を撤廃することが目標とされている。地域の経済統合についてはバラッサ（1961）が、①自由貿易地域、②関税同盟、③共同市場、④経済同盟、⑤完全なる経済統合の5段階に区分しているが、ASEANの経済統合は、まだ緩い段階にある。なお、カンボジアは、2004年に、「世界貿易機関（WTO：World Trade Organization）」にも加盟している。

　日本とASEANとの関係では、2008年に、「日本・ASEAN包括的経済連携協定」が締結されている。同協定においては、物品貿易の自由化・円滑化、知的財産分野での協力、農林水産分野での協力が規定され、また、サービス貿易の自由化、投資の自由化・保護に向けた取り組みが進められていくこととされている。なお、2010年には、中国とASEANの間の貿易品目の9割

について関税を撤廃するという内容の、「ASEAN・中国FTA」も発効している。

2 カンボジアの貿易政策

カンボジアにおける貿易は、1987年までは国営の貿易公社により独占されてきたが、1988年に民間による貿易取引が部分的に認められ、民間貿易会社の設立が許可制となった。1993年には貿易会社の設立が許可制から届出制に移行し、民間企業が大部分の貿易品目を取り扱えるようになった。また、2000年には商業省に登記した企業は自由に貿易業務を行えることとなり、貿易の自由化が進められている。

輸出に関する貿易政策としては、輸出量を増加させる効果を持つ輸出補助金、輸出優遇税制、輸出金融、輸出保険、輸出加工区設置、輸出促進団体創設などがある。他方、輸出量を抑制する効果を持つものとしては、輸出税、輸出数量制限、輸出自主規制などがある。カンボジアにおいて、輸出量を増加させる効果を持つ貿易政策としては輸出優遇税制が採用されている。輸出型の企業は法人所得税の軽減措置が受けられ、また、輸出比率の高い企業ほど法人所得税の免除期間が長くなるように定められている。この優遇措置により政府は期待できる税収を失うが、外国資本の輸出型企業による同国への直接投資を促進する効果がある。他方、輸出量を抑制する効果を持つ貿易政策としては輸出税が設定されている。ただし、課税品目は一次産品に限定されている。この輸出税の効果としては、政府の税収の増加や、一次産品の加工促進などが挙げられる。カンボジアにおいては一部に輸出禁止品目や輸出許可を必要とする品目があるが限定的で、ほぼ自由化されている。また、輸出数量制限や輸出自主規制もないが、同国最大の輸出品目である繊維縫製品等の一般特恵関税（GSP：Generalized System of Preferences）を利用した輸出の関係では、米国への輸出について数量割当（クオータ）を余儀なくされている。

一方、輸入に関する貿易政策としては、輸入量を増加させる効果を持つ輸入自主拡大、輸入金融、公的輸入促進体制整備などがある。他方、輸入量を

抑制する効果を持つものとしては、輸入税、輸入規制、輸入数量割当てなどがある。カンボジアにおいて、輸入量を抑制する効果を持つ貿易政策としては輸入税が設定されている。輸入税の効果としては、政府の税収の増加や、国内産業の保護と幼稚産業の育成などが挙げられる。カンボジアの関税法は1989年に制定され、その後の改定により関税率の引下げが段階的に実施されてきている。また、投資法等において輸入税の優遇措置が定められている。この優遇措置により政府は期待できる税収を失うが、外国資本の企業による同国への直接投資を促進する効果がある。なお、同国においては一部に輸入禁止品目や輸入許可を必要とする品目があるが限定的で、ほぼ自由化されている。

　国際貿易に関してリカード（1819）は、各国が生産している複数の財の中で、財の生産費が相対的に低いという比較優位を持つ財の輸出を行うことにより、貿易国双方が利益を得られることを説明している。また、ヘクシャー＝オリーン（1933）は、各国が土地・資源・資本・労働等の財の生産要素に関し、相対的に豊富に賦存している生産要素を集約的に使用する財に比較優位を持ち、各国が比較優位を持つ財の輸出を行うことにより、貿易国双方が利益を得られることを説明している。自由貿易は消費者余剰と生産者余剰を合計した総余剰を最大にするとともに、資源配分を最適にすることから、最も好ましい貿易体制とされている。しかしながら、世界経済を、工業品を輸出する中心国と、一次産品を輸出する周辺国に分けてみた場合、一次産品の需要の所得弾力性が工業品に比べて低いため、一次産品の輸出価格が相対的に安くなり、先進国に対する開発途上国の交易条件は長期的に悪化する（プレビッシュ＝シンガー命題）。世界的にみても完全な自由貿易を行っている国はなく、輸出入の両方に関するさまざまな貿易政策を採用している。

3　カンボジアの貿易動向

貿易動向
　市場経済体制に移行してからのカンボジアの貿易額は大幅に増加してきている。近年においては、リーマン・ショックの影響で2008年以降に貿易額は

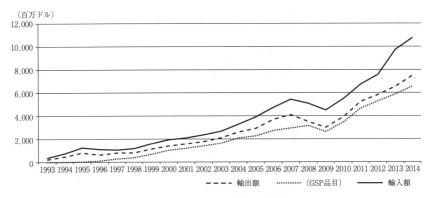

図4-1-1　カンボジアの貿易
出所：International Monetary Fund（1998, 1999, 2000, 2002, 2003, 2004, 2006, 2007, 2009）, National Bank of Cambodia（2012, 2013, 2014, 2015）より作成

減少したが、その後は増加に転じている（図4-1-1参照）。

　カンボジアの輸出の特徴として、輸出については繊維縫製品の米国向け一般特恵関税（GSP：Generalized System of Preferences）輸出が多いことが挙げられる。一方、輸入については、繊維縫製品材料の輸入が多く、また、石油類の輸入が多いことが挙げられる。同国では、繊維縫製品の輸出の増加にともない、材料の輸入も増加する構造となっている。また、輸出品が繊維縫製品以外では靴、米、天然ゴムなどに限られる一方、石油に加え、工業製品の消費財を多く輸入していることから輸入超過となり、恒常的に貿易赤字を計上する貿易構造となっている（付表9参照）。

輸出動向

　近年におけるカンボジアの輸出額は大幅に増加している。2014年の同国の輸出を品目別にみると、繊維縫製品・靴（構成比87.7％）が圧倒的に多く、米国、欧州諸国などへ輸出されている。1999年における同国の輸出品目についてみると、繊維縫製品（構成比88.5％）、木材（同3.0％）、天然ゴム（同2.3％）の順であり、現在に至るまで、繊維縫製品が最大の輸出品目であることに変わりはない。

　2014年のカンボジアの輸出を相手国別にみると、第1位は米国（構成比

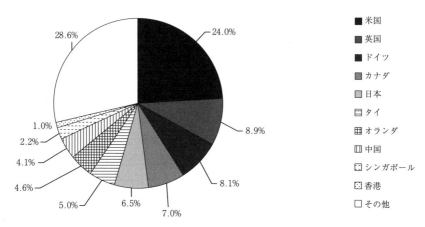

図4-1-2　カンボジアの輸出相手国別構成比（2014年）
出所：Asian Development Bank（2015）より作成

24.0%）、第2位は英国（同8.9%）、第3位はドイツ（同8.1%）、第4位はカナダ（同7.0%）、第5位は日本（同6.5%）で、繊維縫製品・靴などが輸出されている。第6位はタイ（同5.0%）で、建設機械などが輸出されている。第7位はオランダ（同4.6%）で、繊維縫製品・靴などが輸出されている、第8位は中国（同4.1%）で、木材などが輸出されている（図4-1-2参照）。

1998年におけるカンボジアの輸出相手国についてみると、米国（構成比36.7%）、シンガポール（同16.7%）、タイ（同9.7%）、ドイツ（同9.1%）、中国（同5.3%）、ベトナム（同5.3%）、香港（同3.4%）の順であり、近年においては欧州向け輸出のウエイトが高まっている。

輸入動向

近年におけるカンボジアの輸入額は大幅に増加している。2014年の同国の輸入を品目別にみると、繊維縫製品材料（構成比23.5%）が最も多く、中国、香港、台湾、韓国などから輸入されている。次は石油類（同9.8%）で、ベトナム、シンガポール、タイから輸入されている。1999年におけるカンボジアの輸入品目についてみると、繊維縫製品材料（構成比27.4%）、石油類（同11.5%）、タバコ（同8.9%）、農作物（同9.1%）、オートバイ（同3.6%）の順で

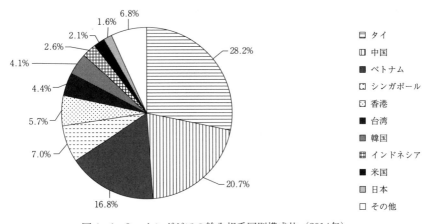

図4-1-3　カンボジアの輸入相手国別構成比（2014年）
出所：ADB（2015）より作成

あり、近年においては自動車、建設機械、鉄鋼・同製品、電話機の輸入のウエイトが高まってきている。

　2014年のカンボジアの輸入を相手国別にみると、第1位はタイ（構成比28.2％）で、衣食住関連製品、産業用資材、自動車・二輪車などが輸入されている。第2位は中国（同20.7％）で、繊維縫製品材料などが輸入されている。第3位はベトナム（同16.8％）で、石油類などが輸入されている。第4位はシンガポール（同7.0％）、第5位は香港（同5.7％）、第6位は台湾（同4.4％）、第7位は韓国（同4.1％）で、繊維縫製品材料などが輸入されている。第8位はインドネシア（同2.6％）で、タバコなどが輸入されている。第9位は米国（同2.1％）、第10位は日本（同1.6％）で、自動車、機械などが輸入されている（図4-1-3参照）。

　1999年におけるカンボジアの輸入相手国についてみると、タイ（構成比15.7％）、香港（同15.0％）、台湾（同12.0％）、シンガポール（同8.0％）、中国（同6.9％）、ベトナム（同6.9％）、韓国（同6.4％）、日本（同5.9％）、インドネシア（同4.1％）の順であり、近年においては中国、ベトナムからの輸入のウエイトが高まっている。

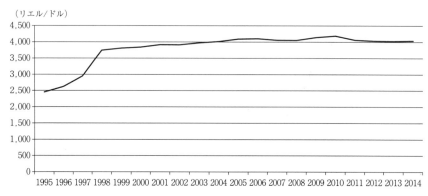

図 4-1-4　為替レート

出所：ADB（2015）より作成

為替レート

　カンボジアにおける為替レートの推移についてみると、1990年代においては対米ドルでリエル安が進んだが、1998年以降は、1ドル＝4,000リエル程度で比較的安定した水準で推移してきている（図4-1-4参照）。

参考文献
Asian Development Bank（2015）"Key Indicators for Asia and the Pacific 2015," Manila
Balassa, B.（1961）*The Theory of Economic Integration*, Richaed D. Irwin. Inc., Illinois.（中島正信訳〈1963〉『経済統合の理論』ダイヤモンド社）
International Monetary Fund（1998）"Cambodia Recent Economic Developments."
―― （1999）"Cambodia：Statistical Annex."
―― （2000）"Cambodia：Statistical Appendix."
―― （2002）"Cambodia：Statistical Appendix."
―― （2003）"Cambodia：Selected Issues and Statistical Appendix."
―― （2004）"Cambodia：Statistical Appendix."
―― （2006）"Cambodia：Selected Issues and Statistical Appendix."
―― （2007）"Cambodia：Selected Issues and Statistical Appendix."
―― （2009）"Cambodia：Statistical Appendix."
National Bank of Cambodia（2012）"Annual Report 2011," Phnom Penh.
―― （2013）"Annual Report 2012," Phnom Penh.
―― （2014）"Annual Report 2013," Phnom Penh.

——(2015)"Annual Report 2014," Phnom Penh.

Ohlin, B.(1933)*Interregional and International Trade: Revised Edition*(1967), Harvard University Press, Massachusetts.

Ricardo, D.(1819)*On the Principles of Political Economy, and Taxation*, John Murray, London.(羽鳥卓也・吉澤芳樹訳〈1987〉『経済学および課税の原理 上巻』岩波書店)

第2節　投資の自由化

1　投資誘致政策

　カンボジアは、1990年代に計画経済体制から市場経済体制への移行を開始して以降、経済の復興・開発に必要な国内資金の不足を補うために積極的に対外開放を進めてきた。政府は、1994年に、「カンボジア王国投資法(Law on Investment of The Kingdom of Cambodia)」を施行し、同国への投資に関する規則や優遇措置を定めた。その後、1997年に、「カンボジア王国投資法の遂行(Implementation of the Law on Investment of The Kingdom of Cambodia)」を発布して投資法の詳細を定めている。また、投資法を円滑に運用していくため、1995年に、「カンボジア開発評議会の組織と機能(The Organization and Functioning of the Council for the Development of Cambodia)」を発布し、「カンボジア開発評議会(CDC：The Council for the Development of Cambodia)」の下部組織として、「カンボジア投資委員会(CIB：The Cambodian Investment Board)」を設立し、投資申請の受理・認可・監督等を担当させることとした。

　カンボジア政府が投資関連の組織と法律を新政府樹立後に早急に整備したことは、外国企業に安心感を与えたという点で非常に重要なことであり、外国直接投資を呼び込む基礎となった。カンボジアの投資委員会と投資法は、先行ASEAN諸国が1980年代後半から1990年代にかけて、日本やNIEs諸国等からの直接投資を受け入れるなかで、試行錯誤しながら徐々に整備してきた投資受入態勢を参考にしたものであり、先行ASEAN諸国の成功例を活用しているという点において、後発性の利益を享受している。カンボジアの投資法を先行ASEAN諸国の投資法と比較してみると、投資家にとってメ

リットの大きいインセンティブを付与している。特に外国人・企業は土地を所有できない点を除いては、カンボジア資本と外国資本を法的に区別していない。もともと保護すべき既存産業が存在しなかったということもあるが、幼稚産業の保護をすることはできない仕組みとなっている。投資の認可に関しても先行ASEAN諸国と同様に、投資委員会がワン・ストップ・サービスを提供しており、特定の案件を除いて申請後45日以内に認可されることになっている。また、他国では何らかの規制がなされている利益の海外送金も認められている。これらの措置は、他のASEAN諸国よりも有利な投資条件を外国企業に提示することにより、自国への企業誘致を促進することを企図したものである。

　カンボジアにおいては、2003年に、「改正投資法（Law on the Amendment to the Law on Investment of The Kingdom of Cambodia）」が施行されている。同法の中では、投資規模の大きいプロジェクトは、カンボジア開発評議会から「適格投資プロジェクト（QIP：Qualified Investment Project）」の認定を受けることにより、投資優遇措置が受けられる。適格投資プロジェクトの場合には、1）法人税の免除、2）輸入税の免除、3）輸出税の免除が受けられる。第一の法人税の免除については、始動期間＋3年間＋優先期間の間、最長9年間まで法人税が免除される。ここにおいて、始動期間は、最初に利益を計上した年、または、最初に売上げを計上してから3年間のどちらか短い期間を意味している。また、優先期間は、業種と投資額により規定される期間を意味しており、最長3年まで、投資額が多いほど長くなっている。第二の輸入税の免除については、生産設備、建設資材、原材料等にかかる輸入税が免除される。

　開発途上国が外国直接投資を受け入れることによるメリットとしては、第一に国内の投資資金の不足を補うことが挙げられ、投資の増加が将来の経済成長に寄与することになる。特にカンボジアのように国内資金が著しく不足している状況においては、外国直接投資の誘致を再優先する政策が奏効するものと考えられる。第二に雇用の創出が挙げられる。特に繊維縫製業等の労働集約的産業の工場進出は非常に大きな雇用創出効果をもたらした。第三に進出企業からの税収効果が挙げられる。カンボジアの場合には、外国企業の

誘致を最優先する目的で税制面での大幅な優遇措置を設けたために、この効果は限定的である。第四に技術移転の効果が挙げられ、生産技術や知識だけではなく、経営管理やノウハウもこれに含まれる。ただし、吸収した技術をもとにしてカンボジア企業が創業されるケースはまだ少ない。第五に投資の波及効果が挙げられ、製造業の進出にともなう裾野産業の形成や、貿易・物流・サービス業の増加などが想定される。カンボジアの場合には波及効果は小さいが、繊維縫製業の工場建設にともない関連資材工場が建設され、運送業なども増加している。第六に規制緩和による競争の促進が挙げられる。第七にグローバル化への適応が挙げられ、国際化への適応が徐々に進展している。

開発途上国においては投資の自由化に消極的な政策を採用するケースも多い。これは、進出してくる外国企業に脅威を感じ、先進国の企業による経済支配を懸念することに起因している。また、国内産業の保護に重点を置き、時間をかけて投資の段階的自由化を行う幼稚産業保護政策も一般に採用されている。カンボジアの場合には、これに反して市場経済体制への転換と同時に投資の自由化を実施している。現在までのところでは、この政策は特に雇用の創出という点において奏効したものと考えられる。

2　外国直接投資

カンボジアへの外国直接投資

カンボジアにおける適格投資認可額は2005年以降に大幅に増加している（図4-2-1参照）。この投資を分野別にみると、1995年以降の累計では、適格投資認可額39,822百万ドルのうち、農業が2,837百万ドル（構成比7.1%）、鉱工業が14,073百万ドル（同35.3%）、サービス業が22,911百万ドル（同57.5%）となっている（図4-2-2参照）。

カンボジアへの適格投資認可累計額の中で、農業分野については、特に2006年以降に天然ゴム、キャッサバ、サトウキビなどへの大型プランテーション投資が増加している。鉱工業分野については、1995年からの10年間は繊維縫製産業の投資が中心であったが、2000年代半ば以降は、鉱業、エネルギ

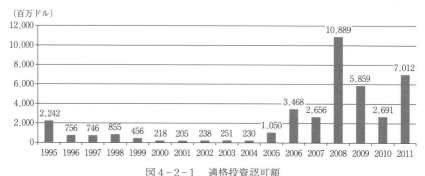

図4-2-1　適格投資認可額
出所：カンボジア開発評議会（2006, 2010, 2013）より作成

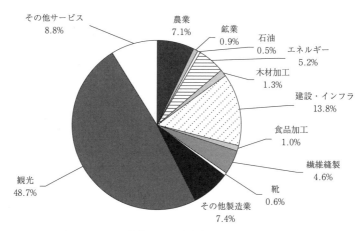

図4-2-2　産業分野別適格投資認可累計額構成比
出所：カンボジア開発評議会（2006, 2010, 2013）より作成

ー、インフラへの投資が増加している。また、2011年に製造業への投資が急増している。サービス業分野については観光業関連の投資が多く、特に2007年以降においては大型リゾート開発などの投資が認可されている（付表10参照）。

カンボジアにおける1995年以降の適格投資累計認可額39,822百万ドルのうち、国内企業からの投資が14,598百万ドル（構成比36.7％）である一方、外国企業からの投資が25,224百万ドル（同63.3％）で過半を占めている。カンボジアにおける適格投資累計認可額を国別にみると、第1位が中国の8,473

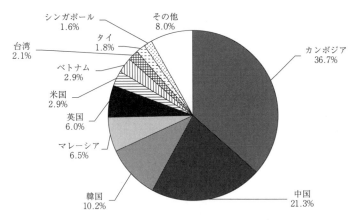

図4-2-3 国別適格投資認可累計額構成比
出所：カンボジア開発評議会（2006, 2010, 2013）より作成

百万ドル（同21.3%）、第2位が韓国の4,074百万ドル（同10.2%）、第3位がマレーシアの2,608百万ドル（同6.5%）、第4位が英国の2,407百万ドル（同6.0%）、第5位が米国の1,160百万ドル（同2.9%）となっている。特に中国からの投資は2005年以降、韓国からの投資は2006年以降に増加している（付表11参照）。

中国からカンボジアへの投資ではインフラ分野が多く、BOTスキームにより、コッコン水力発電（China Heavy machinery Corporation）、カンポート水力発電（Sinohydro Corporation）、ストゥントラエン水力発電（Huadian Lower Stung Russay Hydro Corporation）などが建設されているほか、送電線、製油所、鉱山などへの投資が行われている。また、農業分野では、カンボジア政府から大規模な土地コンセッション（ELC：Economic Land Concession）を取得した企業が、砂糖キビ（Yellow Field Investment Corporation, Grate Field Investment Corporation）や、天然ゴム（Research Mining Development Corporation, Un Inter Trading Corporation）などの大規模プランテーションを展開しているほか、飼料（East Hope Animal Nutrition）や精米（Guohong Industry）関連等の投資がなされている。なお、2012年には胡錦濤主席が同国を訪問しており、「走出法（Go global strategy）」の下、中国企業による同国での経済活動を促進することを表明している。

韓国からカンボジアへの投資は、特に2006年に盧武鉉大統領が同国を訪問して以降に増加している。韓国からカンボジアへの投資では不動産分野が多く、プノンペン市内の商業ビル等の建設（Hyundai Amco, Yon Woo Corporation, World City Corporation）や、シアムリアプ新空港プロジェクト（NSRIA）などが進められている。2007～2008年には銀行が5行（Kookmin Bank, Sinhan Khmer Bank, Booyoung Khmer Bank, Camco Bank, Tomato Specialized Bank）開設され、2010～2011年には、農業分野で、天然ゴム（Horison Agriculture Development）、キャッサバ（BNA Corp）、農作物（Lunastra）などのプランテーション投資がなされている。製造業では、電気・電子（KTC cable, I sound Cable Cambo, Dy-Tech Cam）や、繊維縫製、製靴などが多い。また、韓国商工会議所（Korean Chamber of Commerce in Cambodia Association）や、KOTRA事務所（KOREA Trade-Investment Promotion Agency）も開設されている。カンボジアから韓国へは2011年までの累計で16,983人（2011年は4,957人）の労働者が出稼ぎに行っている。なお、2010年における韓国からカンボジアへの渡航者は248,705人で、国別では最も多い。

　カンボジアの事業所について経営者の国籍別でみると、2011年にカンボジア人が経営する事業所が499,497事業所（構成比98.9％）で、外国人が経営する事業所が5,637事業所（構成比1.1％）である（表4-2-1参照）。外国人経営者の中ではベトナム人が最も多く、主として卸・小売、宿泊・飲食などのサービス業を行っている。次に多いのは中国人の経営者で、サービス業だけではなく、繊維縫製業などの工場も経営している。

　事業所数でみると外国人経営者の比率は小さいが、事業所の従事者数でみると外国人経営者の事業所は大きなウエイトを占めている（表4-2-2参照）。特に製造業についてみると、中国人経営者の事業所の従事者数が全体の32.2％を占めている。

企業立地

　一国内における企業の立地に関してウェーバー（1922）は、企業は市場、投入資源、輸送費の観点から最適立地を決定するものとし、アイザード（1956）は、企業は利潤最大化を目的として生産費と輸送費のトレードオフ

表4-2-1 経営者国籍別の事業所数

経営者の国籍	製造業	卸・小売	宿泊・飲食	その他	合計	構成比
カンボジア	70,739	290,248	68,061	70,449	499,497	98.9%
ベトナム	120	1,135	856	410	2,521	0.5%
中国	470	776	421	467	2,134	0.4%
韓国	26	31	47	71	175	0.0%
その他アジア	39	98	88	149	374	0.1%
欧米	18	53	171	255	379	0.1%
その他	4	9	18	32	54	0.0%
合計	71,416	292,350	69,662	71,706	505,134	100.0%

出所：NIS（2013）

表4-2-2 経営者国籍別の事業所の従事者数

経営者の国籍	製造業	卸・小売	宿泊・飲食	その他	合計	構成比
カンボジア	300,288	538,599	185,191	360,056	1,384,134	82.6%
中国	173,487	3,031	3,351	10,753	190,622	11.4%
韓国	12,036	266	499	1,321	14,122	0.8%
その他	53,323	5,975	5,962	22,125	87,385	5.2%
合計	539,134	547,871	195,003	394,255	1,676,263	100.0%

出所：NIS（2013）

関係から立地を決定するものとした。また、産業の立地に関してマーシャル（1920）は、地域外部経済効果の観点から、①特殊技能労働者市場の形成、②非貿易投入財市場の形成、③情報伝達効率化にともなう技術波及効果により企業集積が形成されることを指摘した。クルーグマン（1991、1995）は、これらの議論を整理し、①収穫逓増、②輸送費、③需要の相互作用を織り込んだ地理的集中に関するモデルを構築している。また、地域集中の開始に関して初期条件としての歴史的出来事の重要性を指摘している。

　カンボジア国内における繊維縫製業等の製造業の立地は首都のプノンペン市と、同市に隣接するカンダール州に集中してきた。初期の状況を振り返ってみると、1990年代半ば頃は治安面の問題があり、地方での企業立地は事実上困難であった。繊維縫製企業等は、原材料の多くを輸入し、製品の大部分を輸出していることから、ウェーバーやアイザードの企業立地論にしたがえば、国内輸送費を最小化できるシハヌーク港の背後地に立地することで費用

を最小化できる。しかしながら、進出企業はプノンペン市周辺への立地を余儀なくされたわけで、この点、同国での企業立地集中に関しては、クルーグマンの指摘する歴史的出来事の重要性が感じられる。

　カンボジアの治安が安定してきた1990年代後半以降についてみると、繊維縫製企業等は引き続きプノンペン市周辺エリアへの立地を選択している。シハヌーク港周辺に立地すれば、土地代と輸送費は安く、コスト面のメリットを享受できる。しかしながら、プノンペン市周辺への立地が続いていることは、これを上回るメリットがあることを示唆している。第一に、マーシャルやクルーグマンの指摘した地域外部経済効果が挙げられ、①特殊技能労働者市場の形成、②非貿易投入財市場の形成、③情報伝達効率化にともなう技術波及効果が考えられる。ただし、実際には、①繊維縫製工程では高度な熟練は要しないこと、②中間財の多くは輸入されていること、③技術面での波及効果も小さいことから、これらの地域外部経済効果に関するメリットは限定的であるものと考えられる。第二に、進出企業がフォロワーとして模倣戦略をとっていることが挙げられる。カントリー・リスクの高い開発途上国でのビジネスにおいては、可能な限り事業リスクを低下させることが重要なポイントである。したがって、工場建設、従業員確保、事業運営等に支障がないよう安全な選択を行っていることが考えられる。第三に、企業間における経営者や管理職の情報交換の利便性が挙げられる。同国に進出している企業は、製品を米国市場やEU市場に輸出しており、同国内での企業間の販売に関する競争関係はほとんどない。したがって、企業間の情報交換が行いやすい環境にあることが、不確実性の高い開発途上国においては重要なメリットと考えられる。その他のメリットとして、旧国営企業の閉鎖した工場を安価で借りているケースもある。

3　インフラ整備

道　路

　カンボジアの道路の総延長距離は47,207kmで、国道、地方道、農道に区分されている（表4-2-3参照）。国道の舗装率は高いが、地方道や農道の舗

表4-2-3　カンボジアの道路

区分	本数	距離（km）	舗装率
一桁国道	8	2,258	93.7%
二桁国道	45	3,342	55.9%
地方道	280	6,607	15.1%
農道	–	35,000	–
合計	–	47,207	–

出所：MPWT（2012）

表4-2-4　カンボジアの一桁国道

区分	経路
1号線	プノンペン市〜カンダール州〜プレイヴェン州〜スヴァイリアン州〜ベトナム国境
2号線	プノンペン市〜カンダール州〜タケオ州
3号線	プノンペン市〜カンダール州〜コンポンスプー州〜タケオ州〜カンポート州〜プレアシハヌーク州
4号線	プノンペン市〜カンダール州〜コンポンスプー州〜コッコン州〜プレアシハヌーク州
5号線	プノンペン市〜カンダール州〜コンポンチナン州〜ポーサット州〜バッタンバン州〜バンテアイミアンチェイ州〜タイ国境（トンレサップ湖南回り）
6号線	プノンペン市〜カンダール州〜コンポンチャム州〜コンポントム州〜シアムリアプ州〜バンテアイミアンチェイ州〜タイ国境（トンレサップ湖北回り）
7号線	コンポンチャム州〜クロチェ州〜ストゥントラエン州〜ラオス国境
8号線	プノンペン市〜カンダール州〜プレイヴェン州〜ベトナム国境

出所：MPWT（2012）

装率は低い。主要な一桁国道は1〜8号線の8本で、首都のプノンペン市から放射線状に伸びている（表4-2-4参照）。また、現在は、プノンペン市を中心とした環状1〜4号線の整備も進められている。

鉄道

カンボジアには北線と南線の2系統の鉄道路線があるが、現在はあまり機能していない（図4-2-4参照）。北線は1929〜1942年に建設され、プノンペン市から西北にタイ国境のポイペトまでを結んでいる。ただし、総延長386kmのうち、プノンペン市〜シソフォン間が修復中である。また、シソフォン〜ポイペト間の48kmは線路が欠落しており、現在は修復工事を行う

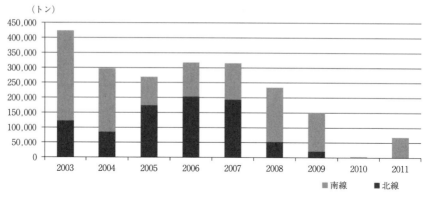

図 4 - 2 - 4　鉄道貨物輸送量

出所：MPWT（2012）

ための事前調査中である。南線は1960〜1969年に建設され、プノンペン市から南西にシハヌーク港までを結んでいるが、現在はセメント輸送に利用されているに過ぎない。また、総延長266kmのうち、シハヌーク港〜カンポート間は修復中である。

空　港

　カンボジアには11の空港がある。このうち、プノンペン空港、シアムリアップ空港、シハヌーク空港が国際空港で、BOTスキームにより運営されている。プノンペン空港とシアムリアップ空港については、国際線利用客数の増加に対応すべく移転・拡張が計画されている（図 4 - 2 - 5 参照）。地方空港としては、コンポンチナン空港、コッコン空港、ラタナキリ空港、バッタンバン空港、プレアヴィヒア（プレアビヒア）空港、ストゥントラエン空港、クロチェ空港、モンドルキリ空港がある。

港　湾

　カンボジアにはタイ湾に面した外港がプレアシハヌーク州、コッコン州、カンポート州、カエプ州にあり、最大の港はシハヌーク港である。また、メコン川やトンレサップ川などに面した河川港があり、最大の港はプノンペン

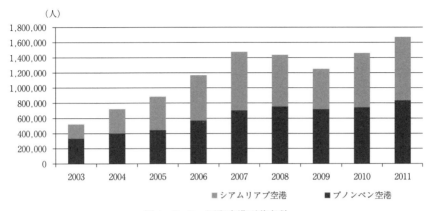

図4-2-5　国際空港到着者数

出所：MPWT（2012）

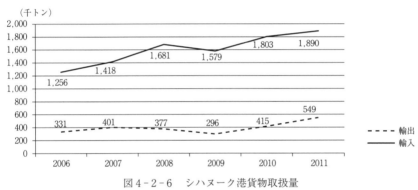

図4-2-6　シハヌーク港貨物取扱量

出所：MPWT（2012）

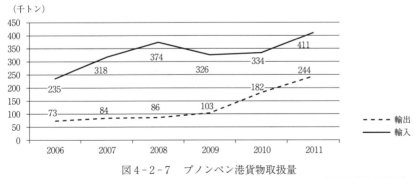

図4-2-7　プノンペン港貨物取扱量

出所：MPWT（2012）

第4章　グローバル化の進展

港である。シハヌーク港は1960年に建設されている。シハヌーク港の貨物取扱量は増加傾向にあり、現在は拡張工事が進められている（図4-2-6参照）。また、プノンペン港の貨物取扱量も増加傾向にあり、増設計画が進められている（図4-2-7参照）。なお、両港とも輸入貨物のほうが、輸出貨物よりも多い。

参考文献

Cambodian Investment Board (1995) "The Organization and Functioning of the Council for the Development of Cambodia," Phnom Penh.

―― (1997) "Implementation of the Law on Investment of The Kingdom of Cambodia."

Domar, E. D. (1957) *The Theory of Economic Growth*, Oxford University Press, New York.（宇野健吾訳〈1959〉『経済成長の理論』東洋経済新報社）

Harrod, R. F. (1948) *Towards a Dynamic Economics*, Macmillan & Co., London.（高橋長太郎・鈴木諒一訳〈1953〉『動態経濟額學序説』有斐閣）

Hirohata, N. (2012) "A Comparative Study of Foreign Direct Investment Activities by Japanese, Korean and Chinese Companies in Cambodia," *Management Innovation and Win - win Cooperation in East Asia*, International Federation of East Asian Management Associations.

Infrastructure and Regional Integration Technical Working Group, Ministry of Public Works and Transport of Cambodia (2012) "Overview on Transport Infrastructure Sectors in the Kingdom of Cambodia," Phnom Penh.

Isard, W. (1956) *Location and Space-Economy*, MIT Press, Cambridge, MA.

Krugman, P. (1991) *Geography and Trade*, MIT Press, Cambridge, MA.（北村行伸、高橋亘、妹尾美起訳〈1994〉『脱「国境」の経済学――産業立地と貿易の新理論』東洋経済新報社）

―― (1995) *Development, Geography, and Economic Theory*, MIT Press, Cambridge, MA.（高中公男訳〈1999〉『経済発展と産業立地の理論』文眞堂）

Marshall, A. (1920) *Principles of Economics*, Macmillan, London.（馬場啓之助訳〈1965～67〉『経済学原理』東洋経済新報社）

National Institute of Statistics, Ministry of Planning of Cambodia (2013) "Economic Census of Cambodia 2011, Analysis of the Census Results Report No.2, Comparative Analysis by Industry," Phnom Penh.

Royal Government of The Kingdom of Cambodia (1994) "Law on Investment of The Kingdom of Cambodia," Phnom Penh.

―― (2003) "Law on the Amendment to the Law on Investment of The Kingdom of Cambodia," Phnom Penh.

Solow, R. M.(1970)*Growth Theory*, Oxford University Press, New York.(福岡正夫訳(1971)『成長理論』岩波書店)

Weber, A.(1922)*Über den Standort der Industrie: Reine Theorie des Standorts*.(日本産業構造研究所〈1966〉『工業立地論(第2版)』大明堂)

カンボジア開発評議会(2006, 2010, 2013)『カンボジア投資ガイド』

第3節　日本企業の進出

カンボジア進出の歴史

　日本企業によるカンボジア進出の歴史は古いが、1975年における同国の内戦にともない、すべて撤退している。日本企業による進出が再開されたのは、同国において和平プロセスが進展した1990年代前半以降である。当初に進出したのは商社とゼネコンで、1990年代までに進出した製造業は、おかだ(製材)、スズキ(オートバイ組立)などに限られていた。その後も日本企業の進出は少なく、2000年代半ばまでは年数社程度であった。

　日本企業のカンボジア進出が増加したのは2010年以降である。この理由としては、第一に、チャイナ・プラス1の流れの中で、増設先または移転先としてカンボジアが選択されたことが挙げられる。また、近時においては、タイ・プラス1や、ベトナムから同国へ移転する労働集約的輸出型製造業者も増えている。

　第二に、2007年以降における円高の影響が挙げられ、1ドル100円の水準を割ってから、カンボジアへの企業進出は急増している。1992年に発足したカンボジア日本人商工会(JBAC：Japanese Business Association of Cambodia)の正会員数の推移は図4-3-1のとおりで、特に2011年以降に会員数が急増し、2013年には145社(うち正会員117社)、2016年3月現在では220社(うち正会員171社)に増加している。なお、同会に未加盟の企業も多く、同国に進出している日系企業数を正確に把握することは困難であるが、2012年以降における同国商業省への登録日系企業数は毎年200社程度であり、2015年末現在の登録日系企業数は1,000社程度に達している。

　第三に、カンボジアの投資環境が改善してきたことが挙げられる。我が国とカンボジアとの関係では、2007年に、「投資の自由化、促進及び保護に関

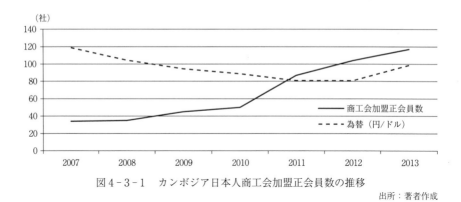

図4-3-1　カンボジア日本人商工会加盟正会員数の推移
出所：著者作成

する日本国とカンボジア王国との間の協定（AGREEMENT BETWEEN JAPAN AND THE KINGDOM OF CAMBODIA FOR THE LIBERALIZATION, PROMOTION AND PROTECTION OF INVESTMENT）」が締結されている。その後、「日本カンボジア官民合同会議」が定期的に開催されるようになり、カンボジア投資委員会にはJICAから専門家が派遣され、2010年にはJETROの事務所が開設されている。また、プノンペン特別経済区（SEZ：Special Economic Zone）が整備されたことによる効果が大きく、多数の日本企業が入居している。

企業の国際展開

　企業の国際展開にかかる研究については、経営学および経済学の分野で、多岐の視角から諸理論が構築されてきている。多国籍企業に関しては、ハイマーの所有優位論（他企業に対して低コストでの生産要素の調達、効率的な生産に関する知識・支配の保持、流通面の能力、差別化製品等の優位性を持つ企業は、外国での生産においても優位性を持ち、多国籍化する）を嚆矢として立地優位論が立論され（ハイマー〈1979〉）、ペンローズによる資源ベース理論（企業をひとつの管理組織、生産資源の集合体とみるなかで、企業の国際的拡張プロセスを捉える）の国際的拡張が図られた（ペンローズ〈1995〉）。企業間の取引の内部化という視角からは、コースの取引費用理論（市場取引実行費用よりも費用が少ない場合に、取引が企業に内部化される）が国際取引の多国籍企業への内部化に拡張さ

表4-3-1 カンボジア日本人商工会正会員（2013年12月現在）

	区分	企業数	企業名
1	製造業	48	イースタンスチール、おかだ、スズキモーター、アンコールクッキー、クラタペッパー、八雲F&B、タイガーウイング、日本たばこ、ヤマハモーター、ユニエレックス、味の素、クリーンサークル、ミネベア、パナソニック、アスレ電器、オーアンドエム、コンビ、マルニックス、ヨークス、スワニー、モロフジ、イズミ電子、TINER FASHION、協和製函、啓愛社、シマノ、住友電装、中山商事、TOWA、ノア、王子プランテーション・フォレスト、矢崎、フットマーク、Tokyo Parts、JTS、ジャパーナ、出光興産、フォンツパワー、トヨタ、ルシアン、ジーエスエレテック、タイカ、富士電機、日光金属、ロックス、マルテー大塚、NATURAL NINE、エス・シー・ワドー・コンポーネント
2	建設	16	クボタ工建、鴻池組、東洋建設、安藤・間、前田建設工業、ワールド開発工業、カムカル、冨士古河E&C、大豊建設、佐藤工業、大気社、住友電設、大成建設、MKP、淺沼組、メタウオーター
3	不動産	4	プノンペン経済特区社、イオンモール、スターツ、タマホーム
4	物流	13	OCS、ニッセイ、商船三井、アジアマリン事業協同組合、海外貨物検査、トランシシィー・ロジスティックス、郵船ロジスティックス、日本通運、大和梱包、ジュピターロジスティクス、大森廻漕店、鴻池運輸、佐川急便
5	商社	8	伊藤忠商事、アジア大洋州住友商事会社、豊田通商、丸紅、三井物産、三菱商事、双日、三菱商事ファッション
6	金融	7	AEON Microfinance、SBI Royal Securities、三井住友銀行、三菱東京UFJ銀行、日本興亜損害保険、みずほ銀行、アクティブピープルズ
7	観光	2	APEX、JHCアンコールツアー
8	サービス	19	Cambodia Joho Service、メコンリサーチコンサルタント、ロコモ、日本工営、フォーバル、NTTコミュニケーションズ、ハルプノンペンコミックセンター、I-GLOCAL、辻・本郷税理士法人、SOKEN、メイホーエンジニアリング、東京コンサルティングファーム、RIKUYO、創英コーポレーション、イルヴリール、スカイリミテッド・アカウンティング、JBリーガルコンサルタンシー、CDL：Creative Diamond Links、AEON
	合計	117	

出所：カンボジア日本人商工会ホームページより作成

れ（コース〈1992〉）、ダニングなどにより、国際経営戦略への展開（企業の多国籍化を導く誘因として、特殊な経営資源の所有にかかる優位性、内部化のインセンティブにかかる優位性、立地の特殊要因にかかる優位性を挙げている）が図られてきた（Dunning〈1993〉）。国家間という視角から、国際分業については、リカードの比較生産費説（リカード〈1987〉）、ヘクシャー＝オリーンの要素賦存説（Ohlin〈1967〉）により、各国の比較優位が説明され、赤松の雁行形態的発展論（赤松〈1965〉）を拡張した小島は、日本型＝貿易志向型海外直接投資（日本の比較劣位産業から相手国へ直接投資進出するのが両国にとり望ましく、相手国で潜在的な比較優位があるけれども、技術だとか資本だとかマネージメントのスキルが足りないため、その産業が現在まで安くできる比較優位産業にならなかったものが、直接投資に助けられて顕在的な比較優位産業になるという考え方）の重要性を指摘した（小島〈1977〉）。また、バーノンは、米国企業の国際移転にかかるプロダクトサイクル・モデル（米国で開発された製品について、有利な製造拠点を求めて企業が移転することを示したモデルであるが、特に低開発地域への移転については、低廉な労働力、電力、天然資源を使える優位性に加え、相手国政府からの現地生産を求める要求の存在を指摘している）を提示している（バーノン〈1971〉）。企業立地という視角からは、クルーグマンによる循環的累積的因果関係（クルーグマン〈1999〉）などが展開され、また、ノースによる制度分析（ノース〈1990〉）から比較制度分析への展開が図られている。本節においては、これらの多岐の視角からの研究蓄積を踏まえ、日系企業のカンボジア進出についてみていく。

日本企業のビジネスモデル

　カンボジアへの日本企業の進出目的としては、第一に、内需型として、国内市場への販売とサービスの提供が挙げられる。経済成長により購買力が向上した都市部の消費者や、同国に進出する日本企業を顧客とするものである。第二に、外需型として、カンボジアで生産した製品を第三国に輸出することが挙げられる。労働集約的輸出型製造業者が、同国の低廉な人件費に着目したものである。第三は、同国の資源で、商社などが原油、鉱物資源等を採掘するものである。

表4-3-2　外国直接投資に際しての検討事項

	意思決定要因	検討事項
1	政治的安定性	ポリティカル・リスク（政策・制度等の一貫性、公正・公平性）
2	経済的安定性	マクロ経済の安定（経済成長率、インフレ率、為替レート）
3	投資環境	産業集積・裾野産業
4	投資誘致政策	投資優遇政策、税金
5	ビジネス環境	法制度整備、事務手続き、汚職・賄賂
6	社会・文化	慣習・ルール、言語、自然条件
7	市場規模	人口、購買力
8	人的資源	人材、人件費
9	生産要素	原材料賦存状況（農林水産物、鉱物資源）
10	インフラ	物流インフラ（道路・港湾・空港・鉄道）、工業団地、ユーティリティ（電力・水道）

出所：著者作成

表4-3-3　主要投資コスト比較

国（都市）	一般工給与（月、ドル）	事務所賃料（月・m²、ドル）	電気料金（1kW、ドル）	法人税率（％）
カンボジア（プノンペン）	101	26	0.19	20.0
ラオス（ビエンチャン）	137	13	0.08	24.0
ミャンマー（ヤンゴン）	71	85〜95	0.12	25.0
ベトナム（ホーチミン）	173	17〜44	0.04〜0.11	22.0
バングラデシュ（ダッカ）	86	15〜42	0.08〜0.11	37.5
インドネシア（ジャカルタ）	241	50	0.07	25.0
タイ（バンコク）	366	24〜26	0.06〜0.14	20.0

出所：日本貿易振興会ホームページより作成

　外国直接投資に際して検討されるべき事項は、表4-3-2のとおり非常に多く、総合的判断が求められる。これらの項目の中で、投資環境関連の項目として、人件費、事務所家賃、電気料金、法人税率について、カンボジア、ラオス、ミャンマー、ベトナム、バングラデシュ、インドネシア、タイの7カ国を比較したものが表4-3-3である。

　特に2010年以降にカンボジアに進出した労働集約的輸出型製造業者においては、進出先として、ベトナム、ラオス、ミャンマー、バングラデシュなどとの比較検討が行われているケースが多い。ベトナムについてはすでに人件費が上昇していること、ラオスについては必要な労働者数の確保が容易ではないこと、ミャンマーについてはもう少し様子をみる必要があることから、

表4-3-4　カンボジアに進出した日系製造業の進出目的

	区分	日系製造業進出分野
1	生産拠点型	着物（絞り）、中古本デジタル化、鋳物、買物袋など
2	垂直分業型	ワイヤーハーネス組立加工、球技用ボール、電子・電気部品
3	水平分業型	電子・電気部品
4	税制活用型	革製品（革靴・革鞄・革財布）
5	国内需要型	亜鉛鉄板、オートバイ組立、調味料袋詰め、ペットボトル入り水
6	要素賦存型	段ボール、胡椒、クッキー

出所：筆者作成

最終的にカンボジアが選ばれているケースが多い。

日系製造業のカンボジア進出

　カンボジアに進出した日系製造業者の進出目的についてみると、表4-3-4のとおり、1）生産拠点型、2）垂直分業型、3）水平分業型、4）税制活用型、5）国内需要型、6）要素賦存型に大別することが可能である。

　第一の生産拠点型については、1）増産型、2）国内生産移転型、3）他国生産移転型に大別することが可能である。最初の増産型は、日本や他国に生産拠点があるが、増産拠点をカンボジアに設けるケースである。次の国内生産移転型は、日本国内に生産拠点があるが、日本国内での生産は減らして、あるいは、国内工場を閉鎖して、カンボジアに生産拠点を設けるケースである。最後の他国生産移転型は、中国、タイ、ベトナムなどに生産拠点があるが、増産拠点、または、生産移転拠点をカンボジアに設けるケースである。カンボジアに生産拠点を設けることの最大のメリットは人件費の削減である。2014年6月現在におけるカンボジアの繊維縫製工場の最低賃金は月100ドルで、労働集約的企業のメリットは大きい。日系企業では、絞りなど手作業の多い着物縫い、中古本のデジタル化、日本国内では労働者の確保が困難になってきている鋳物などの分野の企業が進出している。他国にも生産拠点がある企業については、チャイナ・プラス1の生産拠点としてカンボジアに進出している革手袋製造などのケースがある。また、近年においては、タイ・プラス1の生産拠点としてのカンボジア進出もみられる。これは、タイでのビ

ジネス・リスクが徐々に高まってきていることによるもので、2011年における洪水被害、2012年における最低賃金引上げに加え、特に2013年以降におけるタイ貢献党と民主党の対立の激化から、2014年５月の軍事クーデター発生に至る政治的動揺に起因している。さらに、近時においては、ベトナム・プラス１の生産拠点としてのカンボジア進出もみられる。これは、ホーチミン市における企業進出の増加などにともなう人件費の上昇への対応として、労働集約的企業がカンボジアに生産拠点を設けるもので、日系中小企業では、袋製造などの分野の企業が進出している。

　第二の垂直分業型は、日本国内、または、他国の生産拠点の生産工程の一部をカンボジアに移転するものである。これは、人件費の削減を目的としており、労働集約的工程の移転がなされている。日系企業では、最終工程をタイで行う球技用ボールの製造、自動車用等のワイヤーハーネスの組立、電子・電気部品製造企業などが進出している。

　第三の水平分業型は、日本国内、または、他国でグレードの高い高級品を生産し、カンボジアでは付加価値の低い汎用品を生産するもので、人件費の削減を目的としている。日系企業では、電子・電気部品製造企業が進出している。

　第四の税制活用型は、製品を日本に輸入する場合、カンボジアからの輸入については関税が無税となる制度を活用するもので、同国で生産することにより、人件費の削減だけではなく、追加的なメリットを享受できる。日系企業では、靴・鞄・財布などの革製品製造企業が進出している。

　第五の国内需要型は、カンボジア国内で製品を販売するものである。日系企業では、亜鉛鉄板の製造、オートバイの組立、調味料の袋詰め、ペットボトル入り水製造企業などが進出している。

　第六の要素賦存型は、カンボジア国内の資源を原材料とするもので、日系企業では段ボール製造企業、食品加工企業などが進出している。

日系非製造業のカンボジア進出
　カンボジアに進出した日系非製造業者について、進出者の企業規模とターゲットとする主要顧客の視点から類型化してみると表４-３-５のとおりである。

表 4 - 3 - 5　カンボジアに進出した日系非製造業の類型化

区分		顧客	
		企業（B to B）	個人（B to C）
進出者	大企業	建設業、商社、物流業	金融業、ショッピングセンター
	中小企業	設備工事、貿易業、物流業	観光業、小売業
	個人事業者	コンサルティング	レストラン、医療関連

出所：筆者作成

　主要顧客を企業としているのは、建設業、不動産業、物流業、貿易業、コンサルティング業などである。建設業については、大手ゼネコンの大成建設、前田建設工業、安藤・間、鴻池組などが、主として日本の政府開発援助にかかるインフラ整備事業などを実施しているのに対し、中小企業は、主として同国に進出する日系企業等の事業所の工事業務などを行っている。不動産業については、スターツ、タマホームが駐在員住居等の賃貸業務を行っている。物流業については、大手海運業者の日本郵船、商船三井や、大手陸運業者の日本通運、佐川急便などが同国に進出している。貿易業については、総合大手商社の三菱商事、伊藤忠商事、丸紅、三井物産、住友商事、豊田通商、双日などが、大型の設備・機械等の輸入や資源開発などの大規模プロジェクトに携わっているのに対し、中小企業は、主として小ロットの商品輸入業務に従事している。コンサルティング業については、主として同国に進出する日本企業のサポート業務として、弁護士事務所、会計士事務所などが開設されている。

　主要顧客を個人としているのは、小売業、観光業、レストラン、医療関連、金融業などである。小売業については、進出企業は非常に少なかったが、2014年に、イオンがプノンペン市内に大型ショッピングセンターを開業している。核店舗はイオン直営であるが、テナントとして、電気製品、文具類などを販売する日系中小企業が入居している。観光業については、PITTなど、主として日本人を顧客とした旅行代理店であるが、2015年にビジネス・ホテルの東横インが開業している。レストランについては、プノンペン市内で新規開店が相次いでおり、約130軒に達している。医療関連では、ケン・クリ

ニックなどの病院や歯科などが開設されている。金融業については、日本のメガバンクは駐在員事務所を設置しているだけであるが、クレジット・カード関連業務などが行われている。

日系企業のカンボジア国内での立地要因

　カンボジアに進出している外資系製造業者は、同国の首都プノンペン市と、同市を取り巻く形で隣接するカンダール州に集中して立地している。カンボジアの外資系事業所数は5,636で、このうち、2,311事業所（構成比41.0%）がプノンペン市に、691事業所（12.3%）がカンダール州に立地している（NIS〈2012〉）。

　同国への外資系企業進出が始まった1990年代半ば頃においては、治安面の問題から、地方での企業立地は事実上困難であった。輸出加工型の企業にとっては、シハヌーク港周辺に立地すれば、土地代と輸送費は安く、コスト面のメリットを享受できるが、治安面の問題がなくなって以降も、プノンペン市と周辺地域への立地が続いている。この点、クルーグマンの指摘する、地域外部経済効果と歴史的出来事の重要性が示唆される（クルーグマン〈1994〉）。日系中小製造業者の多くも同様に、プノンペン市内とカンダール州の特別経済区（SEZ：Special Economic Zone）などに立地している。

　また、近時においては、国境地域に立地する日系製造業者もある。タイ国境地域のコッコンに進出した球技用ボール製造企業は、手作業の労働集約的工程をカンボジアに移転し、タイで最終製品にする垂直分業を行っている。ベトナム国境地域のバベットにおいては、革製品製造企業等が工業団地に工場移転し、カンボジアで製造するが、製品は距離的に近いホーチミン港から引き続き輸出されている。

　カンボジアに進出している日系製造業者のバリューチェーンについて整理してみると、図4-3-2のとおりである。原材料・中間品の多くは、海路でシハヌーク港から、または、陸路でタイ国境のポイペトから輸入されている。カンボジア国内で加工された製品の多くは、シハヌーク港からタイ経由で、欧米市場、日本市場や、シンガポール、マレーシアなどのASEAN諸国に向けて輸出されている。

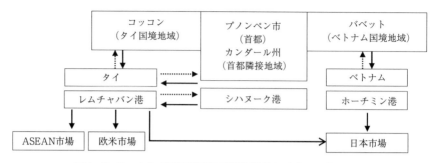

図4-3-2　カンボジア進出日系製造業者のバリューチェーン

出所：筆者作成

　カンボジア国内を横断してインドシナ地域の4カ国を結ぶ南部経済回廊（ベトナム南部のホーチミン市、カンボジアのプノンペン市、タイ中部のピサヌローク市、ミャンマーのヤンゴン市を結ぶ）の活用についてみると、まだ開始されたばかりの段階である。日系製造業者についてみると、ベトナムのホーチミン市で製造された液晶テレビの部品を、カンボジアのベトナム国境地域であるバベットの工業団地で組み立て、タイの日系電気メーカーに納入しているケースがみられる程度である。今後については、ASEAN自由貿易地域（AFTA：ASEAN Free Trade Area）における輸入関税の撤廃によるASEAN経済統合の一層の統合にともなうメリットの享受など、南部経済回廊の活用が検討されている段階にある。

　カンボジアに進出する日系企業は、地場企業を上回る経営面の優位性を持って進出している。他方、カンボジアに進出した日系企業の課題としては、進出企業のニーズに合う産業人材の不足が挙げられている（国際協力機構〈2012〉）。同国の歴史的経緯から、即戦力となる人材を多く雇用することは容易でないことから、社内教育が重要となっている。ただし、同国はこれから人口ボーナス期を迎える段階にあり、教育水準も徐々に向上してきていることから、将来的には事態は改善されていくものと考えられる。また、周辺諸国との比較では、電力料金が高いという問題が挙げられるが、水力発電所の建設などが進められており、将来的には電力供給の増加により、電力料金は低下していくものと考えられる。

日系企業によるアジア諸国への企業進出は今後も続くと考えられるなかで、低廉な人件費に比較優位があり、また、投資環境の整備が進むカンボジアへの進出は、引き続き増加していくものと考えられる。

参考文献

Coase, R. H.（1990）*The Firm, The Market, and The Law*, The University of Chicago Press.（宮沢健一、後藤晃、藤垣芳文訳〈1992〉『企業・市場・法』東洋経済新報社）

Dunning, J.（1993）*Multinational Enterprises and the Global Economy*, Addison-Wesley.

Hymer, S. H.（1976）*The International Operations of National Firms and Other Essays: A Study of Direct Foreign Investment*（Economic Monograph），The MIT Press, Cambridge, Massachusetts, London, England.（宮崎義一訳〈1979〉『多国籍企業論』岩波書店）

Krugman, P.（1991）*Geography and Trade*, Leuven University Press, Leuven, Belgium and The MIT Press, Cambridge, Massachusetts, London, England.（北村行伸、高橋亘、妹尾美起訳〈1994〉『脱「国境」の経済学——産業立地と貿易の新理論』東洋経済新報社）

――（1997）*Development, Geography, and Economic Theory*（Ohlin Lectures），The MIT Press, Cambridge, Massachusetts, London, England.（高中公男訳〈1999〉『経済発展と産業立地の理論』文眞堂）

National Institute of Statistics, Ministry of Planning of Cambodia（2012）"Economic Census of Cambodia 2011, Analysis of the Census Results Report No.1, Analysis on 17 Industries," Phnom Penh.

North, D.（1990）*Institutions, Institutional Change and Economic performance*.（竹下公視訳〈1994〉『制度・制度変化・経済成果』晃洋書房）

Ohlin, B.（1967）*Interregional and International Trade*, Harvard University Press.

Penrose, E.（1995）*The Theory of the Growth of the Firm*, Oxford University Press.（日高千景訳〈2010〉『企業成長の理論』ダイヤモンド社）

Ricardo, D.（1817）*Principles of Political Economy and Taxation*, John Murray, London.（羽鳥卓也、吉澤芳樹訳〈1987〉『経済学および課税の原理 上巻』岩波文庫）

Vernon, R.（1971）*Sovereignty at Bay*.（霍見芳浩訳〈1973〉『多国籍企業の新展開』ダイヤモンド社）

赤松要（1965）『世界経済論』国元書房

国際協力機構（2012）『カンボジア、ラオス、ミャンマー国民間連携による産業人材育成基礎調査』

小島清（1977）『海外直接投資論』ダイヤモンド社
廣畑伸雄（2015）「カンボジアに進出する日系中小企業の立地要因」『アジア経営研究』第21号、和泉出版（アジア経営学会）
カンボジア日本人商工会ホームページ http://www.jbac.info/
日本貿易振興会ホームページ http://www.jetro.go.jp/indexj.html

第 5 章
拡大する都市経済

(ストリート・ビジネス)

　カンボジア経済が高度経済成長を遂げる過程において、1990年代後半以降に同国に進出してきた華人系の繊維縫製企業が、首都プノンペン市と周辺地域において、大きな雇用を創出した。また、同国に来た国際機関やNGO関係者などが非常に大きな消費需要を創出してきた。
　特に2000年代以降、同国の産業構造が高度化していくなかで、民間セクターにおいては、外資主導だけではなく、同国の経済活動を牽引するカンボジア人経営の企業グループが、いくつか形成されてきている。ファミリービジネスからスタートし、外国資本との戦略的提携などにより、貿易、卸・小売、金融、不動産開発、インフラ整備等に業容を拡大してきている。
　こうした背景の下、同国の都市経済が拡大を続けるなかで商業活動も活発

化し、店舗型の商店だけではなく、小規模零細なストリート・ビジネスも大きなウエイトを占めるようになってきている。

　本章においては、カンボジアの民間セクターにおける企業構造と、主要な企業グループの現状と特徴について分析し（第1節）、同国最大の産業である繊維縫製業について概観し（第2節）、また、小規模零細なストリート・ビジネスの実態を明らかにする（第3節）。

第1節　企業グループ

1　カンボジアの企業構造

カンボジアの企業

　カンボジアにおいては、高度経済成長にともない、同国経済を牽引する企業グループが形成されてきている。本節においては、最初にカンボジアの民間セクターについて、その企業構造を概括的に把握する。次に同国企業の規模などの状況について整理する。その次に、特に際立った企業グループに焦点を当て、①企業グループの歴史的推移、②経営者の特質、③事業分野の展開と外国資本との戦略的提携等の視点から分析を行い、同国の主要な企業グループの現状と特徴を明らかにする。

　後発国において国民経済を支えている企業の所有形態について末廣（2000）は、①国営・公企業、②多国籍企業、③国内民間大企業が中心となっている点を指摘し、これを支配的資本の鼎（かなえ）構造と名づけた。

　この視点からカンボジアの企業についてみると、第一の国営・公企業については、あまり大きなウエイトを占めていない。これは歴史的経緯によるもので、1980年代までの計画経済体制の下で国営・公企業は厳しい経営状態にあった。政府は1989年に国営・公企業の土地・建物等固定資産の民間企業へのリースを始め、1991年に民間への売却を開始している。特に1995年に民営化委員会が設置され、1996年に国営・公企業の活動は天然資源開発、社会基盤整備、公益事業に限定されることが定められた。その結果、国営・公企業数は1989年の187社から1999年には44社に減少した。その後も国営・公企業

の閉鎖が続き、残る中でも規模の大きかった天然ゴム関係の6社が2010年前後に相次いで民営化されたことから、現在では電力公社や港湾公社などが目立つ程度の状況になっている。

　第二の多国籍企業については繊維縫製業が中心で、靴製造業がこれに続いている。多国籍の繊維縫製企業は縫製材料のほとんどを輸入し、カンボジアでは裁断・縫製・梱包を行うCMP（Cutting, Making and Packing）型の工場で、製品は特恵関税のメリットを享受できる米国向けを中心に輸出されている。カンボジアにおける繊維縫製業の輸出額は、同国全体の輸出額の約9割を占めている。同国において繊維縫製企業の進出が始まったのは1990年代半ばで、香港、台湾、マレーシアなどの華人系企業が中心であり、カンボジア繊維縫製業協会の加盟企業数は420社（2013年6月現在）になっている。その他の分野では、特に近年において、中国企業による農業やインフラ関連投資や、韓国企業による不動産投資が増えており、また、日本企業による投資も増加している。

　第三の国内民間企業については、大企業は非常に少ないが、過去20年の間にファミリービジネスからスタートして規模を拡大してきたいくつかの企業グループ等が目立った存在になってきており、国内経済を支えている。ファミリービジネスは、国民経済の規模や資本市場の発達につれて重要性を低下させ、専門経営者が管理する近代的大企業に代わるものとされるが、末廣（2007）は、韓国、タイ、インドネシアなどのアジア諸国においては、国民経済の拡大や工業化の進展にともなって、ファミリービジネスが衰退していくという傾向はみられず、むしろ巨大化しながら特定の家族・同族が引き続き所有と経営の双方を支配し、事業多角化戦略を通じて一国の産業構造の高度化に貢献してきた点を指摘している。この点については、カンボジアの企業グループにおいても同様の傾向がみられる。

カンボジアの事業所

　カンボジアの事業所については、2011年3月に、「経済センサス（Economic Census of Cambodia 2011）」が実施されている。同センサスにおいては、カンボジア国内における農林水産業等を除くすべての事業所に対する聞き取り

表5-1-1　カンボジアの企業規模別・国籍別事業所数

区分	カンボジア企業	構成比	外国企業	構成比	合計	構成比
零細企業	488,915	99.1%	4,629	0.9%	493,544	100.0%
小規模企業	9,456	94.5%	553	5.5%	10,009	100.0%
中規模企業	672	84.0%	128	16.0%	800	100.0%
大企業	454	58.1%	327	41.9%	781	100.0%
合計	499,497	98.9%	5,637	1.1%	505,134	100.0%

出所：NIS（2013）より作成

調査が行われている。同センサスにおいては、業種区分については、国際標準産業分類（ISIC：International Standard Industrial Classification of All Economic Activities, Revision 4）が用いられている。また、企業規模区分については、カンボジア政府の基準にしたがい、零細企業（従事者数10人以下）、小規模企業（同11人以上50人以下）、中規模企業（同51人以上100人以下）、大企業（同101人以上）に4区分されている。

　経済センサスの調査結果によれば、カンボジア国内には合計で505,134の事業所が存在し、1,673,390人が雇用されている。これを規模別にみると、零細企業が493,544事業所（構成比97.7％）、小規模企業が10,009事業所（同2.0％）、中規模企業が800事業所（同0.2％）で、大企業は781事業所（同0.2％）に過ぎない。企業の所有形態との関係では、カンボジアの全事業所のうち、カンボジア企業が499,497事業所（構成比98.9％）であるのに対し、外国企業が5,637事業所（同1.1％）となっている。企業規模別でみると、事業所の規模が大きいほど外国企業の比率が高まり、零細企業の外国企業比率が0.9％であるのに対し、小規模企業では5.5％、中規模企業では16.0％、大企業では41.9％となっている（表5-1-1参照）。

　また、カンボジアの大企業の中で従事者数が1,000人を超える企業は118事業所だけであるが、このうちカンボジア企業は41事業所（構成比34.7％）に過ぎず、外国企業の77事業所（同65.3％）のほうが多い。これを業種別大区分でみると、製造業が103事業所で、その他の業種は15事業所である。この製造業の事業所について業種別細区分でみると、繊維縫製業が84事業所、靴製造業が12事業所で、その他の製造業は7事業所に過ぎない。繊維縫製業と

靴製造業の大手企業は外国資本であり、したがって、カンボジア資本の大企業は非常に限られている。

カンボジアの商工会議所

カンボジアにおいては、1995年に、「プノンペン商工会議所（The Phnom Penh Chamber of Commerce）」が創設され、初代会頭に Theng Bunma（Mekong グループ）、副会頭には Sy Kong Triv（KT Pacific グループ）が就任した。2002年に同会議所は、「カンボジア商工会議所（CCC：Cambodia Chamber of Commerce）」に改組され、会頭には Sok Kong（SOKIMEX グループ）が就任し、2005年以降は Kith Meng（Royal グループ）が会頭を務めている。同会議所の2014年1月末現在の加盟企業数は228社で、特別会員39社、顧問会員39社、普通会員150社に区分されている。なお、業種別や規模別等の部会区分はされていない。企業の所有形態との関係では、同会議所に加盟しているのはカンボジア企業だけである。他方、カンボジア繊維縫製業協会（GMAC：Garment Manufacturers Association in Cambodia）に加盟しているのは、ほとんど華人企業である。なお、国営・公企業はどちらにも加盟していない。

2　カンボジアの企業グループ

本項においては、カンボジア企業の中でも、特に際立った存在である10グループを取り上げ、過去20年の間にファミリービジネスからスタートして経営規模を拡大してきた過程について、特に事業分野の展開と外国資本との戦略的提携等の視点から分析を行う。

これらの企業グループの経営者は、カンボジア商工会議所において要職を占めてきており、また、一部の経営者は上院議員にもなっている。なお、これらの経営者は、地方都市で物資の輸入からビジネスを始めた貿易商と、同国の内戦時には避難し、国外に居住していた帰国者に大別できる（表5-1-2参照）。カンボジアにおいては、1990年代後半以降、フン・セン首相率いるカンボジア人民党が政権の座にある。本項における企業グループの経営者はすべて同党の有力な支持者であり、フン・セン首相ほか政府首脳とは

表5-1-2　カンボジアの企業グループ

	企業グループ	経営者	出身地	商工会議所	国会
①	Anco	Kok An	コッコン		上院議員
②	Canadia	Pung Kheav Se	プノンペン （カナダから帰国）	アドバイザー	
③	Kim Hap	Kim Hap	コッコン		
④	KT Pacific	Sy Kong Triv	カンポート	初代副会頭	
⑤	LCH	Lim Chhiv Ho	プレアシハヌーク	副会頭	
⑥	L.Y.P	Ly Yong Phat	コッコン	副会頭	上院議員
⑦	Mong Rethhy	Mong Rethhy	タケオ	アドバイザー	上院議員
⑧	Royal	Kith Meng	カンダール （豪州から帰国）	三代目会頭	
⑨	SOKIMEX	Sok Kong	プノンペン （ベトナムから帰国）	二代目会頭	
⑩	Thai Boon Roong	Theng Bunma	プノンペン （タイから帰国）	初代会頭	

出所：著者作成

密接な関係を持っている。

　企業の分析に際しては、アンゾフの成長マトリックスの枠組みを活用し、経営戦略の視点から企業グループの成長過程について整理する。同枠組みの活用に際し、既存市場の横軸については、同じ顧客層を対象とするが、商品の輸入販売から生産や物流も行うなど、異なる分野への垂直型の展開を示すこととした。

① Ancoグループ（グループ企業5社）

　Anco Brothers社の経営者であるKok An（1954年生まれ、コッコン州出身）は、1980年代にカンボジアとタイ、ベトナムとの間で貿易を始めている。1993年にはタバコ（英国、ブリティッシュ・アメリカン・タバコ）の輸入販売を開始し、その後、ビール（米国、バドワイザー）や、飲料水（仏国、エビアン）などの輸入販売に取扱品目を拡大している。

　同グループはインフラ整備事業に進出し、プノンペン市内の発電所建設、タイからカンダール州への送電線整備（Anco Electrical Power社）、シハヌーク市への水道供給事業（Anco Water Supply社）などを進めている。また、

	既存分野	新規分野
既存市場	輸入貿易（対タイ、ベトナム） ・消費財	
新規市場	輸入貿易（対欧米） ・タバコ、ビール、飲料水	インフラ整備事業 ・発電所、送電線、水道供給事業 銀行

図5-1-1　Ancoグループの成長マトリックス
出所：著者作成

2006年には銀行（Anco Specialized Bank社）を設立するなどの多角化を進めている。なお、タイとの国境地域のポイペト市において、カジノ（Crown Casino & Resorts社）も経営している。

② Canadia Integrated Enterpriseグループ（グループ企業8社）

Canadia Integrated Enterpriseグループの会長であるPung Kheav Se（方僑生、プノンペン市出身、1946年生まれ）は、カンボジアの内戦時にはカナダに避難したが、1991年に帰国し、カンボジア中央銀行（NBC：National Bank of Cambodia）と合弁で、金取引を行うCanadia Gold & Trust社を設立している。同社は1993年に銀行（Canadia Bank社）に組織変更し、現在は同国最大規模の商業銀行となっており（資本金110百万ドル、預金額1,050百万ドル、融資額722百万ドル）、2013年には三菱東京UFJ銀行と業務提携関係を結んでいる。また、2010年には証券業（Cana Securities社）、保険、クレジットに金融業務分野を拡大している。

同グループは不動産開発事業に進出しており、プノンペン市内のオフィスビル、商業施設、高層住宅、工業団地などの整備を行っている（Overseas Cambodia Investment Corporation社）。特に、同市東部のダイヤモンド・アイランド（約100ha）、同市中心部のオリンピック・スタジアム・エリアにおいては都市総合開発事業が進められている。また、東横インとの合弁事業など、ホテル事業にも進出している。その他では、建設関連2社（Cana Mega Ma-

	既存分野	新規分野
既存市場	金取引業 銀行業	金融業 ・証券、保険、クレジット
新規市場		不動産開発事業 ・オフィスビル、商業施設、高層住宅、工業団地、ホテル等 ・都市総合開発事業

図 5-1-2　Canadia Integrated Enterprise グループの成長マトリックス
出所：著者作成

	既存分野	新規分野
既存市場	輸入貿易（対タイ） ・タバコ、酒類、食料品	農業 ・農作物、天然ゴム等
新規市場	輸入貿易（対日本） ・二輪車、自動車	不動産業 建設業

図 5-1-3　Kim Hap グループの成長マトリックス
出所：著者作成

chinery Leasing & Service 社、Diamond Elevator 社）と農業関連3社（Golden Field Agriculture Development 社、Savanna Phum Agriculture Resources 社、Golden Daun Keo Rice Mill 社）を展開している。

③ Kim Hap グループ（グループ企業3社）

Kim Hap グループの会長である Kim Hap（コッコン州出身）は、1979年にタイからの輸入貿易を始め、1991年には拠点をコッコン州からプノンペン市に移している。主たる輸入品目は、タバコ、酒類、食料品等であった。その後、ホンダの二輪車・自動車の輸入販売などにも取扱品目を拡大している（Kim Hap Honda 社）。

その他の事業としては、不動産業、建設業に進出している（Kim Hap Con-

	既存分野	新規分野
既存市場	輸入貿易 ・タバコ、加工食品、電気製品	製造業 ・タバコ、インスタント・ヌードル ・亜鉛鉄板
新規市場	輸入貿易 ・自動車	プノンペン国際空港管理運営

図 5-1-4　KT Pacific グループの成長マトリックス
出所：著者作成

struction 社）。また、天然ゴム等の農業など、多角化により業容を拡大している。

④ KT Pacific グループ（グループ企業10社）

　KT Pacific グループの会長である Sy Kong Triv（徐光秀、1947年生まれ、カンポート州出身）は、タバコ（ブリティシュ・アメリカン・タバコ）、加工食品、電気製品（三菱電機）などの輸入販売からビジネスを始めている。2008年から日野自動車のディーラー業務を行っている（KT Hino Motors 社）ほか、重機（KTM 社）、飲料（KT Beverages 社）の輸入企業を展開している。

　同グループは製造業に進出し、ラベルやインスタント・ヌードルの製造から始め（President Foods 社）、1990年代には住友商事との合弁で亜鉛鉄板を製造している（Eastern Steel Industry Corporation 社）。また、タバコについては自社でプランテーション（約8,200ha）も整備しているほか、製材業（Great Vega Timber 社）も行っている。

　その他の事業として、同グループは、プノンペン国際空港の管理運営（Muhibbah 社）や、結婚式場（Mondial Center 社）、不動産業（Golden Dragon Market 社）などの多角化を図っている。なお、1990年代には銀行業（Pacific Commercial Bank 社）も行っていたが、2000年に同行は閉鎖している。

	既存分野	新規分野
既存市場	小売販売 ・食料品、消費財	
新規市場	輸入貿易 ・洋酒	不動産開発 ・オフィスビル、住宅街 ・工業団地

図5-1-5　LCHグループの成長マトリックス

出所：著者作成

⑤ LCHグループ（グループ企業5社）

　CH Investment社の社長であるLim Chhiv Ho（1961年生まれ、シハヌーク市出身）は、カンボジアの内戦終結後に食料品などの販売からビジネスを始め、1983年にシハヌーク市から近いThmor Sar島に移住し、飲料や電気製品などの販売でビジネスを拡大した。また、同氏は1994年から洋酒（ヘネシー、ジョニーウォーカー、ハイネケン）の販売に業容を拡大した（ATTWOOD Import Export社）。

　LCH Investment社は2004年に設立されており、オフィスビル、住宅街、ホテルや工業団地などの開発を行っている。2006年にはゼファー社との合弁で、プノンペンSEZ社（Phnom Penh Special Economic Zone）を設立している。現在、同工業団地には、ミネベア、味の素、ヤマハなどの日本企業も入居している。また、プレアシハヌーク州において工業団地（Stung Hav社）、バッタンバン州において商業施設（Golden Century Import Export社）を整備している。

⑥ L.Y.Pグループ（グループ企業11社）

　L.Y.Pグループの社長であるLy Yong Phat（1958年生まれ、コッコン州出身）は、1980年代にカンボジア南西部タイ国境地域であるコッコン州において、カンボジアとタイの間での国境貿易を始めている。特に1995年以降は、タバコ、酒類や消費財などの輸入販売により事業を拡大している（Hero King社）。

	既存分野	新規分野
既存市場	輸入貿易（対タイ） ・タバコ、酒類、消費財	輸出貿易 ・商品作物栽培
新規市場	輸入貿易 ・自動車販売	インフラ整備事業 ・橋、電力、工業団地 新都心総合開発事業ホテル

図5-1-6　L.Y.Pグループの成長マトリックス

出所：著者作成

　同グループは1990年代後半にホテル事業に進出しており、1997年にコッコン州のタイとの国境地域において、動物園やカジノ等を併設した五つ星のリゾート型ホテル（コッコン・リゾート・ホテル、545室）を開業し、2000年にカンボジア北西部のオドーミアンチェイ州のタイ国境地域において、四つ星ホテル（オスマック・リゾート、210室）を開業している。また、同時期にプノンペン市内ですでに営業していた四つ星ホテル（プノンペン・ホテル、415室）を買収し、1999年に同グループの本拠地を首都プノンペン市に移し、L.Y.P社を設立している。

　これに続いて同グループは、2000年代前半以降にインフラ整備事業を開始しており、コッコン州のタイとの国境地域において、1,900mのコッコン有料橋（Koh Kong Bridge社）を建設し、2010年にはプノンペン市北部のトンレサップ川を渡る1,500mの有料橋を、BOT（Build-Operate-Transfer）方式により建設している（Prek Phnouv Bridge社）。また、2010年にコッコン州において、コッコンSEZ（350ha）を開発している（Koh Kong Special Economic Zone社）。同工業団地には現代自動車が組立工場を建設しており、同グループは完成車の国内独占販売権を取得している（Camco Motor社）。なお、同工業団地には矢崎総業がワイヤーハーネスの組立工場を建設している。同グループは、現在、プノンペン市北部において、ガーデン・シティ（1,000ha）の開発に注力しており、商業施設、ホテル、住居、ゴルフ場、工業団地、物流センターなどを整備する大規模開発プロジェクトとなっている（Phnom Penh Gar-

	既存分野	新規分野
既存市場	輸出貿易 ・農産物・同加工品	製造業 ・製糖工場、レンガ工場
新規市場	輸出貿易 ・パームオイル等商品作物	シハヌーク港湾整備事業

図5-1-7　Mong Reththyグループの成長マトリックス
出所：著者作成

den City 社)。また、電力会社3社 (Cambodia Electricity Private 社、Koh Kong Electricity and Water Supply 社、Koh Kong Seaboard 社) を経営している。その他の事業として、同グループは農業分野にも参入し、カンボジア最大の天然ゴム公営企業のChub Rubber Plantation 社を買収したほか、砂糖キビやタピオカのプランテーションを行っている。

⑦ Mong Reththy グループ（グループ企業8社）

　Mong Reththy グループは、1989年に、Mong Reththy（1959年生まれ、タケオ州出身）により、農産物・同加工品の輸出会社として設立されている。同グループは、1994年に、プレアシハヌーク州において、カンボジアでは最初のパームオイル・プランテーション（11,000ha）を整備し、マレーシアなどに輸出している（Mong Reththy Investment Cambodia Oil Palm 社）。また、1999年に、ストゥントラエン州において約10万haの土地コンセッションを取得し、アカシア、ジェトロファ、砂糖キビ、キャッサバの栽培（Green Sea Agriculture 社）、天然ゴムの植林・栽培を行い（Reththy Kiri Seyma 社）、2005年には、プレアシハヌーク州においてアカシアを植林（約10,000ha）している（Reththy Kiri Sakor 社）。

　同グループは、関連事業として、2008年に、タイのCharoen Sirivadhanabhakdi 氏（Fraser and Neave 社会長）と共同で製糖工場を稼働させている。関連分野以外では1997年に建設業に進出しており、公共工事などを手掛けて

	既存分野	新規分野
既存市場	輸入貿易 ・国連向け資材等	飲食業
新規市場	輸入貿易 ・電気製品	通信事業 ・携帯電話、テレビ、インターネット 金融業 ・銀行、証券、保険

図5-1-8 Royalグループの成長マトリックス
出所：著者作成

いる（Samnang Khmeng Wat社）。また、2002年に上記のCharoen Sirivadhanabhakdi氏と共同で、シハヌーク港の整備事業を開始し（Oknha Mong Port社）、2010年にはベトナム企業との合弁で、プレアシハヌーク州においてレンガ工場を稼働させている（Vinacomin Reththy Company社）。

⑧ Royalグループ（グループ企業15社）

　Royalグループの会長であるKith Meng（1968年生まれ、カンダール州出身）は、内戦時においてはオーストラリアへ避難したが、兄のKith Thiengとともに1990年に帰国し、Royal Group of Companiesを設立している。同グループは、1990年代において、国連カンボジア暫定統治機構（UNTAC：United Nations Transitional Authority in Cambodia）向けの資材などを納入することにより規模を拡大した。また、キヤノンの国内独占販売権やモトローラの国内販売権を獲得し、2000年代にはサムスンやシーメンスの国内独占販売権を取得することにより業容を拡大した。

　同グループは、通信分野に参入し、Millicom International Cellular社（ルクセンブルグ）との合弁でMobiTel社を設立し、携帯電話事業を始めている。また、TeleSURF社を設立し、インターネット・サービス事業を開始し、Modern Times Group社（スウェーデン）との合弁でCambodian Broadcasting Corporation社を設立してテレビ放送を開始したほか、通信・放送関係の4社（Royal Telecam International社、Ezecom社、NETi Solutions社、Cambodian Television Network 社)を経営している。

　その他の事業としては、2005年に ANZ Bank（豪州＝ニュージーランド）との合弁で ANZ Royal Bank 社を設立し、Infinity Financial Solutions 社（スイス）との合弁で Infinity Insurance 社を設立し、金融業に参入している。また、2011年に SBI ホールディングス社との合弁で SBI Royal Securities 社を設立している。同グループはホテル業にも参入し、2008年にシアムリアプ州でロイヤル・パーク・リゾートを開業し、プノンペン市で五つ星のカンボジアーナ・ホテル（200室）を買収し、飲食業では KFC と Pizza Hut を展開している。また、運輸関係の4社（Royal Cambodian Limousine Service 社、Toll Royal Railways 社、Premium Auto Imports 社、Cambodia Airlines 社）を経営している。

⑨ SOKIMEX グループ（グループ企業4社）

　SOKIMEX グループの社長である Sok Kong は、内戦時にはベトナムに避難したが、内戦終結後に帰国し、ベトナムからの自転車タイヤの輸入販売を始めた。1990年に Sok Kong Import & Export（SOKIMEX）社を設立し、農作物の輸出や消費財の輸入などに貿易取扱品目を拡大している。また、カンボジア軍に制服やゴム靴などを納入することによりビジネスを拡大している。

　同グループは、1996年に国営石油会社であった CKC 社を買収し、石油の輸入・販売業務を開始している。その後、1999年には丸紅と合弁で Sokimex Jetty Corporation 社を設立し、カンボジアの国際港湾であるシハヌーク港に石油輸入基地を整備している。また、川下分野への進出を図り、国内で約200店舗のガソリンスタンドを経営し、LP ガスや航空機燃料等も供給している。関連分野として輸送業にも進出しており、道路運送だけでなく海上輸送や航空輸送も行っている。

　関連分野以外では、同グループは1999年に同国最大の遺跡であるアンコール・ワットの管理運営業務を受託し、入場料を徴収している。その後、2004年に Sokha Beach Hotel & Resort 社を設立し、シハヌーク市に五つ星ホテル（ソカ・ビーチ・リゾート、180室）を開業し、2005年にシアムリアプ市に五つ星ホテル（ソカ・アンコール・リゾート、276室）を開業、2008年にプノンペン市で休業中であった四つ星ホテル（ソカ・クラブ・ホテル、16室）を買収し

	既存分野	新規分野
既存市場	貿易（対ベトナム） ・輸入貿易 　（自転車タイヤ、消費財） ・輸出貿易（農作物）	運輸業 ・道路運送、海上輸送、航空輸送製造業 ・軍服・ゴム靴製造
新規市場	石油輸入販売業 ・輸入基地建設 ・ガソリンスタンド・チェーン	観光業 ・アンコール・ワットの管理運営 ・ボコーのリゾート開発

図 5-1-9　SOKIMEX グループの成長マトリックス
出所：著者作成

ており、現在はプノンペン市に次の五つ星ホテルを建設中である。また、フランス植民地時代に開発されたが荒廃していた高原のリゾート地であるカンポート州ボコー山の開発権を取得し、山岳道路の整備などを行い、2011年に三つ星と五つ星のホテル、カジノ、別荘地を開発している（Sokha Bokor Investment 社）。

⑩ Thai Boon Roong グループ（グループ企業3社）

　Thai Boon Roong グループ（泰文隆集団）の経営者である Theng Bunma（許鋭騰、1942年生まれ、プノンペン市出身）は、内戦時にはタイに避難したが、内戦終結後に帰国し、タバコなどの輸入貿易から始めて、運輸業などに業務を拡大し、プノンペン商工会議所の初代会頭を務めている。

　同グループは、プノンペン市内のオリンピック・スタジアム周辺地域の再開発を行い、商業施設、オフィスビル、高級住宅街、五つ星のインターコンチネンタル・ホテル（374室）などを建設しており、現在は、シハヌーク市において都市再開発プロジェクト（1st グローバル・パール・シティ）を進めている。また、同グループの一族は、プノンペン市内に多くの不動産を所有している。

　その他の事業としては、Mekong Bank 社（頭取は子息の Khov Boun Chhay）を設立し、また、新聞を発行している（Rasmei Kampuchea 社）。

	既存分野	新規分野
既存市場	貿易 ・タバコ等	運輸業
新規市場		不動産開発 　・ホテル、オフィス、 　　商業施設、高級住宅 銀行 新聞

図5-1-10　Thai Boon Roong グループの成長マトリックス
出所：著者作成

企業グループの成長パターン

　本項においては、カンボジアの民間セクターに関して、その企業構造と事業所の状況等について整理した上で、特に同国の際立った企業グループに焦点を当て、①各企業グループの歴史的推移、②経営者の特質、③事業分野の展開と、日本企業を含む外国資本との戦略的提携の視点から分析を行った。

　カンボジアの代表的な企業グループの特徴として、第一に、ファミリービジネスからスタートし、過去20年程度の間に急速に規模を拡大していることが挙げられる。第二に、各企業グループは、総じて近隣諸国との国境貿易からビジネスをスタートし、特にタバコと酒類等の取り扱いにより企業規模を拡大している。第三に、各企業グループは、本業の規模拡大、新市場の開拓や、本業関連分野への事業展開だけではなく、積極的に成長分野への多角化を進めてきており、特に不動産開発やインフラ整備事業などへの展開が図られている。第四に、各企業グループは、経営資源の不足を補うために、日本企業を含む外国企業と積極的に戦略的提携を進めてきている（図5-1-11参照）。第五に、各企業グループは華人系企業であることが挙げられる。同国の人口は約14百万人であるが、野澤（2006）によれば、同国の華人人口は約70万人で、そのうちの約8割は潮州系とされている。

参考文献

　Ansoff, H. Igor（1965）*Corporate Strategy*.（広田寿亮訳〈1969〉『企業戦略論』産

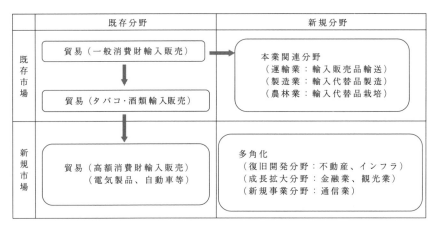

図 5-1-11　典型的な成長マトリックス

出所：著者作成

業能率短期大学出版部）
Canadia Integrated Enterprise Group（2013）*Canadia Integrated Enterprise Group Brochure.*
LCH Investment（2013）"LCH Investment Group Brochure."
L.Y.P Group., Co. Ltd.（2011）"L.Y.P Group Brochure."
National Institute of Statistics, Ministry of Planning of Cambodia（2013）"Economic Census of Cambodia 2011, National Profile of Statistical Tables Part 1（Establishments），" Phnom Penh.
Royal Group of Companies（2013）"Royal Group of Companies Brochure."
SOKIMEX Investment Group（2011）"SOKIMEX Investment Group Brochure."
末廣昭（2000）『キャッチアップ型工業化論——アジア経済の軌跡と展望』名古屋大学出版会
——（2006）『ファミリービジネス論——後発工業化の担い手』名古屋大学出版会
野澤知弘（2006）「カンボジアの華人社会」『アジア経済』第47巻第12号、アジア経済研究所
廣畑伸雄（2014）「カンボジアにおける企業グループの形成」『アジア経営研究』第20号、和泉出版（アジア経営学会）

第2節 繊維縫製業

繊維縫製業の概要

　和平後20年間のカンボジアの産業発展は、華人系．中国企業による米国への輸出を目的とした縫製業によって担われてきた。国民総生産の約10％が縫製業によるものであり、輸出金額の約7割を縫製品が占めてきた。輸出を行う登録企業数は、カンボジア縫製業協会（GMAC：Garment Manufacturers Association in Cambodia）加盟の426社、縫製・製靴工場で働く労働者数は合計50万人近くにのぼり、最大の雇用創出産業として経済を支えている。

縫製業企業進出の始まり

　縫製業の企業進出は1993年に始まる。進出が本格化したのは、1996年に米国から最恵国待遇（MFN：Most Favoured Nation）、1997年に特恵関税（GSP：Generalized System of Preferences）を認められるなど、1990年代半ばに欧米との貿易関係正常化を受けてのことである。特に華人系の香港、マレーシア企業等が進出を始め、のちに中国企業の進出がみられた。

　2005年以前の世界の縫製品貿易は、多国間繊維協定（MFA：Multi Fiber Arrangement）、繊維・縫製品協定（ATC：Agreement on Textiles and Clothing）の下にクオータ（輸出量制限）を課すことが認められており、一大輸出国の中国から欧米市場への輸出には制限がかけられていた。そのため縫製企業は、クオータに余裕のある国で、より安価な労働力を得られる国を求めて進出していた。そのターゲットのひとつとして和平後間もないカンボジアへの進出が始まった。縫製業を支える周辺産業も存在せず、原材料をすべて中国もしくは周辺国から輸入し、カンボジア国内の工場では布を裁断し、縫い合わせ、検品・梱包して輸出するという、最終工程のみを担うというスタイルでの進出が行われてきた。

　カンボジア政府も、こういった外資系企業に経済の牽引を依存し、積極的な外資誘致政策をとってきた。1994年制定の投資法（2003年改正）では、土地所有以外は徹底した内外資無差別のうえ、法人税（9％）の免除期間を3

〜9年に設定するなどの優遇策をとり、投資法上は最も開放的な国のひとつとして縫製企業を誘致してきた。

　カンボジア製縫製品の最大の輸出先となった米国は、1996年以降に急激にカンボジアからの輸入が増えたことに対し、1999年に二国間通商協定を締結し、他の輸出国に対するのと同様に量的制限を課すことにした。ただし、このときに課せられた制限は、カンボジアの生産能力に比べて余裕のあるものであったため、カンボジアへの企業進出を抑制することはなく、その後も企業進出は続いた。なお、このときにアメリカは、毎年カンボジアの縫製工場の労働条件遵守状況を確認・評価し、それに基づいて今後の輸出量制限を設定し直すという仕組みを取り入れた。これが、のちに国際労働機関（ILO：International Labor Organization）が、縫製企業と労働・職業訓練省が協力して輸出向け工場の査察を行う、「ベター・ファクトリーズ・カンボジア（BFC：Better Factories Cambodia）」の実施の基礎となった。

　2004年12月、カンボジアの縫製企業進出を支えてきた繊維・縫製品協定が期限切れになり、全貿易がWTOのルールのもと、数量制限のない自由貿易体制下に組み込まれることになった。カンボジアは、その直前の2004年9月にWTO加盟を果たし、数量制限のない貿易を享受できる体制を整えた。2005年1月以降、急激に伸びた中国からの対米輸出に対し、2008年までは二国間協定ベースで中国からの輸出が抑制される措置がとられたが、その後は完全に数量制限のない貿易が行われている。しかしながら、中国をはじめとする旧来の縫製品輸出国での賃金上昇や、労働集約的産業から高付加価値産業への政策転換などが影響し、カンボジアでは多国間繊維協定期限切れ前に心配されたような企業の退出はみられず、企業数も2010年には262社であったのが、2013年には400社を超えるなど、縫製業は成長を続けている。

進出企業の特徴

　カンボジアへの進出企業のほとんどが華人系、中国企業であることから、地場企業は少数派となっている。カンボジア人が経営に関わっている工場は全体の1割にも満たず、Phnom Penh Post紙（2014年1月31日）によれば、2003年に7.1％、2013年に8.5％にとどまっている。縫製工場は1,000人以上

の従業員を雇用するところも多く、規模の利益を享受している。

　工場の多くはプノンペン市と、近郊のカンダール州に集中して立地しているが、バベットやポイペトなどの国境地域に立地する例もみられる。

輸出市場

　1990年代半ばに縫製業分野への企業進出が始まって以降、カンボジアからの縫製品輸出の大半は米国に向けられていた（図5-2-1参照）。多くがファスト・ファッションと呼ばれるもので、ニット系の製品が大半を占める（表5-2-1参照）。ナイキ、ギャップ、アディダス、H&Mなどのブランドが、カンボジアの工場で生産された製品を仕入れてきた。ただし、米国のみに市場が偏ることのリスクは初期より不安視されており、市場の多様化と製品の高付加価値化の道が探られてきた。

　2008〜2009年に、世界的な金融危機で米国市場の需要が減少し、カンボジアの縫製業もその影響を受け、5万人近い労働者が一時的に職を失ったとされる。しかしながら、その後の回復は早く、2009年以降は米国以外の欧州や日本市場への輸出が増え、さらに拡大を続けている。特にEUについては、2011年にEUの特恵関税制度の「武器以外はすべて（EBA：Everything But Arms）」の原産地証明の条件が緩和されたことでカンボジアからの輸入が増え、その結果、全体に占める米国向け輸出のウエイトが低下し、2014年以降はEUが第1位の輸出先になっている。

労働条件遵守メカニズムとBFC

　2001年にILO、カンボジア労働・職業訓練省、GMACが協力し、BFCプログラムが開始された。同プログラムの下、カンボジア労働法や国際労働基準に基づいた操業が行われているかどうか、500以上の項目について、工場訪問して確認する査察が行われている。査察結果は工場経営者にフィードバックされるとともに、報告書が公開されることで、消費者がカンボジアの製品を安心して購入するための情報提供をする役割を果たしている。輸出企業はこのプログラムに参加することが条件となっており、産業全体での労働条件改善への取り組みが進んでいる（明日山〈2012〉）。

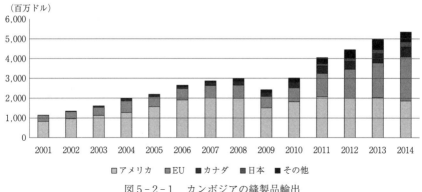

図 5-2-1　カンボジアの縫製品輸出

出所：GMAC (2014) より作成

表 5-2-1　カンボジアからの縫製品輸入内訳（2012年）

(単位：百万ドル)

HS コード	品目	米国	EU	カナダ	日本
61	ニット	1,882.8	2,124.5	494.1	289.7
62	布帛	597.4	846.4	148.2	180.9
64	靴	128.4	465.3	71.4	196.4

出所：米国は商務省センサス局、EU は Eurostat で27カ国、カナダは Statistics of Canada、日本は税関統計より作成

　このような取り組みの結果、カンボジアの労働者の労働環境は、他の開発途上国よりも比較的恵まれた環境にあるとの評価もある（山形〈2011〉）。ただし、BFC や定期的な対話のような取り組みは必ずしも強制力をともなっていないため、労働環境の改善が十分ではない工場への働きかけが不十分ではないかと、しばしば批判にさらされる。企業の中には、賃金未払いや不当解雇等の問題をめぐり紛争が生じた場合に、経営者が外国人のケースでは円滑なコミュニケーションができずに問題が深刻化する事態も生じている。

人材育成

　カンボジアに進出してきた華人系、中国企業の多くは、スーパーバイザーなどの人材を中国から派遣してきている。こういった外国人の割合を減らしていくために、人材育成は早期から重要課題としてとらえられていた。この

対応として1999年に、日本政府とGMACが協力して、「カンボジア・ガーメント・トレーニング・センター（CGTC：Cambodia Garment Training Center)」が開設された。2012年には、フランスの支援によるカンボジア・ガーメント・トレーニング・インスティチュート（CGTI：Cambodia Garment Training Institute）の設置が合意されるなど、人材育成に向けた各種取り組みがみられる。このような職業訓練と、過去15年にわたる経験により、徐々にカンボジア人のラインリーダー、スーパーバイザーなどが増えつつある。

最低賃金

　カンボジアには最低賃金法はなく、縫製・製靴業に限り、政府（労働・職業訓練省）、企業（GMAC）、労働組合の代表が集まる労働諮問委員会の場で最低賃金が話し合われる。最低賃金は1997年に40ドルに定められたのち、2000年に45ドル、2006年に50ドル、2010年に61ドルへと引き上げられた。このときに2014年までの据え置きが合意されたが、物価上昇等にともなう労働者側からの要望に応じて諸手当の金額を調整することで、実質的な賃上げは毎年行われてきたが、その引き上げ幅は緩やかであった。2013年の総選挙を前にした同年2月、据え置きを取りやめ、同年5月からの80ドルへの引き上げが合意された。しかしながら、大幅な賃上げを公約に掲げた野党が総選挙で大幅な躍進を遂げたことにより、同年12月に2014年4月からの95ドルへの引き上げと．2018年までに段階的に160ドルへと引き上げていくことが合意された。さらに2013年12月末には100ドルへと引き上げる旨が発表された。それでも一部の労働組合は同意せずにデモや抗議活動が継続され、2014年1月には死傷者をともなう労働争議へと発展し、賃金をめぐる対立は深刻さを増した。一方、事態を収束させるための関係者間の取り組みも続けられ、2014年6月の労働諮問委員会において、賃金を毎年1月1日に改定することが合意され、関係者の間では建設的な方向を探る動きが続いた。大手バイヤー側も、バリューチェーン全体を通した公正さに敏感な消費者の目を踏まえ、製品の値上げも念頭に置いた対応を考えていると発表するなど、このような動きを可能な限りサポートする姿勢を示した。その後、2015年1月からの月額最低賃金は128ドル、2016年1月からは140ドルへと、毎年見直しが行われ

るようになった。

　縫製業は最大の輸出産業かつ雇用創出産業として、和平後のカンボジア経済を牽引し続けてきた。最低賃金や労働問題をめぐる課題は克服されねばならないが、若年労働者が毎年30万人近く労働市場に供給されていくなかで、雇用の吸収先として大きな役割を担い続けることが期待されている。

参考文献
Better Factories Cambodia http://betterfactories.org/
Garment Manufacturers Association http://www.gmac-cambodia.org/
明日山陽子（2012）「キャッチアップと労働政策——カンボジアの縫製産業にみる新たな労働政策モデル？」佐藤幸人編『キャッチアップ再考』アジア経済研究所
初鹿野直美（2006）「カンボジアの工業化——自由化の渦中にある製造業とその担い手」天川直子編『後発ASEAN諸国の工業化——CLMV諸国の経験と展望』研究双書 No.553、アジア経済研究所
山形辰史（2004）「カンボジアの縫製業——輸出と女性雇用の原動力」天川直子編『カンボジア新時代』研究双書 No.539、アジア経済研究所
山形辰史編（2011）『グローバル競争に打ち勝つ低所得国——新時代の輸出指向開発戦略』研究双書 No.592、アジア経済研究所

第3節　ストリート・ビジネス

1　ストリート・ビジネスの概要

　カンボジア全体の事業所総数505,134事業所のうち、約8.3％に相当する41,771事業所がストリート・ビジネスである。本節においては、第一に同国におけるストリート・ビジネスの現況とその特徴を多面的に把握する。第二にストリート・ビジネスの具体的な事業内容等について整理し、その類型化を行う。第三にストリート・ビジネスの経営状況について整理し、その特徴を明らかにする。ストリート・ビジネスはカンボジア経済を下から支えるものであり、また、世界銀行（2012）が指摘するとおり、仕事は所得の機会を提供して人々を貧困から引き上げ、消費を増加させ、より幅広く個人の福祉に貢献することから、同国の低所得者層における貧困削減にも寄与する可能

性がある。

　本項においては、2011年3月に、カンボジアにおいては初めて実施された、「経済センサス（Economic Census of Cambodia 2011）」のマイクロ・データを用いて分析を進める。同センサスは、2011年3月1～31日に、カンボジアの全事業所に対して、アンケートによる聞き取り調査の方法で実施された。事業所の定義と分類は、国際標準産業分類（ISIC：United Nations International Standard Industrial Classification, Revision 4）にしたがっており、同分類中の農林水産業、行政機関等、家計内の自己消費用生産・サービス活動、治外法権の組織は除外されている。また、移動型販売の屋台やバイクタクシーなども調査対象から除外されている。ストリート・ビジネスの定義は、歩道・道路上において商業活動を行っている固定型の露店・屋台である。世界銀行（2012）によれば、インフォーマル・セクターに関する統計データは少なく、この点、同センサスは貴重な情報を提供している。

　本項においては、カンボジアのストリート・ビジネスの特徴を概括的に把握するために、①経営者の国籍、②経営者の性別、③事業所の規模、④1事業所当たりの従事者数、⑤従事者の数、⑥事業の創業時期、⑦州別の立地状況について順にみていく。

　第一に経営者の国籍についてみると、ストリート・ビジネスのほとんどはカンボジア人のオーナーによって行われている（41,311事業所、構成比98.9%）。カンボジア人以外の内訳は、ベトナム人（294事業所、同0.7%）、中国人（162事業所、同0.4%）、その他の国籍（4事業所、同0.0%）である。

　第二に経営者の性別についてみると、女性経営者のほうが多く（32,006事業所、構成比76.6%）、男性経営者（9,765事業所、同23.4%）の数を大幅に上回っている。ストリート・ビジネス以外の事業所の女性経営者比率は64.1%であり、ストリート・ビジネスにおける女性経営者の比率は相対的に高い（図5-3-1参照）。なお、全事業所に占めるストリート・ビジネスの比率は、男性経営者の場合には5.5%であるが、女性経営者の場合には9.7%である（図5-3-2参照）。

　第三に事業所の規模についてみると、$5m^2$未満が60.0%（25,081事業所）、$5m^2$以上$10m^2$未満が24.8%（10,375事業所）を占め、$10m^2$以上のケースは

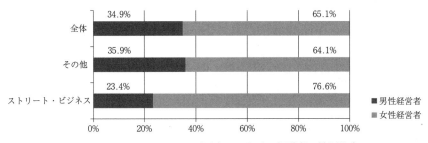

図5-3-1　ストリート・ビジネスにおける経営者の性別比率

出所：NIS（2013）

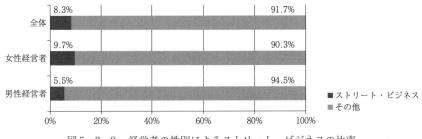

図5-3-2　経営者の性別によるストリート・ビジネスの比率

出所：NIS（2013）

15.2％（6,315事業所）に過ぎない（図5-3-3参照）。

　第四に経営者を含む1事業所当たりの全従事者数についてみると、1人のケースが63.2％（26,398事業所）、2人のケースが28.4％（11,879事業所）を占め、3人以上のケースは8.4％（3,494事業所）に過ぎず、平均従事者数は約1.5人である（図5-3-4参照）。なお、ストリート・ビジネス以外の平均従事者数は約3.5人である。

　第五に経営者を含む全従事者数についてみると62,780人で、同国の全事業所の雇用者数の3.8％を占めている（図5-3-5参照）。性別でみると女性の従事者のほうが多く（43,678人、構成比69.6％）、男性の従事者（19,102人、同30.4％）の数を大幅に上回っている。なお、ストリート・ビジネスの男性従事者が全男性雇用者に占める比率は2.9％であるが、女性従事者が全女性雇用者に占める比率は4.3％である（図5-3-6参照）。

　第六にカンボジアのストリート・ビジネスの創業時期についてみると、

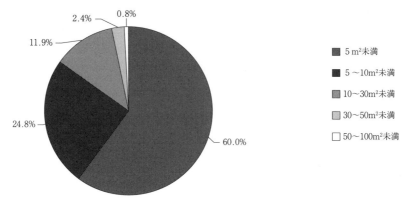

図5-3-3　ストリート・ビジネスの事業所面積

出所：NIS（2013）

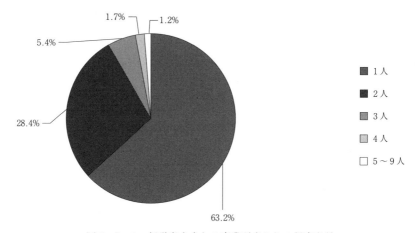

図5-3-4　経営者を含む1事業所当たりの従事者数

出所：NIS（2013）

1970年代以前に創業しているのはわずか145事業所（構成比0.4％）に過ぎない。1980年代に創業しているのは1,036事業所（同2.5％）、1990年代に創業しているのは3,409事業所（同8.3％）、2000年から2004年の5年間に創業しているのは5,892事業所（同14.3％）である。事業の創業時期別の雇用者数についてみると、1970年代以前に創業したストリート・ビジネスの従事者数は206人（構成比0.3％）に過ぎない。1980年代創業では1,598人（同2.6％）、1990年代創業

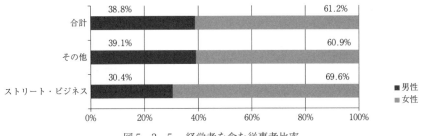

図5-3-5　経営者を含む従事者比率

出所：NIS（2013）

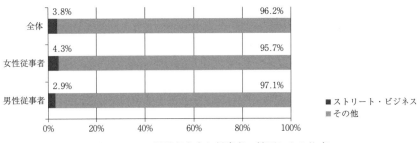

図5-3-6　経営者を含む従事者の性別による比率

出所：NIS（2013）

では5,389人（同8.7％）、2000年から2004年の間の創業では9,038人（同14.6％）である。

　第七にカンボジアのストリート・ビジネスの地域別の立地状況についてみると、ストリート・ビジネスは都市型のビジネス形態であることから、人口の多いプノンペン市（11,118事業所、構成比26.6％）、シアムリアプ州（4,197事業所、同10.0％）、コンポンチャム州（4,029事業所、9.6％）、バッタンバン州（2,870事業所、6.9％）、カンダール州（2,870事業所、6.9％）に多くみられる。また、ストリート・ビジネスが事業所全体数に占める比率も高く、プノンペン市で11.6％、シアムリアプ州では13.1％となっている（図5-3-9参照）。

　ストリート・ビジネスによる雇用についてみると、プノンペン市が16,419人（構成比26.2％）、シアムリアプ州が6,617人（同10.5％）となっている。

　ストリート・ビジネスがカンボジアの事業所全体の雇用者数に占める比率についてみると、規模の大きい事業所が多く立地している首都プノンペン市

第5章　拡大する都市経済　*109*

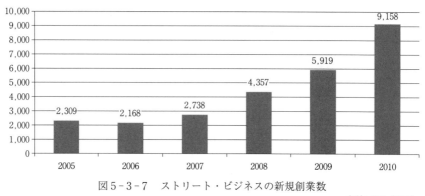

図5-3-7　ストリート・ビジネスの新規創業数

出所：NIS（2013）

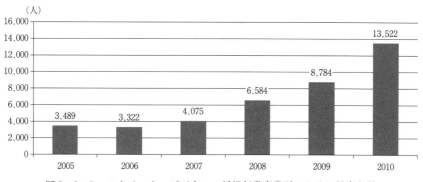

図5-3-8　ストリート・ビジネスの新規創業事業所における従事者数

出所：NIS（2013）

では2.9%に過ぎない。一方、観光地であるシアムリアプ州においては7.0%となっている。なお、ポーサット州が7.0%となっているなど、いくつかの地方地域においては規模の大きい事業所が少ないため、ストリート・ビジネスが多いわけではないが、雇用比率が高い州があることも特徴的である（図5-3-10参照）。

　以上よりカンボジアのストリート・ビジネスの特徴についてまとめると、ほとんどはカンボジア人により行われている小規模零細事業であり、多くは女性の仕事場となっており、また、都市人口の増加を背景として行われてきていることが挙げられる。

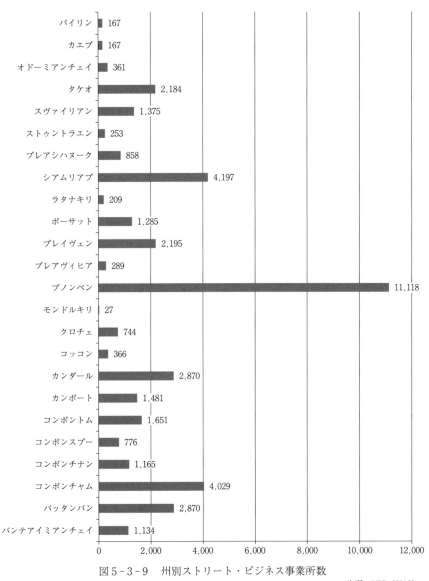

図5-3-9 州別ストリート・ビジネス事業所数

出所：NIS（2013）

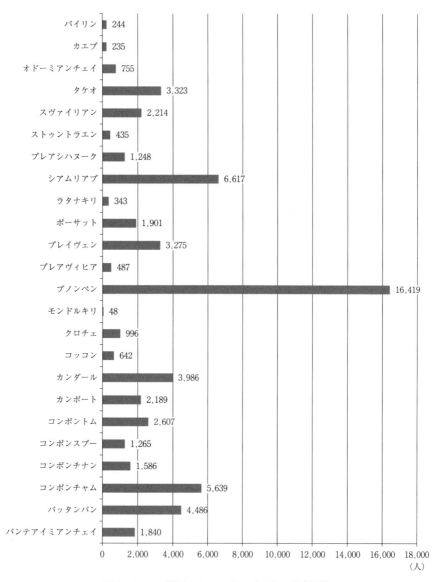

図 5-3-10 州別ストリート・ビジネス従事者数

出所：NIS（2013）

2　ストリート・ビジネスの事業

ストリート・ビジネスの事業内容

　ストリート・ビジネスで行われている事業の内容について、国際標準産業分類の大区分の業種別でみると、「卸・小売、自動車・二輪車修理業」が24,181事業所（構成比57.9％）と過半を占めている。なお、このうち自動車・二輪車修理業は2,079事業所（同5.0％）である。また、「飲食業等」の12,810事業所（同30.7％）が残りの大半を占めている。大区分業種別で全事業所に占めるストリート・ビジネスの比率をみると、「飲食業等」が同業種全事業所数の18.4％、「情報・通信サービス業（携帯電話のプリペイドカード販売など）」が12.7％と高いことが特徴的である。

　ストリート・ビジネスの内訳について、国際標準産業分類の細区分の業種別でみると、「食料品販売（10,883事業所、構成比26.1％）」「屋台・食堂（8,548事業所、同20.5％）」「屋台・飲み物屋（4,255事業所、同10.2％）」が多く、「床屋（1,925事業所、同4.6％）」「二輪車修理（1,867事業所、同4.5％）」がこれに続いている。細区分業種別で全事業所に占めるストリート・ビジネスの比率をみると、「食料品販売」が同業種全事業所数の34.1％、「小物・家財修理」が23.1％と高いことが特徴的である（表5－3－1参照）。

ストリート・ビジネスの従事者

　ストリート・ビジネスの従事者について、国際標準産業分類の大区分の業種別でみると、「卸・小売、自動車・二輪車修理業」が35,481人（構成比56.5％）と過半を占めている。なお、このうち自動車・二輪車修理業は3,436人（同5.5％）である。また、「飲食業等」の20,628人（同32.9％）がこれに続いている。大区分業種別で、全従事者に占めるストリート・ビジネス従事者の比率をみると、「飲食業等」が同業種の全従事者数の10.6％と高いことが特徴的である。

　ストリート・ビジネスの従事者について、国際標準産業分類の細区分の業種別でみると、「食料品販売（14,514人、構成比23.1％）」「屋台・食堂（14,302人、同22.8％）」「屋台・飲み物屋（6,306人、同10.0％）」が多く、「二輪車修理

表5-3-1　業種別ストリート・ビジネス

	ISICコード	業種	事業所数	同左構成比（％）	対同業種全事業所構成比（％）
①	4721	食料品販売	10,883	26.1	34.1
②	5610	屋台・食堂	8,548	20.5	19.3
③	5630	屋台・飲み物屋	4,255	10.2	19.4
④	9602	床屋	1,925	4.6	11.5
⑤	4540	二輪車修理	1,867	4.5	11.0
⑥	4722	飲料販売	977	2.3	15.1
⑦	4771	服・靴販売	938	2.2	18.0
⑧	4730	ガソリン販売	926	2.2	16.8
⑨	9529	小物・家財修理	837	2.0	23.1
⑩	4741	携帯電話販売	545	1.3	8.3
		その他	10,070	24.1	－
		合計	41,771	100.0	8.3

出所：NIS（2012）より作成

表5-3-2　業種別ストリート・ビジネス従事者数

	ISICコード	業種	従事者数（人）	同左構成比（％）	対同業種全事業所構成比（％）
①	4721	食料品販売	14,514	23.1	28.8
②	5610	屋台・食堂	14,302	22.8	12.3
③	5630	屋台・飲み物屋	6,306	10.0	14.3
④	4540	二輪車修理	2,902	4.6	9.2
⑤	9602	床屋	2,493	4.0	7.7
⑥	4722	飲料販売	1,572	2.5	11.3
⑦	4771	服・靴販売	1,311	2.1	12.9
⑧	4730	ガソリン販売	1,393	2.2	9.7
⑨	9529	小物・家財修理	1,044	1.7	20.3
⑩	4741	携帯電話販売	785	1.3	5.9
		その他	16,158	25.7	－
		合計	62,780	100.0	8.3

出所：NIS（2012）より作成

（2,902人、同4.6％）」「床屋（2,493人、同4.0％）」がこれに続いている。

　細区分業種別で全従事者に占めるストリート・ビジネス従事者の比率をみると、「食料品販売」が同業種全従事者数の28.8％、「小物・家財修理」が20.3％と高いことが特徴的である（表5-3-2参照）。

表5-3-3　事業所売上高

項目	ストリート・ビジネス	構成比(%)	その他	構成比(%)	合計	構成比(%)
売上高(百万ドル)	366	2.9	12,312	97.1	12,678	100.0
平均売上高(ドル)	8,763	-	26,575	-	25,102	-
従業員1人当たり売上高(ドル)	5,831	-	7,693	-	7,623	-

出所：NIS (2013)

表5-3-4　売上高別事業所数

売上高	ストリート・ビジネス	構成比(%)	その他	構成比(%)	合計	構成比(%)
0	0	0.0	94	0.0	94	0.0
500ドル未満	657	1.6	13,449	3.0	14,106	2.8
500ドル以上1,000ドル未満	2,417	5.8	27,800	6.1	30,217	6.1
1,000ドル以上2,000ドル未満	7,128	17.1	66,348	14.6	73,476	14.8
2,000ドル以上3,000ドル未満	4,790	11.5	41,559	9.1	46,349	9.3
3,000ドル以上5,000ドル未満	7,720	18.5	78,610	17.3	86,330	17.4
5,000ドル以上7,500ドル未満	6,550	15.7	66,107	14.5	72,657	14.6
7,500ドル以上10,000ドル未満	3,852	9.2	42,916	9.4	46,768	9.4
10,000ドル以上25,000ドル未満	5,729	13.7	68,677	15.1	74,406	15.0
25,000ドル以上50,000ドル未満	2,082	5.0	28,028	6.2	30,110	6.1
50,000ドル以上	846	2.0	20,996	4.6	21,842	4.4
小計	41,771	100.0	454,584	100.0	496,355	100.0
未回答	0	-	8,779	-	8,779	-
合計	41,771	-	463,363	-	505,134	-

出所：NIS (2013)

3　ストリート・ビジネスの経営

ストリート・ビジネスの売上高

　カンボジアのストリート・ビジネスの年間総売上高は3億6600万米ドルで、同国の事業所全体の年間総売上高126億7800万米ドルの2.9%を占めている。ストリート・ビジネスの1事業所当たりの年間平均売上高は8,763ドルで、ストリート・ビジネス以外の事業所の年間平均売上高26,575ドルよりも相当低い水準にある（表5-3-3、5-3-4参照）。

表5-3-5　事業所利益

項目	ストリート・ビジネス	構成比(%)	その他	構成比(%)	合計	構成比(%)
利益（百万ドル）	79	4.6	1,621	95.4	1,699	100.0
平均利益（ドル）	1,881	–	3,499	–	3,365	–
従業員1人当たり利益（ドル）	1,251	–	1,013	–	1,022	–

出所：NIS（2013）

ただし、従業員1人当たりの年間平均売上高でみると、ストリート・ビジネス以外の事業所が7,693ドルであるのに対し、ストリート・ビジネスも5,831ドルの売り上げを計上している。

ストリート・ビジネスの利益

カンボジアのストリート・ビジネスの年間総利益は7900万ドルで、同国の事業所全体の年間総利益1,699百万ドルの4.6％を占めている。ストリート・ビジネスの1事業所当たりの年間平均利益は1,881ドルで、ストリート・ビジネス以外の事業所の年間平均利益3,499ドルよりも相当低い水準にある（表5-3-5、5-3-6参照）。

しかしながら、従業員1人当たりの年間平均利益でみると、ストリート・ビジネス以外の事業所が1,013ドルであるのに対し、ストリート・ビジネスは1,251ドルの利益を計上している。また、ストリート・ビジネス以外の事業所の平均利益率が13.2％である一方、ストリート・ビジネスの平均利益率は21.5％と高い水準にある。ここで、利益はカンボジアの所得税（原則20％）控除後の税引後利益を示している。ストリート・ビジネスは税金を支払っていない。なお、ストリート・ビジネス以外でも税金を支払っていない事業所もある。

ストリート・ビジネスの所得に関する先行研究についてみると、Tokman（1989）は、コスタリカ、コロンビア、ペルーについて、インフォーマル・セクターの所得水準は公務員の給与よりも高いが、フォーマル・セクターの企業従業員よりは低いと報告している。Evers and Mehmet（1994）は、インドネシアのジャワ島中部におけるインフォーマル販売の所得水準について、

表5-3-6 利益別事業所数

利益	ストリート・ビジネス	構成比(%)	その他	構成比(%)	合計	構成比(%)
0ドル未満（損失）	714	1.7	11,681	2.6	12,395	2.5
0ドル以上250ドル未満	3,940	9.4	60,419	13.3	64,359	13.0
250ドル以上500ドル未満	5,218	12.5	49,445	10.9	54,663	11.0
500ドル以上750ドル未満	6,242	14.9	58,108	12.8	64,350	13.0
750ドル以上1,000ドル未満	3,588	8.6	31,632	7.0	35,220	7.1
1,000ドル以上1,500ドル未満	5,413	13.0	51,422	11.3	56,835	11.5
1,500ドル以上2,000ドル未満	7,047	16.9	62,902	13.8	69,949	14.1
2,000ドル以上3,000ドル未満	3,052	7.3	31,819	7.0	34,871	7.0
3,000ドル以上5,000ドル未満	3,671	8.8	41,386	9.1	45,057	9.1
5,000ドル以上	2,886	6.9	55,742	12.3	58,628	11.8
小計	41,771	100.0	454,556	100.0	496,327	100.0
未回答	0	－	8,807	－	8,807	－
合計	41,771	－	463,363	－	505,134	－

出所：NIS（2013）

女性の場合には50.9％が最低賃金よりも所得が低いと報告している。なお、これらの研究はすべてサンプル調査によるものである。これに反して、カンボジアの場合には、ストリート・ビジネスにおける所得は低くないことが特徴的である。

4 ストリート・ビジネスの類型化

ストリート・ビジネスの類型化

　カンボジアのストリート・ビジネスの中で、業種別細区分でみた場合に事業所数の多い10業種については3区分することができる。第一のグループは、①食料品販売、②飲料販売、③服・靴販売、④ガソリン販売、⑤携帯電話販売で、仕入販売を行う小売業である。第二のグループは、⑥屋台・食堂、⑦屋台・飲み物屋で、仕入れた食材等を調理販売する飲食業である。第三のグループは、⑧床屋、⑨二輪車修理、⑩小物・家財修理で、手作業のサービス業である（表5-3-7参照）。

表5-3-7　ストリート・ビジネスの類型化

	第1グループ	第2グループ	第3グループ
業態	仕入販売を行う小売業	仕入れた食材を調理販売する飲食業	手作業のサービス業
業種	①食料品販売 ②飲料販売 ③服・靴販売 ④ガソリン販売 ⑤携帯電話販売	⑥屋台・食堂 ⑦屋台・飲み物屋	⑧床屋 ⑨二輪車修理 ⑩小物・家財修理
売上 費用	売上高が大きく、また、仕入原価も大きい	中間	売上高は小さい
利益	相対的に大きい	中間	相対的に小さい

出所：筆者作成

ストリート・ビジネスの収益構造

　ストリート・ビジネスの経営の視点からみると、第一グループ（①食料品販売、②飲料販売、③服・靴販売、④ガソリン販売、⑤携帯電話販売）は、仕入販売を行うことから相対的に売上高が大きく、また仕入原価も大きい。他方、第三グループ（⑧床屋、⑨二輪車修理、⑩小物・家財修理）は、仕入れは少なく、提供するサービスの対価を受け取るだけであることから、相対的に売上高は小さい。第二グループ（⑥屋台・食堂、⑦屋台・飲み物屋）は、食材等の仕入れと調理加工のサービスが必要であることから、売上高は両グループの中間に位置している。

　上記の3区分で1事業所当たりの平均利益を比較してみると、第一グループの事業所の平均利益が相対的に大きく、第三グループの利益は相対的に小さく、第二グループの利益は両グループの中間に位置している（表5-3-7参照）。

　ストリート・ビジネスの利益率について、ストリート・ビジネス以外の事業所と比較してみると、第一グループ（①食料品販売、②飲料販売、③服・靴販売、④ガソリン販売、⑤携帯電話販売）については、④ガソリン販売を除き、利益率の水準はあまり変わらない。第二グループ（⑥屋台・食堂、⑦屋台・飲み物屋）についてみると、ストリート・ビジネスの1事業所当たりの売上高・利益は6割程度の水準であるが、利益率の水準はあまり変わらない。第三グ

表5-3-8 ストリート・ビジネスの業種別採算性

	ISIC	業種	事業所当たり売上高 （ドル）	事業所当たり利益 （ドル）	利益率 （％）
①	4721	食料品販売	13,521	2,446	18.1
②	4722	飲料販売	7,470	1,900	25.4
③	4771	服・靴販売	8,362	2,128	25.4
④	4730	ガソリン販売	9,562	1,917	20.0
⑤	4741	携帯電話販売	12,272	2,860	23.3
⑥	5610	屋台・食堂	7,522	1,793	23.8
⑦	5630	屋台・飲み物屋	4,162	1,263	30.3
⑧	9602	床屋	2,410	1,160	48.1
⑨	4540	二輪車修理	4,301	1,361	30.6
⑩	9529	小物・家財修理	2,331	921	39.5
		その他	9,096	1,837	20.2
		合計	8,763	1,881	21.5

出所：NIS（2012）より作成

ループについてみると、⑧床屋、⑨二輪車修理については、ストリート・ビジネスの1事業所当たりの売上高は40～45％程度、利益は55～60％程度であるが、利益率の水準はストリート・ビジネスのほうが高い。なお、⑩小物・家財修理については、1事業所当たりの売上高は同水準である（表5-3-8、5-3-9参照）。

カンボジアのストリート・ビジネスの具体例を、インタビュー調査結果の中から、特に事業規模が小さい床屋と飲み物屋について、それぞれ表5-3-10、5-3-11に示した。インタビュー調査は2013年8月、10月にプノンペン市内中心部で実施した。インタビューは、表5-3-1の業種別に、①食料品販売、②飲料販売、③服・靴販売、④ガソリン販売、⑤携帯電話販売、⑥屋台・食堂、⑨二輪車修理、⑩小物・家財修理について各2件、⑦屋台・飲み物屋、⑧床屋について各4件行った。インタビューに際しては、平均的な1日の売上高と仕入高を聞き、来客数や客単価などから数字をチェックし、経済センサスの内容が実態をほぼ反映したものであることを確認した。

ストリート・ビジネスの課題

本項においては、カンボジアにおけるストリート・ビジネスの概要を把握

表5-3-9　ストリート・ビジネス以外の業種別採算性

	ISIC	業種	事業所当たり売上高（ドル）	事業所当たり利益（ドル）	利益率（％）
①	4721	食料品販売	14,772	2,607	17.7
②	4722	飲料販売	15,442	3,376	21.9
③	4771	服・靴販売	13,781	3,573	25.9
④	4730	ガソリン販売	191,962	−1,119	−0.6
⑤	4741	携帯電話販売	21,940	4,934	22.5
⑥	5610	屋台・食堂	13,060	3,370	25.8
⑦	5630	屋台・飲み物屋	6,778	1,977	29.2
⑧	9602	床屋	5,355	2,056	38.4
⑨	4540	二輪車修理	10,648	2,306	21.7
⑩	9529	小物・家財修理	2,626	929	35.4
		その他	30,733	3,922	12.8
		合計	27,085	3,566	13.2

出所：NIS（2012）より作成

表5-3-10　ストリート・ビジネスの床屋の概要

項目	概　要
単価	大人4,000リエル（約1ドル）、子ども2,000リエル（約0.5ドル）
客数	約10人/日
売上高	約10ドル/日
営業日数	ほぼ毎日（雨季は減少）
月収	約250ドル
資産	備品：台、鏡、椅子 消耗品：はさみ、理容用品
場所代	1ドル/日＝約25ドル/月（対売上高比10％）
借入	不可
技術	自前

出所：筆者作成

し、事業内容の整理・類型化を行い、経営状況を明らかにした。その結果、ストリート・ビジネスは、①同国の経済活動の中で重要な位置を占めていること、②働く女性の貢献が大きいこと、③ビジネスの平均利益率は比較的高く、また、従業員1人当たりの利益は大きいことなどが明らかにされた。

　インフォーマル・セクターは、ケニアでの調査をもとにしたILO（1972）の報告において取り上げられ、その特徴として、1）参入の容易さ、2）地場産品への依存、3）家族経営、4）小規模経営、5）労働集約的作業、

表 5-3-11　ストリート・ビジネスの飲み物屋の概要

項目	概　要
単価	砂糖ヤシ・ジュース　1,000リエル（約0.25ドル）
客数	約60人/日
売上高	約15ドル/日
営業日数	ほぼ毎日（雨季は減少）
月収	約350ドル
資産	設備：屋台、絞り機
	材料：砂糖ヤシ、ライム、氷、コップ、ストロー
場所代	1ドル/日＝約30ドル/月（対売上高比8％）
借入	不可
技術	自前

出所：筆者作成

6）学校教育以外での技術習得、7）規制のない競争市場が挙げられている。Bromley（1978）は、開発途上国が外国直接投資の影響を受けるなかで、伝統的セクターと近代的セクターの二分化がみられることから、特に都市雇用問題などについては、インフォーマル・セクターとフォーマル・セクターを区分して考察すべきとしている。ストリート・ビジネスの課題について、Tokman（1989）は、第一に金融と技術へのアクセス、第二に福利厚生面の配慮、第三に非合法的取り扱いの見直しを挙げている。この南米の事例と同様の課題が、カンボジアにおけるインタビューでも出されている。ストリート・ビジネスの経営面の課題としては、特に3点が共通の課題として出されている。第一は、地方自治体などから毎日徴収されている場所代の負担が大きいことである。第二は、技術が自前であり、職業訓練等を受けていないことである。第三は、資金需要に対して、銀行やマイクロファイナンス機関からは融資が受けられないことで、これらがビジネスの制約要因となっている。なお、同国の銀行や、小規模なNGOを除くマイクロファイナンス機関は原則として無担保融資をしていない。

　カンボジアにおいては、今後も継続的な経済成長が期待されている。特に、ストリート・ビジネスなどの小規模事業は、低所得者層の貧困削減に寄与する可能性があり、今後においても同国経済を下から支える活発な経済活動が期待されるところである。

参考文献

Bromley, Ray (1978) "Introduction - The Urban Informal Sector : Why Is It Worth Discussing?" *World Development*, Vol.6. No.9/10, pp.1033-1039.

Evers, Hans-Dieter and Mehmet, Ozay (1994) "The Management of Risk : Informal Trade in Indonesia," *World Development*, Vol.22, No.1, p.1-9.

International Labour Office (1972) "Employment, Incomes and Equality : A Strategy for Increasing Productive Employment in Kenya."

National Institute of Statistics, Ministry of Planning of Cambodia (2012) "Economic Census of Cambodia 2011, Micro data," Phnom Penh.

——— (2013) "Economic Census of Cambodia 2011, Analysis of the Census Results Report No.10, Street Business," Phnom Penh.

The World Bank (2012) "World Development Report 2013 : Jobs," Washington.

Timothy, Dallen J. and Wall, Geoffrey (1997) "Selling to Tourists : Indonesian Street Vendors," *Annals of Tourism Research*, Vol.24, No.2, pp.322-340.

Tokman, Victor E. (1989) "Policies for a Heterogeneous Informal Sector in Latin America," *World Development*, Vol.17, No.7, pp.1067-1076.

Royal Government of Cambodia (2013) "Guideline for formulating National Strategic Development Plan Update 2014-2018," Phnom Penh.

廣畑伸雄 (2016)「カンボジアの経済活動──ストリート・ビジネスの活力」『ESTRELA』No.263, 2016年2月号、公益財団法人統計情報研究開発センター

第6章
多様化する地方経済

(天然ゴムの収穫)

　カンボジアの地方農村地域においては、同国の主要農作物であるコメの自給が達成され、輸出も可能な水準になり、あわせて輸出用商品作物としてのキャッサバやトウモロコシの生産量も急増している。また、地場産業として、伝統的なハンディクラフト製品が、地域の特産品としてつくられている。

　特に2000年代後半以降においては、天然ゴムの植林・栽培が、数千ヘクタール規模のプランテーションを中心に急激に増加している。その周辺地域においては、スモール・ホルダーによる植林・栽培も積極的になされ、生産量は増大しており、天然ゴム一次加工品が同国の主要な輸出品になっている。

　カンボジアの国境地域においては、特別経済区と位置づけられた工業団地の整備が進んでおり、安価な土地と低廉な人件費を求める外資系の製造業企

業の進出が加速化している。特に同国の南部経済回廊沿いのタイ、ベトナム国境地域には、新たな経済圏が形成されつつある。

　本章においては、カンボジアの地方経済について、農業や地場産業について概観し（第1節）、天然ゴム産業について分析し（第2節）、特に国境地域における経済活動の実態を明らかにする（第3節）。

第1節　農業と地場産業

1　コメ

　カンボジアの農業については、2013年に「農業センサス（Census of Agriculture of the Kingdom of Cambodia 2013）」が実施されている。同調査によれば、カンボジアの農業世帯数は約213万世帯で、同国全世帯数の約64.5％を占めている。このうち約190万世帯は専業農家で、約23万世帯は兼業農家である。1世帯当たりの平均所有地は約1.55haである。

　カンボジアにおいては、雨期の雨水やメコン川の水を利用した伝統的な自給自足の米作が行われてきた。しかしながら、内戦が始まった1970年代半ば以降、コメの生産量は大幅に減少した。同国が年産250万トン程度と推計されるコメの自給水準を回復したのは新政権樹立後の1995年頃で、その後の生産量は徐々に増加している。特に2005年以降にコメの生産量は急増しており、輸出も可能な水準になっている（図6-1-1参照）。

2　商品作物

　カンボジアにおいては、内戦の影響で野菜・果物類の生産が大幅に減少し、また、綿花などの栽培が行われなくなった。現在は、マンゴーや胡椒などの栽培が再開されているが、野菜・果物類の多くは、引き続きタイやベトナムからの輸入に依存している状況にある。商品作物の中では、2005年以降の国際市場における需要増を受ける形で、トウモロコシとキャッサバの生産が増加している（図6-1-2参照）。特にキャッサバの生産量は劇的に増加してお

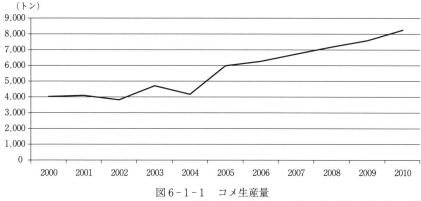

図6-1-1　コメ生産量
出所：National Institute of Statistics（2008, 2012）より作成

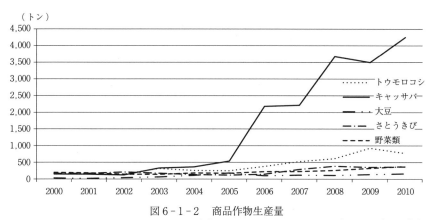

図6-1-2　商品作物生産量
出所：National Institute of Statistics（2008, 2012）より作成

り、生産物は中国などに輸出されている。

3　地場産業

　カンボジアの伝統的な産業としては、①土器、レンガ、タイル、②石材製品、③家具、④籐製品、⑤絹・綿織物などの基本的な衣食住に関連する製品の生産が行われている。これらの多くは小規模零細で典型的な地場産業である。また、近年においては観光客向けの土産品として、ハンディクラフト製

品の生産が増えている。

　土器、レンガ、タイルの生産は、カンボジアの平野部、特にコンポンチナン州などの西北部で広く行われている。土器は直径1ｍ程度の大きなものが多く、雨水の溜め置きに用いられている。タイルにはカンボジア独特の紋様が彫り込まれている。陶器類の生産も行われているが、ポル・ポト時代の影響で技術の伝承がなされなかったため、現在は伝統技術の復活に向けた取り組みがなされている。

　石材製品の生産は、カンボジア西部のポーサットを中心に行われている。石材製品は住居用に用いられているが、アンコール遺跡群にみられるような同国独特の紋様を施した製品が寺院などで用いられている。

　家具の生産は、原木の産地であるカンボジア北東部のクロチェ州や、消費地である首都プノンペン市等で行われている。主な生産品目は、住居のドア、テーブル、椅子、ベッドなどである。

　籐製品はカンボジアの各地で広く生産されている。主な生産品目は、竹箆やゴミ箱などであるが、プノンペン市においては、化粧台、テーブル、椅子などの高級品も生産されている。

　絹・綿織物は、カンボジア南部のタケオ州やプノンペン市周辺などで生産されている。主な生産品目は、冠婚葬祭用の衣服であるサンポット用の布地と、タオルとして使用されているクロマーなどである。絹織物に関しては、ポル・ポト時代に養蚕業が廃れたため、材料の絹糸の多くはタイやベトナムからの輸入品である。また、綿織物に関しても、綿花が栽培されなくなったため、インドなどからの輸入品が使用されている。

参考文献

National Institute of Statistics, Ministry of Planning of Cambodia（2008）"Statistical yearbook of Cambodia 2008," Phnom Penh.
――（2012）"Statistical yearbook of Cambodia 2011," Phnom Penh.
――（2015）"Census of Agriculture of the Kingdom of Cambodia 2013," Phnom Penh.

第2節　天然ゴム

1　天然ゴム産業

　カンボジアにおける天然ゴムの植林は1898年にフランス人により始められている（International Rubber Research and Development Board〈2006〉）。本格的な植林が開始されたのは、東部のテール・ルージュ地帯であるコンポンチャム州とクロチェ州において、国用地の欧州企業への払い下げが行われた1920年代以降である（Delvert〈1958〉）。1940年代前半には植林面積は約28,000haに拡大している（Association for Rubber Development of Cambodia〈2007〉）。第二次大戦後においては、天然ゴムの植林はフランス企業により再開され、1964年における植林面積は56,048ha、天然ゴム樹液採取可能面積は30,680haに拡大している（日本ゴム輸入組合〈1965〉）。天然ゴム植林面積は、1970年には約70,000haに達したが、その後は長く続いた内戦の影響により、天然ゴムの栽培面積は大幅に減少している（Coates〈1987〉）。その後も1990年代後半以降における同国の和平プロセスの下での政治的動揺、1990年代後半における天然ゴム国際市況価格の下落や、天然ゴムの一次加工品製造設備の大型更新投資などが原因で植林資金が不足したことなどにより、天然ゴムの植林・栽培は低迷した。1997年には公営公社7社が設立されているが（Royal Government of Cambodia〈1997〉）、カンボジア農林水産省（MAFF：Ministry of Agriculture, Forestry and Fisheries of Cambodia）天然ゴム総局（General Directorate of Rubber Plantations）の資料によれば、1996年以降における公営公社7社の天然ゴム樹液採取可能面積と一次加工品生産量は大幅に減少している（付表6-2-1、6-2-2参照）。

　カンボジア政府は、国家計画において天然ゴム産業を重要産業と位置づけてきている。第一次社会経済開発計画（1996～2000年）においては、天然ゴムを最も重要な商品作物のひとつと位置づけ、再植林の実施とスモール・ホルダーの育成を重要課題としている。第二次社会経済開発計画（2001～2005年）においては、天然ゴムは比較優位を持つ数少ない作物との認識が示され

ている。国家戦略開発計画（2006～2010年）においては、天然ゴムの小規模栽培の促進（スモール・ホルダーの増加）、天然ゴム公営公社の民営化、労働集約的産業・輸出型加工業の振興が目標とされた。この計画に沿う形で、2006年にカンボジア天然ゴム研究所（CRRI：Cambodian Rubber Research Institute）が設立され、2010年前後の時期に公営公社7社の民営化が実施され、現在は民間企業となっている。

　天然ゴムの国際市況が回復した2000年代半ば以降、カンボジアにおける天然ゴムの植林が急増している。これにともない、2005年には天然ゴム産業の振興を目的とする民間団体として、カンボジア・ゴム開発協会（ARDC：Association for Rubber Development of Cambodia）が創設されている。

2　天然ゴムのバリューチェーン

天然ゴムの植林・栽培

　天然ゴムは、ゴム樹の樹液に含まれる、ポリイソプレン（$(C_5H_8)_n$）を主成分とする高分子化合物である。天然ゴムの原産地はブラジルであるが、現在はタイ、インドネシア、ベトナムなどのアジア諸国を中心に植林・栽培されている（表6-2-1参照）。

　カンボジアにおいては、特に2005年以降において、公営公社、民間企業、スモール・ホルダーによる新規の天然ゴムの植林・栽培が増加している（表6-2-2参照）。コンポンチャム州に集積している旧公営公社は、老木の伐採による再植林を進めるとともに、同州だけではなく、隣接するコンポントム州、スヴァイリアン（スバイリアン）州などにおいて、数千ha規模の新規植林を進めている。民間企業については、国内異業種からの新規参入のケースと、中国・タイ・ベトナムなどからの直接投資のケースがあるが、政府から5,000ha規模のコンセッションを得て植林を進めるのが典型的なパターンで、西北部のシアムリアプ州で約50,000ha、バンテアイミアンチェイ州で約20,000ha、南西部のコッコン州で約14,000haなどの植林計画が進められている。また、同国東部ベトナム国境付近のラタナキリ州、モンドルキリ州、クロチェ州や、西部タイ国境付近のパイリンでも植林が進められており、天

表6-2-1　国別天然ゴム生産量（2014年）

国名	生産量（千トン）	同左構成比（％）
タイ	4,324	35.8
インドネシア	3,015	26.1
ベトナム	954	7.9
その他	3,090	30.2
合計	11,383	100.0

出所：ポスティコーポレーション（2015）

表6-2-2　天然ゴム植林・栽培面積

（単位：ha）

エステート	2008	2009	2010
Boeng Keth	3,800	3,103	3,893
Chamcar Andong	4,133	4,894	5,188
Chup	14,855	14,188	13,516
Krek	3,951	4,454	5,020
Memot	4,903	4,782	5,582
Peam Cheang	4,315	3,730	3,502
Snoul	2,874	2,878	4,003
小計	38,831	38,029	40,704
その他	60,864	89,695	140,729
合計	99,695	127,724	181,433

National institute of statistics（2012）より作成

然ゴムの新規植林は全国的に広がっている。スモール・ホルダーについては、旧公営公社の近隣地域において、大豆などの作物からの転換がなされている（廣畑〈2011〉）。

　カンボジア政府により1967年に実施された調査の結果によれば、天然ゴムの栽培適地は約700,000haとされている。その後、現在に至るまで正確な調査は行われていないが、天然ゴム総局によれば、約450,000ha（ラタナキリ州150,000ha、コンポンチャム州250,000ha、コンポントム州28,000ha、バッタンバン州20,000haなど）以上は栽培が可能とされている。1967年調査による数字との差異は、人口増加による居住地の増加、農作物の栽培地の増加や森林保護地域指定によるものである。なお、近年における天然ゴムの品種改良により、従来は天然ゴムの栽培が困難であった土地でも可能となっており、この点を

踏まえると、上記を上回る面積が天然ゴムの栽培候補地となりうる。

天然ゴム一次加工品の生産

　天然ゴムの一次加工品の製造プロセスについて整理すると、図6－2－1のとおりである。最初に天然ゴム樹へのタッピングを行い、取れた樹液は液体状のフィールド・ラテックス（Field latex）、または、時間をおいて固形化したカップランプ（Cup lump）の形で採取される。次に採取された天然ゴムは、未燻煙シート・ゴム（USS：Un-smoked sheet）の形に成型加工されるか、または、ラテックスやカップランプの形のままで天然ゴム一次加工工場に搬送される。

　その次に天然ゴム一次加工工場においては、大別して３種類の製品に加工されている。第一は濃縮ラテックス（Condensed latex）で、液状のフィールド・ラテックスを用いて、遠心分離機により天然ゴムの濃度を60％程度にまで濃縮した液状の製品である。完成した濃縮ラテックス製品はドラム缶などに入れて輸送されている。第二は燻煙シート・ゴム（RSS：Ribbed smoked sheet）で、ギ酸で凝固させた天然ゴムをシート状にリブ成型加工し、２～３日間自然乾燥させた後に燻煙室で数日間燻煙加工したシート状製品である。燻煙シート・ゴムは、シートを重ね合わせ、圧縮成型し、111.11kgを１単位として輸送されている。第三は、技術的格付けゴム（TSR：Technically specified rubber）で、ギ酸で凝固させた天然ゴムを粉砕しながら繰り返し水洗して異物を除去し、クラム状細片として大型乾燥機に入れて熱風乾燥した後に、製品１個当たりの重量を33.33kgのブロック状に成型加工し、輸送されている（日本ゴム工業会〈2007〉）。

　カンボジアの天然ゴム一次加工品の生産量の推移は図6－2－2のとおりである。天然ゴム・エステートにおいては、毎日午前２時頃から夜明け前にかけてタッピング（天然ゴム樹木への切り付け作業）を行い、早朝から午前中にかけてゴム樹液を採取し、アンモニアを加えることにより固形化を防いで液状の状態を維持し、農園内を巡回するタンク・ローリー車により集荷して一次加工工場へと搬送している。この方式によると、樹液の採取から一次加工品の生産までの工程が同日中に完了することから高いグレードの製品が生産

図6-2-1　天然ゴム一次加工品の製造プロセス

出所：筆者作成

図6-2-2　天然ゴム一次加工品生産量

出所：General directorate of rubber plantation（2006）, National institute of statistics（2008, 2012）より作成

できる。

　技術的格付けゴムの品質水準については、国際的には、①ゴミ分、②灰分、③窒素分、④揮発分、⑤ウォーレス高速可塑度、⑥可塑度残留指数の6項目による評価が用いられ、高品質のものから順に、TSR-L、TSR5、TSR10、TSR20、それ以下のロー・グレード製品などに区分されている。カンボジアでは独自の基準として、カンボジア技術的格付けゴム（CSR：Cambodia Specified Rubber）を使用しており、上記6項目に加え、⑦色指数と、⑧ムーニー粘度により、TSR-Lを、CSRCV、CSR3L、CSRLの3段階に細区分している。

　同国の天然ゴム旧公営公社7社において、2006年に生産された技術的格付けゴムの品質基準別生産量の構成比は表6-2-3のとおりで、CSR-Lの割

表6-2-3　カンボジア技術的格付けゴム品質基準別生産量構成比（2006年）

(単位：%)

区分	CSR-L	CSR 5	CSR10	CSR20	ロー・グレード	合計
生産量構成比	73.7	11.2	14.8	0.0	0.3	100.0

出所：Ministry of Agriculture, Forestry and Fisheries of Cambodia（2006）

合が最も多く73.7％を占めている。また、CSR5やCSR10も生産されているが、CSR20やロー・グレードは非常に少ない。

　天然ゴム一次加工品の生産性は、一次加工品の生産量を、天然ゴム樹液の採取可能面積で除して把握されている。これは、天然ゴム樹液は時間の経過とともに固形化していくこと、また、雨水等の混入により天然ゴム成分の濃度が低下することから、同一基準での天然ゴム樹液採取量の測定が困難であることによるもので、生産性の変化などを農業関連要因と工業関連要因に厳密に区分することは難しい。天然ゴム一次加工品産業は、農作物を資源とする工業用原材料製造業である点に特徴がある。したがって、天然ゴム一次加工品の生産性向上と品質向上のためには、天然ゴムの植林・栽培にかかる農業技術、天然ゴム樹液を一次加工品にする工業技術に加えて、生産プロセス全体に関連する技術の向上が必要になる。

　カンボジアの天然ゴムの生産性は1～1.5トン/ha/年程度であり、タイ、インドネシア、マレーシアよりも低い水準にある。この要因として、農業技術関連では3カ国より降雨量が少ないこと、高収量品種の開発が遅れていること、老木が多いことなどが挙げられる（廣畑〈2010〉）。工業技術関連では、タイに比べて特に非体化型の品質管理技術の水準が低いことなどが挙げられる（Hirohata〈2011〉）。

天然ゴム一次加工品の流通

　カンボジアにおいては、天然ゴム・エステートが自社農園を所有しており、ラテックスの形で工場に搬送し、一次加工を行っている。スモール・ホルダーは、エステートの工場が距離的に近い場合にはラテックスの形で販売しているが、ほとんどはカップランプの形で販売している。また、村レベルの仲

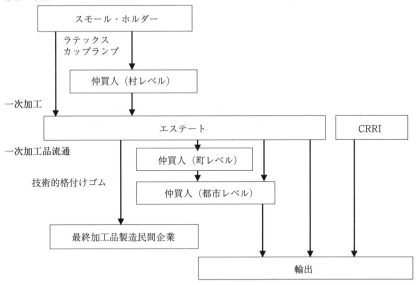

図6-2-3　天然ゴム一次加工品の流通

出所：筆者作成

買人がスモール・ホルダーからカップランプを買い付け、エステートに販売しているケースもある（図6-2-3参照）。

　エステートで生産された天然ゴム一次加工品は、ほとんどが国外に直接輸出されている。町レベルや都市レベルの仲買人が介在する場合もあるが、非常に少ない。なお、若干ではあるが国内の最終加工品製造民間企業に販売され、靴底材料等に用いられている。

天然ゴム一次加工品の輸出

　カンボジアの天然ゴム一次加工品の主要な輸出先はベトナム経由中国向けで、陸路輸送されている。また、マレーシア向けなどの輸出もあり、シハヌーク港から海上輸送されている。1970年以前は欧米諸国向けの輸出が中心であり、日本へも輸出されていた。なお、天然ゴム樹液、カップランプを加工せずに輸出することは禁止されている。

カンボジアにおいては、1994年投資法や2003年改正投資法等において優遇措置などが定められている。天然ゴム関連産業についてみると、所得税の免除と輸入税の免除措置が適用される。一方、税法の規定により、天然ゴムの輸出に際しては売上高に対して10％の輸出税が課されている。この租税負担は、他の生産国との競争の観点からみるとコスト負担が非常に重い。タイでは輸出税として1kg当たり40バーツが課税されているが、これはゴム樹植替助成基金法に基づき植林基金として積み立てられており、再植林に際して補助金として交付されている。また、マレーシアにおいても同様の仕組みの再植林特別基金が設けられているが、カンボジアにおいては再植林基金制度が存在せず、輸出税は天然ゴムの植林のための資金としては再配分されていない（山口大学〈2008〉）。

天然ゴム製品
　天然ゴムは、18世紀後半以降、防水衣料品、工業用品、医療・衛生用品などに利用されており、特に19世紀後半における自動車の発明により、タイヤの原材料として利用されることにより需要を拡大した。天然ゴムは合成ゴムとの比較では、①接着性に優れている、②内部発熱の度合いが低い、③破壊強度が優れているなどの特徴を持つことから、自動車タイヤの原材料として優位性を持っている。
　2012年における世界の新ゴム（天然ゴムと合成ゴムの合計）消費量は約25,869千トンであるが、このうち天然ゴムの消費量は約45％を占めている。近年における天然ゴム一次加工品の需要は、中国・インド等の自動車需要の増加を背景として、タイヤ向けの需要が増加している。

3　天然ゴムの経営

　天然ゴムの事業形態について、事業者を基準として整理分類すると表6-2-4のとおりである。スモール・ホルダーは、栽培面積が100エーカー（約40ha）未満の事業者、エステートはそれ以上の事業者と定義されている。同表においては、一次加工工場を有するエステートを大型エステートとした。

表6-2-4 天然ゴムの事業形態

事業者	事業形態	農業部門				工業部門	
		資本財	投入財	労働		労働	
		農地	種苗	栽培	タッピング	USS	一次加工
スモール・ホルダー	①自作農(天然ゴム生産)	所有	購入	自作	自作	-	-
	②自作農(天然ゴム、USS)	所有	購入	自作	自作	自作	-
	③2+3方式	所有	供与	自作	自作	-	-
	④委託栽培	所有	購入	委託	委託	-	-
エステート	⑤エステート(天然ゴム生産)	所有	購入	委託	委託	-	-
	⑥エステート(天然ゴム、USS)	所有	購入	委託	委託	雇用	-
	⑦大型エステート	所有	自作	雇用	雇用	雇用	雇用
	⑧コンセッション	借地	自作	雇用	雇用	雇用	雇用
工場	⑨一次加工工場	-	-	-	-	雇用	雇用
	⑩受託加工	-	-	-	-	雇用	雇用

出所:筆者作成

　この整理分類に際しては、農業部門と工業部門に区分し、また、資本財としての土地、投入財としての種苗、および、労働としての栽培作業、タッピング、未燻製シート製造、一次加工品製造に区分した。なお、資本財としての器具類等、構築物、機械設備等、投入財としての肥料、労働としての開墾・植林作業は、いずれも外部調達するものととらえた。

　また、天然ゴムの一次加工工場の経営形態について、製品を基準として整理分類すると表6-2-5のとおりである。

　カンボジアでは、大型エステートにより、技術的格付けゴムが生産されている。以下においては、同国で典型的な天然ゴム・プランテーションの収益性をみるために、表6-2-6の前提条件で投資採算モデルを作成してみた。このモデルにおいては、天然ゴムを植林・栽培し、収穫した天然ゴム樹液から技術的格付けゴムを生産し、販売することとしている。このモデルにおい

表6-2-5　天然ゴムの一次加工工場の経営形態

項目	①技術的格付けゴム		②燻煙シート・ゴム		③ラテックス
用途	自動車用タイヤ材料等		自動車用タイヤ材料等		手袋、風船等
主要設備	水洗設備、粉砕機、加熱乾燥機		燻煙設備		遠心分離機
凝固設備	あり	なし	あり	なし	なし
経営形態	エステート	加工工場	エステート	加工工場	加工工場
生産国例	カンボジア	タイ	ミャンマー	タイ	タイ

出所：筆者作成

表6-2-6　投資採算モデルの前提条件

	項目	前提条件
1	土地コンセッション取得費	500ドル/ha
2	用地開墾費	700ドル/ha
3	種苗代	300ドル/ha
4	植林・栽培費用	2,500ドル/ha
5	一次加工工場加工費	120ドル/トン
6	地域整備費	500ドル/ha
7	人件費	1,000ドル/年・人
8	一次加工工場建設費	3,000,000ドル（年産15,000トンの工場の場合）
9	一次加工工場従業員数	400人（年産15,000トンの工場の場合）
10	タッパー数	1人/3ha
11	天然ゴム樹液採取可能年数	植林後8年目
12	生産性	1.5トン/ha
13	一次加工品販売単価	3,000ドル/トン
14	投資期間	25年
15	間作収入	収支相償

出所：筆者作成

表6-2-7　投資採算モデル3案の前提条件

	項目	第1案	第2案	第3案
1	コンセッション面積	10,000ha	20,000ha	20,000ha
2	植林面積	2,500ha/年	2,500ha/年	1,000ha/年
3	植林期間	4年	8年	13年

出所：筆者作成

表6-2-8　投資採算モデルの試算結果

	項目	第1案	第2案	第3案
1	総投資額	43百万ドル	86百万ドル	86百万ドル
	（用地費）	（12百万ドル）	（24百万ドル）	（24百万ドル）
	（植林・栽培費）	（28百万ドル）	（56百万ドル）	（56百万ドル）
	（工場建設費）	（3百万ドル）	（6百万ドル）	（6百万ドル）
2	黒字転換	8年目	9年目	9年目
3	投資回収年数	10年	11年	14年
4	20年目売上高	45百万ドル	90百万ドル	90百万ドル
5	20年目利益	39百万ドル	79百万ドル	79百万ドル
6	最大投資額	40百万ドル	78百万ドル	46百万ドル

出典：筆者作成

ては、表6-2-7のとおり、基本モデルとして第1案を作成し、用地面積を2倍にした第2案、1年当たりの植林面積を減らした第3案を作成し、比較検討した。

　天然ゴム・プランテーションの投資採算モデルの試算結果は表6-2-8のとおりで、投資採算性については下記の点が特徴となっている（Hirohata and Fukuyo〈2011〉）。

1）投資採算性
　① 初期投資額が大きい。
　② 当初7年間は収入がない。
　③ 7～8年目に樹液採取が始まると、すぐに黒字転換する。
　④ 10～11年目には投資回収が終わる。
　⑤ 12～25年目の利益が大きい（利益率が高い）。
2）その他
　① 労働集約的産業である（従業員数が多い）。
　② 規模の利益は小さい（規模に比例して、投資額も利益も増える）。
　③ 加工工場のウエイトは小さい（植林・栽培・採取のウエイトが大きい）。
3）少しずつ植林することによる変化（第3案）
　① 投資総額は同じだが、最大投資額が少なくて済む。
　② 25年目以降の再植林の費用負担が平準化できる。

③ 投資回収は少し遅れ、総利益額は減る。

参考文献

Association for Rubber Development of Cambodia (2007) "ARDC Directory 2007," Phnom Penh.

Coates, A. (1987) *The Commerce in Rubber*, Oxford University Press, New York.

Delvert, J. (1958) *Le Paysan Cambodgien*, Mouton, Paris. (石澤良昭監修、及川浩吉訳〈2002〉『カンボジアの農民』風響社)

General directorate of rubber plantation, Ministry of Agriculture, Forestry and Fisheries of Cambodia (2006) "Statistical data of natural rubber," Phnom Penh.

Hirohata. N. (2011) "A Study of Technology Diffusion and Productivity Levels in the Natural Rubber Industries of Cambodia and Thailand by Adopting the Analytic Hierarchy Process," *Journal on Innovation and Sustainability*, Vol.2, No.3, Risus, Sao Paulo.

Hirohata, N. and Fukuyo, K. (2011) "Comparative Study of Large-scale Investment in Plantation in Least Developed Countries Applying the Investment Profitability Analysis model," *International Journal of Engineering Innovation and Management*, Volume 1, Issue 1.

International Rubber Research and Development Board (2006) *Portrait of the Global Rubber Industry*, Kuala Lumpur.

National institute of statistics, Ministry of Planning of Cambodia (2008) "Statistical yearbook of Cambodia 2008," Phnom Penh.

―― (2012) "Statistical yearbook of Cambodia 2011," Phnom Penh.

Royal Government of Cambodia (1997) "First Five Year Socioeconomic Development Plan 1996-2000," Phnom Penh.

―― (2002) "Second Five Year Socioeconomic Development Plan 2001-2005," Phnom Penh.

―― (2006) "National Strategic Development Plan 2006-2010," Phnom Penh.

日本ゴム工業会 (2007)『CLM地域における天然ゴム加工品産業の支援に関する調査』

日本ゴム輸入組合 (1965)『カンボジア一次産品 (生ゴム) 買付促進調査団報告書』

廣畑伸雄 (2010)「カンボジアにおける天然ゴム・エステートの低生産性の要因分析」『アジア経営研究』第16号、唯学書房 (アジア経営学会)

―― (2011)「カンボジア、ラオス、ミャンマーの天然ゴム産業」『日本ゴム協会誌』第84巻第9号、日本ゴム協会

ポスティコーポレーション (2015)『2016年版ゴム年鑑 (第55版)』

山口大学（2008）『カンボジア国「天然ゴム産業の振興と金融機能」に係る提案型調査』国際協力銀行

第3節　国境経済

カンボジアの国境

　タイ、ベトナム、ラオスと長い陸路国境を接するカンボジアの国境地域は、長らく経済成長から取り残されてきた。たとえば、タイ国境地域には1990年代末までポル・ポト派の残党が残るとともに、多くの地雷が残された。また、二国間関係では国境画定をめぐる対立の現場ともなってきた。一方、2000年代に入ってから具体化が進んだメコン地域開発協力は、周辺国とのコネクティヴィティを改善する経済回廊の整備とともに、国境地域の開発の本格化をもたらした。2010年代に入ると、タイやベトナムの賃金上昇にともなう投資環境の相対的な悪化により、カンボジアの比較的安価で豊富な若年労働力を活用しつつ、タイやベトナムのインフラを活用するタイプの企業進出が活発になった。首都プノンペン市や港湾都市シハヌークと並び、経済回廊沿いの国境ゲートに隣接する都市がカンボジアの産業発展の一翼を担うようになった。すなわち、カンボジアの国境地域は、経済活動のダイナミックな変化が観察される地域である。

　国境ゲートには、外国人の出入国が可能な陸路国際国境ゲート（表6-3-1参照）のほか、地元の人たちが日常生活のために使用する小規模なゲートが多くある。国境には、出入国審査、税関、検疫などの設備があり、ヒト・モノの移動を管理する。そして、その周辺に市場や特別経済区、カジノやホテル等が立地している。本節では、国際国境ゲート付近での経済活動についてみていく。

越境インフラの整備

　国道1号線と5号線は、メコン地域における「南部経済回廊」の一部として、カンボジアの物流の大動脈の役割を果たしている。沿線に位置するタイ国境のポイペト（バンテアイミアンチェイ州）、ベトナム国境のバベット（スヴ

表6-3-1　国際国境ゲート

タイ	チャムジアム（コッコン）、チョーム（オドーミアンチェイ）、ドーン（バッタンバン）、ポイペト（バンテアイミアンチェイ）、プロム（パイリン）、オースマッチ（オドーミアンチェイ）
ベトナム	バベット（スヴァイリアン）、コームソムノー（カンダール／プレイヴェン）、プノムデン（タケオ）、トロペアンスラエ（クロチェ）、トロペアンプロン（コンポンチャム）、オーヤダーウ（ラタナキリ）、バンテアイチャクライ（プレイヴェン）、プレアチャック（カンポート）、サムロン（スヴァイリアン）
ラオス	トロペアンクリエル（ストゥントラエン）

出所：外務・国際協力省資料等より作成

ァイリアン州）は、プノンペンを、タイのバンコクやレムチャバン港、ベトナムのホーチミンといった大都市とプノンペン市をつなぐ役割を担っており、カンボジアのヒト・モノを運ぶ上で最も重要な国境ゲートになっている。これら2カ所のゲートは、「越境交通協定（CBTA：Cross-border Transportation Agreement）」の対象とされ、シングル・ウィンドウ、シングル・ストップでの越境手続きなど、越境手続きの簡素化に向けた取り組みが重点的になされてきた。同協定は、2003年までに、タイ、カンボジア、ラオス、ミャンマー、ベトナム、中国の6カ国が合意し、越境手続きの簡素化により域内の経済発展を目指している（石田〈2010〉）。

ポイペト、バベットの国境ゲートでは、それぞれタイ、ベトナムとの二国間合意により、認可を受けたトラックやバスの相互乗入れが認められており、積替えや乗換えなしに直接の輸送が可能となっている。バベット国境では150台／日、ポイペト国境では40台／日の通過が認められている（2013年末現在）。これにより、物流会社のトラックや、観光客を乗せたバスなどが、国境地点における積替えや乗換えなしに運行可能となっている。

市場とカジノ

多くの国境ゲート付近には、隣国からの物資を売買するための市場が立地する。ポイペト国境に隣接するタイのアランヤプラテートにはロンクルア市場があり、カンボジア経由でタイに輸出される自転車や衣料品などの中古品が多く取引される。その他のタイのカンボジア国境でも、中古品がカンボジ

アから輸入され、国境付近の市場に並ぶ。一方、タイやベトナムからは、日用品や野菜・肉などの食品がカンボジア側の市場に流入する。カンボジア政府は、商業省（MOC：Ministry of Commerce）のイニシアティブのもと、隣国との国境地域の市場活性化につとめており、これらの市場を軸にした国境地域の貿易の活性化と地域の開発を目指している。

市場のほかには、多くのカジノ・ホテルが立地している。隣国ベトナム、タイ国内ではカジノは禁止されており、両国の国民が余暇を楽しむために、国境ゲートを越えてカンボジア国内のカジノ・ホテルに来訪する。特にポイペトとバベットには、大規模なカジノ・ホテル群が立地しており、隣国からカジノ目的の入国者が絶えない。コッコン、パイリン、オースマッチ、チョンサギャム、オーヤダーウなどにもカジノ・ホテルが開業している（2015年現在）。2015年には3470万ドル（前年比33％増）もの税金が国庫に納められており（Penh Post紙2016年1月12日）、カンボジア政府にとって貴重な税収となっている。また、雇用創出源としても大きな役割を担っている。

SEZの開発

国境地域では、「特別経済区（SEZ：Special Economic Zone）」を活用した産業誘致が進んでいる。2005年12月に、「特別経済区の設置及び管理に関する政令148号」が制定され、その後、プノンペン近郊、シハヌーク港、タイやベトナムとの国境地域を中心として、全国に20以上のSEZ開発プロジェクトが承認された。政令148号によると、特別経済区外での「適格投資案件（QIP：Qualified Investment Project）」と同様の優遇措置に加え、付加価値税がすべての業種で免税となる。SEZ内には商業省や労働・職業訓練省などの職員が常駐しており、輸出入手続きなど比較的スムーズな行政サービスを利用できる。また、安全や基本的なインフラを共用できるという点は大きなメリットである。SEZの多くは、カンボジアでの比較的安価で若い労働力を活用し、また、カンボジア製であることによる特恵関税の適用などのメリットを受けつつ、隣国の相対的に整った道路や港湾インフラを活用する目的で国境ゲートに近い地域に立地している。地域経済統合が深化するなかで、国境地域のSEZの経済的合理性は増していき、その結果、国境地域への企業

表6-3-2　主な国境SEZ

	地理的条件	SEZ
ポイペト (タイ国境)	タイ・レムチャバン港から250km、バンコクから306km、カンボジア・プノンペンから410km	ポイペト・オーニアンSEZ サンコー・ポイペトSEZ
コッコン (タイ国境)	タイ・レムチャバン港から370km、カンボジア・シハヌーク港から233km	コッコンSEZ
バベット (ベトナム国境)	ベトナム・ホーチミンまで86km、カンボジア・プノンペンまで160km	マンハッタンSEZ タイセンSEZ ドラゴンキングSEZ

出所：日本貿易振興機構（2015）

立地が増加している（Kuroiwa〈2010〉）。

　開発が進むSEZがある一方、SEZ制度が動き始めた2006年以降、承認されたものの開発計画が放置されたSEZも数多く存在した。その理由として、開発業者のイニシアティブの欠如がある。開発の多くが民間資本に頼っており、進出企業による投資決定後に進出企業の資金を活用して開発を行うという姿勢であったため、20カ所近いSEZのほとんどが開発されなかった。また、タイ国境側については、プレアヴィヒア（プレアビヒア）寺院が世界遺産に登録された2008年以降に周辺地域をめぐる国境問題が再燃し、2008～2010年にかけて二国間関係が著しく悪化したことにともない、タイ国境地域の開発は停滞した（初鹿野〈2009〉、Charnvit et al.〈2013〉）。

　2011年以降はタイとカンボジアの二国間関係改善に加え、2010年のタイの大洪水などの影響で企業がリスク分散の必要性に駆られたこと、タイでの大幅な賃金上昇や投資政策変更等を受け、タイ・プラス1としてのカンボジアが見直されるようになり、カンボジア国境地域のSEZが注目されるようになった。ポイペトやコッコンでは、タイ企業や、すでにタイ工場がある企業が、労働集約的な工程を行うための工場進出を始めており、縫製、ワイヤーハーネスなどの工場が稼動している。

　ベトナム国境にあるバベットは、タイ側と異なり二国間関係は良好であったことから、ホーチミンまで2時間弱という地の利を活かし、いち早く企業進出が始まった。ベトナムや中国にすでに進出していた企業の次の進出先と

して企業進出は加速化しており、マンハッタンSEZでは縫製・製靴工場や電球製造など、さまざまな業種の工場が合計33社進出している（2015年3月現在）。

　国境地域の産業開発において、産業人材不足はプノンペン地域以上に深刻な課題である。国境地域の住民は、日常的に隣国の言語に触れる機会があることから、人材不足は隣国の専門家やエンジニアを活用することである程度は解消可能である。しかしながら、カンボジアにとっても、隣国にとっても、これらの国境地域は首都から遠く離れており、生活に必要なファシリティが十分に確保されているとは言いがたいため、優秀な人材を確保することはさらなる難しさがある。各SEZ事務所では、地方大学との連携や隣国の工場での研修の支援等を通じて、人材育成をサポートしている。

CLV開発の三角地帯

　南部経済回廊のような経済活動が活発な地域から遠く離れた人口も少ない地域に位置するラオス南部、ベトナム中部と隣接し3カ国の国境が接する地域は、「カンボジア・ラオス・ベトナム（CLV）開発の三角地帯」と呼ばれている。カンボジアでは、ラタナキリ、モンドルキリ、クロチェ、ストゥントラエン州がこのCLV開発の三角地帯に含まれる。この地域は、全国の人口密度が82人であるのに対し、モンドルキリ5人、ラタナキリ17人、ストゥントラエン17人、クロチェ31人である（NIS〈2013〉）。同三角地帯に位置する州のうち、ラタナキリ州、モンドルキリ州は人口の過半数を少数民族が占めている。彼らは古来より、森林の中に点在する集落を転々とする生活を営んできた。言語の違いから教育も遅れがちで、メコン地域内でもとりわけ所得水準が低い貧困地帯に留め置かれてきた。同地域の生活水準の向上を目指し、1999年にカンボジアのフン・セン首相の提言により3カ国での協力が合意された。日本は、2004年11月に15億ドルの支援を約束して以降、同枠組みを積極的に支援している（白石〈2013a、2013b、2013c〉、石田〈2013〉）。

　ラタナキリ州では、2008年に78号線のオーヤダーウ国境から州都バンルンまでを結ぶルート（70km）の舗装がベトナムの支援により完成し、バンルンからオーポンモアン（国道7号線と78号線の合流地点）をつなぐルート

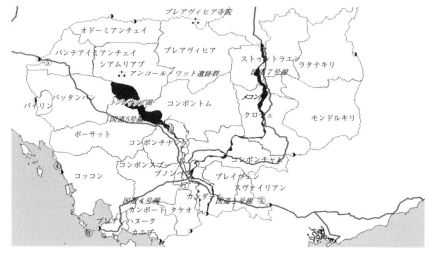

注：国道は主要国道の一部のみを記した。地図中、①プノンペン、②バベット、③プレアシハヌーク、④コッコン、⑤ポイペトは主要SEZが立地する地域を示す。●は国境ゲートを示す。

図6-3-1　主要SEZ地図

（123.1km）も中国の支援により2013年に完成した。2012年にはラタナキリ州にあるオーヤダーウ国境付近で、小規模なカジノ・ホテルも開業した。モンドルキリ州でも、中国からの借款により、国道72号線のスヌオル－センモノロム（127km）が2011年に舗装され、センモノロム－ルンパット－タアン（171.8km）が2016年完成を目指している（IRITWG〈2015〉）。

　道路インフラの開発が進むと同時に、この地域でのプランテーション開発が進んでいる。フランス植民地時代にも肥沃な赤土を利用した天然ゴム・プランテーションが展開されていたが、経済土地コンセッションや企業が買収した私有地にて、天然ゴム、キャッサバ、カシューナッツ、コーヒー豆といった農産物が大規模に生産されるようになった。これらは、主にベトナムで加工・輸出されている。農産物以外には、鉱物資源の探査・採掘が進められ、セコン水系での水力発電の開発も進められている（石田〈2013〉）。

　これらの開発の影響で、長年少数民族が暮らしてきたCLV国境地域では他地域からのクメール人入植者が増えつつある。この地域での経済活動は活発になっているが、2000年代以降、開発企業と住民との間での土地の権利や

森林が失われたことによる生活への影響等をめぐる対立は、激しくなる一方で、環境配慮と両立した開発の道が模索されている。

国境地域の役割

　ASEAN 経済共同体の実現などの経済統合の深化にともない、長期的には国境の持つ障壁は限りなく最小化されていくことが目指されている。カンボジア国境もこのような大きな流れの例外ではない。現状においては隣接国との経済取引の窓口として重要な役割を担っており、南部経済回廊沿いの大規模な国際国境周辺は、カンボジアの若くて豊富な労働力と隣国の整ったインフラとをつなぎ合わせ、同国の産業発展を担う地域となっている。

参考文献

Charnvit Kasetsiri, Pou Sothirak, Pavin Chachavalpongpun (2013) *Preah Vihear: A Guide to Thai-Cambodian Conflict and Its Solutions*, White Lotus, Thailand.

Infrastructure and Regional Integration Technical Working Group (IRITWG) (2015) *Overview of the Transport Infrastructure Sector in the Kingdom of Cambodia* (5th edition), Ministry of Public Works and Transport and JICA, Phnom Penh.

Kuroiwa, I. (2010) *Economic Integration and the Location of Industries: The Case of Less Developed East Asian Countries*, IDE-JETRO series, Palgrave Macmillan.

National Institute of Statistics, Ministry of Planning of Cambodia (2013) "Cambodia Inter-censal Population Survey 2013," Phnom Penh.

石田正美編（2010）『メコン地域 国境経済をみる』研究選書 No.22、アジア経済研究所

―――（2013）『CLV 開発の三角地帯の課題』アジア経済研究所ポリシーブリーフ No.26、アジア経済研究所

白石昌也（2013a）「カンボジア、ラオス、ベトナム「開発の三角地帯」構想の成立経緯と概観」『アジア太平洋討究』19号（2013年1月号）

―――（2013b）「カンボジア、ラオス、ベトナム国境三角地帯の開発構想に対する日本政府の支援：2004～2007年」『アジア太平洋討究』第20号（2013年2月号）

―――（2013c）「カンボジア、ラオス、ベトナム国境三角地帯の開発構想に対する日本政府の支援：2008～2012年」『アジア太平洋討究』21号（2013年8月号）

初鹿野直美（2009）「プレア・ヴィヒア寺院周辺のカンボジア・タイ国境紛争」『アジ研ワールド・トレンド』15(1), 2009.1, アジア経済研究所．

日本貿易振興機構（2015）『ジェトロ SEZ マップ』

第7章
金融の自由化と資金供給の拡大

（カンボジア中央銀行）

　カンボジアにおいては、市場経済体制への本格的な転換が開始されて以降、金利の自由化や外資系銀行の設立許可などの金融自由化政策が急速に実施された。1990年代後半には経営危機に陥る銀行も出たが、同国の高度経済成長に歩調を合わせ、金融市場は急速に拡大してきている。特に近年においては、商業銀行の預金額・融資額ともに大幅に増加しており、金利水準も低下傾向にある。
　商業銀行数が増加傾向にあるなかで、個別銀行の経営戦略についてみると、積極的に業務の拡大を図る銀行がある一方、堅実に保守的な経営を指向する銀行もあり、また、外資系銀行では自国からカンボジアに進出した企業を主要顧客とする銀行もあり、それぞれ特色のある経営が行われている。

また、小口金融を専門とするマイクロファイナンス機関の数も増加しており、融資額も増加している。ただし、営利目的の機関が多く、貧困層をターゲットとした融資は限定的である。

　本章においては、カンボジアの金融セクターの変遷と現状について概観し（第1節）、商業銀行の経営戦略について分析し（第2節）、マイクロファイナンス機関の活動状況を明らかにする（第3節）。

第1節　カンボジアの金融セクター

1　カンボジアの金融制度

　カンボジアにおいては、独立後の1954年にカンボジア中央銀行（NBC：National Bank of Cambodia）が設立されている。ポル・ポト時代（1975～1979年）には中央銀行は閉鎖され、紙幣の発行・流通も停止されたが、1980年に銀行業務が再開されてからはモノバンクとして機能してきた。内戦終結後の1990年代前半以降は、商業銀行の機能を分離し、通常の中央銀行となっている。

　カンボジアの金融機関についてみると、銀行数は35行で、うち28行が商業銀行である。カンボジアの商業銀行の最低資本金は1,500億リエル（約37.5億円）であるが、資本金が300億リエル（約7.5億円）以上であることを条件として、7行が特別銀行という名称での営業を認められている。また、マイクロファイナンス機関66機関と、両替商1,620社が中央銀行の管轄下にある（図7-1-1参照）。

　カンボジアの通貨はリエルであるが、同国においては米ドルが広範に流通している。これは、内戦終結後の1990年代前半に、国際援助資金が米ドルで流入してきたことに起因しており、自国通貨であるリエルの信用が低いことから、米ドルが使用されるようになった。また、1990年代半ば以降に増加した外国資本による直接投資に際しても米ドルが使用されたためにドル化が進んだ。現在、銀行預金の96％は米ドル建てであり、市場流通量の90％程度が米ドルと推測されている。なお、タイ国境地域ではタイ・バーツ、ベトナム国境地域ではベトナム・ドンも使用されている。

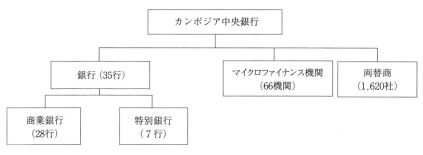

図7-1-1　カンボジアの金融機関
出所：National Bank of Cambodia（2012）より作成

　カンボジアにおいてはドル化が著しく進んでいるため、中央銀行は金融政策をとることができない。政府は給与の支払いや公共料金にリエルの使用を義務づけるなど、脱ドル化への取り組みを始めているところである。

2　カンボジアの銀行セクター

　カンボジアにおいては、1993年に市場経済体制への本格的な転換が開始されて以降、金利の自由化や外資系銀行の設立許可などの金融の自由化政策が急速に実施された。これにともない1990年代半ばまでに銀行数は30行以上にまで増加したが、1990年代後半になると、国内要因として1997年に発生した政変の影響、国際要因としてアジア通貨危機の影響を受け、経営危機に陥る銀行が続出した。この銀行危機への対応として、政府は1999年に、「Law on Banking and Financial Institution」を施行し、全銀行に対して自己資本の充実等を義務づけ、銀行ライセンスの見直しを行った結果、銀行数は大幅に減少した（図7-1-2参照）。しかしながら、2000年代における同国の経済成長にともない、また、外国資本による銀行の設立が相次いだことにより銀行数が増加しており、2012年現在、外国資本の銀行が23行、外国資本と国内資本の合弁の銀行が6行、国内資本の銀行が6行となっている。官民別では政府系銀行2行（うち、特別銀行1行）、民間銀行33行（うち、特別銀行6行）の計35行が営業しており、金融サービスは順調に拡大してきている。なお、銀行番号はカンボジア中央銀行が定めた番号で、1～28が商業銀行、29～35が特別

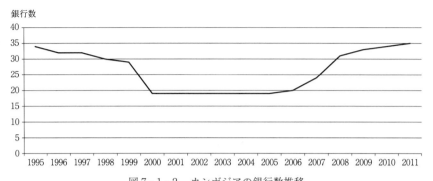

図7-1-2　カンボジアの銀行数推移
出所：National Bank of Cambodia（1995-2012）Annual Report より作成

銀行である（表7-1-1、7-1-2参照）。

3　金融市場の動向

　カンボジアにおける過去10年間の銀行預金額の推移についてみると大幅に増加している。これにともなう形で融資額も大幅に増加しており、金融市場は急速に拡大している（図7-1-3参照）。同国における過去10年間の金利水準の推移に関し、銀行平均の期間1年物のドル預金金利についてみると、4～6％程度の水準で推移している。ドル融資金利は若干低下傾向にあるが、16～18％程度の水準で推移している（図7-1-4参照）。なお、同国における預金・融資のほとんどはドル建てである。リエル建ての場合には、ドル建てよりも預金金利で2％程度、融資金利で6％程度高い水準となっている。ドル建てとリエル建ての金利差の主因は、先行きの為替レートのドル高を織り込んでいるものと考えられる。

　同国の金融深化について M2 対 GDP 比率の推移をみると、2001年の14.1％が2011年の45.4％へと継続的に上昇しており、貨幣経済化の進展と金融機能の発展がうかがえる（図7-1-5参照）。

　また、民間金融の水準について民間銀行融資額対 GDP 比率の推移をみると、2001年の5.6％から2011年の24.1％へと継続的に上昇している（図7-1-6参照）。ただし、シンガポール（民間銀行融資額対 GDP 比率93.6％）、マレー

表7-1-1 カンボジアの銀行

	銀行名	設立	資本	本支店数	従業員数
1	ACLEDA Bank	1993	カンボジア、IFC、機関投資家	234	7,038
2	Canadia Bank	1991	カンボジア	33	1,191
3	Cambodian Public Bank	1992	マレーシア	23	479
4	ANZ Royal Bank	2005	カンボジア、オーストラリア、ニュージーランド	19	536
5	Foreign Trade Bank of Cambodia	1979	政府、カンボジア	4	136
6	Union Commercial Bank	1994	カンボジア、香港	5	176
7	Advanced Bank of Asia	1996	韓国、カザフスタン	10	243
8	May Bank	1992	マレーシア	11	164
9	Vattanac Bank	2002	カンボジア	4	207
10	Bank of China	2011	中国	1	52
11	Bank for Investment & Development	2009	ベトナム	6	222
12	Cambodian Commercial Bank	1991	タイ	4	78
13	First Commercial Bank	1998	台湾	3	53
14	Maruhan Japan Bank	2008	日本	1	58
15	CIMB Bank	2010	マレーシア	7	95
16	Singapore Banking Corporation	1993	シンガポール	16	214
17	OSK Indochina Bank	2008	マレーシア	9	154
18	Cambodia Asia Bank	1993	マレーシア	1	281
19	Agri Bank Cambodia	2010	ベトナム	1	24
20	Shinhan Khmer Bank	2007	韓国	1	25
21	Phnom Penh Commercial Bank	2008	韓国、日本	3	67
22	Cambodia Mekong Bank	1994	カンボジア	6	129
23	Kookmin Bank Cambodia	2007	韓国	1	28
24	Krung Thai Bank	1992	タイ	2	18
25	Saigon Thuong Tin	2009	ベトナム	4	110
26	Hwang DBS Commercial Bank	2009	マレーシア	3	48
27	Booyoung Khmer Bank	2008	韓国	1	12
28	Bank of India	2009	インド	1	9
29	Rural Development Bank	1998	政府	1	46
30	PHSME Specialized Bank	2001	カンボジア	1	45
31	Angkor Capital Specialized Bank	2008	カンボジア、米国	1	19
32	CAMKO Specialized Bank	2007	韓国	1	14
33	Tomato Specialized Bank	2008	カンボジア、韓国	1	15
34	First Investment Specialized Bank	2005	カンボジア	1	47
35	Anco Specialized Bank	2006	カンボジア	1	18
	合計			421	12,051

出所：National Bank of Cambodia（2012）より作成

表7-1-2 カンボジアの銀行の経営状況

(単位:百万リエル)

	銀行名	預金額	融資額	税引前利益
1	ACLEDA Bank	4,492,049	4,102,821	223,627
2	Canadia Bank	3,974,422	3,079,009	142,531
3	Cambodian Public Bank	3,136,978	2,484,017	119,565
4	ANZ Royal Bank	2,306,093	1,332,837	61,095
5	Foreign Trade Bank of Cambodia	1,315,089	608,553	35,717
6	Union Commercial Bank	778,639	589,874	23,594
7	Advanced Bank of Asia	659,691	379,903	24,720
8	May Bank	606,716	682,814	23,979
9	Vattanac Bank	580,336	343,242	15,667
10	Bank of China	549,437	24,626	18,305
11	Bank for Investment & Development	464,539	1,156,250	10,184
12	Cambodian Commercial Bank	337,670	126,722	8,868
13	First Commercial Bank	294,051	379,811	7,763
14	Maruhan Japan Bank	211,313	133,163	6,055
15	CIMB Bank	200,333	171,925	5,463
16	Singapore Banking Corporation	193,807	138,281	3,855
17	OSK Indochina Bank	188,624	233,588	2,530
18	Cambodia Asia Bank	112,929	142,366	3,570
19	Agri Bank Cambodia	101,788	78,057	1,811
20	Shinhan Khmer Bank	91,853	153,058	1,239
21	Phnom Penh Commercial Bank	87,836	174,337	915
22	Cambodia Mekong Bank	75,379	87,481	857
23	Kookmin Bank Cambodia	65,734	101,414	155
24	Krung Thai Bank	64,030	112,006	-646
25	Saigon Thuong Tin	57,310	229,563	-6,166
26	Hwang DBS Commercial Bank	12,466	75,668	-5,240
27	Booyoung Khmer Bank	3,477	0	-5,463
28	Bank of India	3,383	16,769	-13,436
29	Rural Development Bank	5,343	130,811	3,928
30	PHSME Specialized Bank	1,918	24,102	3,969
31	Angkor Capital Specialized Bank	446	51,319	2,276
32	CAMKO Specialized Bank	168	44,259	1,468
33	Tomato Specialized Bank	8	22,143	746
34	First Investment Specialized Bank	0	24,327	72
35	Anco Specialized Bank	0	39,261	-7,793
	合計	20,973,851	17,474,377	715,780

出所:National Bank of Cambodia (2012) より作成

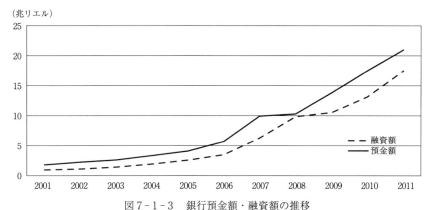

図7-1-3　銀行預金額・融資額の推移
出所：National Bank of Cambodia（2001-2012）Annual Report より作成

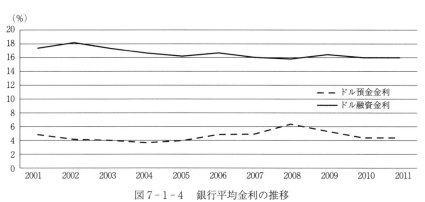

図7-1-4　銀行平均金利の推移
出所：National Bank of Cambodia（2001-2012）より作成

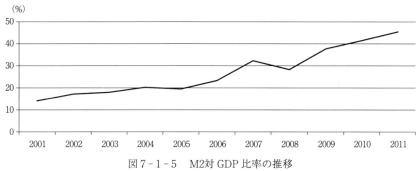

図7-1-5　M2対GDP比率の推移
出所：ADB（2012）より作成

第7章　金融の自由化と資金供給の拡大　*153*

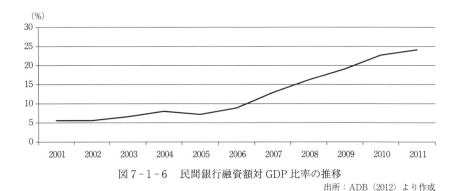

図 7-1-6　民間銀行融資額対 GDP 比率の推移

出所：ADB（2012）より作成

シア（同132.1％）、タイ（同150.8％）など、先行 ASEAN 諸国と比較してみると、まだ低い水準にある。

4　証券市場の動向

カンボジアにおいては、2011年7月に、政府の55％出資、韓国取引所の45％出資にて、カンボジア証券取引所（CSX：Cambodia Securities Exchange）が設立された。証券取引は2012年4月に開始され、プノンペン上水道公社（PPWSA：Phnom Penh Water Supply Authority）が最初の上場企業となった。

証券引受会社としては、Phnom Penh Securities Firm Plc., OSK Indochina Securities Limited, Cambodia-Vietnam Securities Plc., Cana Securities Ltd., Campu Securities Plc., Tong Yang Securities (Cambodia) Plc., SBI Royal Securities Plc. の7社、証券ディーラーとして Sonatra Securities Plc., ACLEDA Securities Plc., CAB Securities Limited. の3社、証券ブローカーとして Golden Fortune (Cambodia) Securities Plc. が認可されている。

参考文献

Asian Development Bank (2001) "Financial Sector Blueprint for 2001-2010," Phnom Penh.
—— (2007) "Financial Sector Development Strategy 2006-2015," Phnom Penh.
—— (2012) "Key Indicators for Asia and the Pacific 2012," Phnom Penh.

IMF (2002) "Macroeconomic Adjustment in a Highly Dollarized Economy: The case of Cambodia," Phnom Penh.
—— (2011) "Dollarization in Cambodia: Causes and Policy Implications," Phnom Penh.
National Bank of Cambodia (1995-2013) "Annual Report," Phnom Penh.
—— (2000a) "Prakas on the Licensing of Banks," Phnom Penh.
—— (2000b) "Prakas on the Licensing of Rural Credit Specialized Banks," Phnom Penh.
—— (2000c) "Prakas on Banks' Minimum Capital," Phnom Penh.
—— (2006a) "Prakas on Amendment to Prakas on Licensing of Commercial Banks," Phnom Penh.
—— (2006b) "Prakas on Amendment to Prakas on Licensing of Specialized Banks," Phnom Penh.
—— (2008) "Prakas on New Capital Requirement and Criteria for Licensing Approval of Banks," Phnom Penh.
—— (2012) "Annual Supervision Report 2011," Phnom Penh.
Royal Government of Cambodia (1996) "Law on the Organization and Conduction of the National Bank of Cambodia," Phnom Penh.
—— (1999) "Law on Banking and Financial Institution," Phnom Penh.
—— (2011) "Law on the Issuance and Trading of Non-Government Securities," Phnom Penh.
Tal Nay Im and Dabadie, M. (2007) *Dollarization in Cambodia*, Phnom Penh.

第2節　銀行の経営戦略

1　銀行の経営方針

銀行の支店数と従業員数

　本項においては、カンボジアの銀行の経営方針について、経営の積極性の差異に着目した分析を行う。経営の積極性の評価項目としては、①銀行業務体制の規模と、②銀行の融資スタンスに焦点を当てる。第一の銀行業務体制の規模に関しては、銀行の支店数と従業員数について、各行の現在の規模と推移をみる。第二の銀行の融資スタンスに関しては、銀行の預金額および融資額と貸出比率について、各行の現在の水準と推移をみる。なお、業務体制規模と融資スタンスの推移をみるため、分析の対象行としては、現在営業し

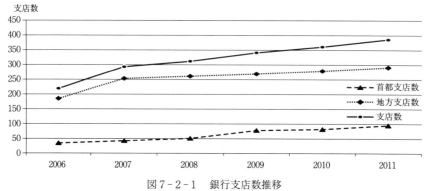

図 7-2-1　銀行支店数推移
出所：National Bank of Cambodia（2006-2012）より作成

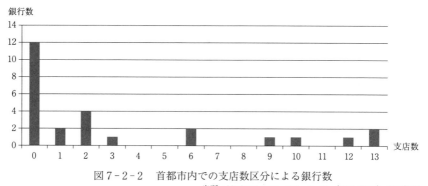

図 7-2-2　首都市内での支店数区分による銀行数
出所：National Bank of Cambodia（2006-2012）より作成

ている銀行35行のうち、2008年までに開業している26行を対象とする。

　2000年代半ば以降において、銀行全体の支店数は、首都プノンペン市内、地方都市ともに増加傾向にある（図7-2-1参照）。現時点におけるプノンペン市内および地方都市における支店数区分による銀行数は、それぞれ図7-2-2、7-2-3のとおりである。一方、本店だけで営業する銀行や、若干の支店だけしか持たない銀行もみられる（図7-2-4参照）。過去3年間の銀行支店数の増減についてみると、約半分の銀行が支店を増加させている（図7-2-5参照）。現在6店舗以上の支店を有し、かつ過去3年間に支店を増やしている銀行は、(1) ACLEDA Bank、(2) Canadia Bank、(3) Cambodian Public Bank、(7) Advanced Bank of Asia、(8) May Bank、(16) Singapore

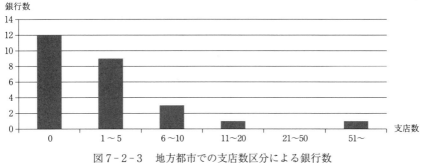

図7-2-3　地方都市での支店数区分による銀行数
出所：National Bank of Cambodia（2006-2012）より作成

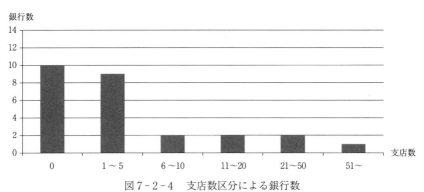

図7-2-4　支店数区分による銀行数
出所：National Bank of Cambodia（2006-2012）より作成

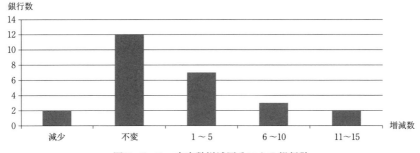

図7-2-5　支店数増減区分による銀行数
出所：National Bank of Cambodia（2006-2012）より作成

表7-2-1 支店数基準による銀行区分

増減数＼支店数	51〜	21〜50	11〜20	6〜10	1〜5	0
11〜15		3	16			
6〜10	1	2		8		
1〜5				7	5,6,9,11,13,21	
不変					12,22,24,27,29,30,31,32,34,35	14,20
減少			4			18

出所：筆者作成

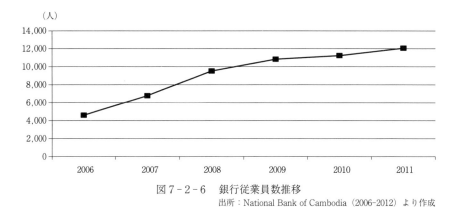

図7-2-6 銀行従業員数推移
出所：National Bank of Cambodia（2006-2012）より作成

Banking Corporation の6行で、積極的な業務体制の拡大がみてとれる（表7-2-1参照）。

2000年代半ば以降において、カンボジアの銀行全体の従業員数は増加傾向にある（図7-2-6参照）。ただし各行別にみると、従業員数が大幅に増加している銀行が多い一方、減少している銀行も多く、格差がみられる（図7-2-7、7-2-8参照）。カンボジアの銀行26行のうち、過去3年間に従業員を毎年5％以上、かつ10人以上増やしている銀行は、(2) Canadia Bank、(3) Cambodian Public Bank、(5) Foreign Trade Bank of Cambodia、(7) Advanced Bank of Asia、(8) May Bank、(9) Vattanac Bank、(11) Bank for Investment & Development、(18) Cambodia Asia Bank、(21) Phnom Penh Commercial Bank の9行で、積極的な業務体制の拡大がみてとれる（表7-2-2

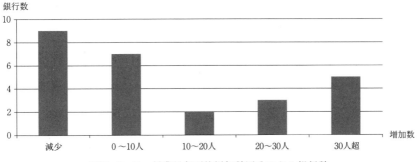

図7-2-7　従業員年平均増加数区分による銀行数
出所：National Bank of Cambodia（2006-2012）より作成

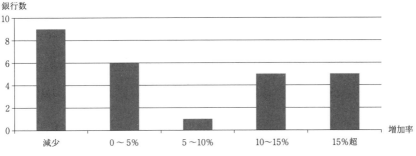

図7-2-8　従業員年平均増加率区分による銀行数
出所：National Bank of Cambodia（2006-2012）より作成

参照）。特に、(2) Canadia Bank、(3) Cambodian Public Bank、(7) Advanced Bank of Asia、(8) May Bankの4行は、支店基準でみても、従業員基準でみても積極的経営を行っている（表7-2-3参照）。

銀行の預金額と融資額

　カンボジアにおける銀行預金額と融資額は大幅に増加してきているが、各行別にみると、預金額・融資額が大幅に増加している銀行が多い一方、減少している銀行も多く、格差がみられる（図7-2-9、7-2-10参照）。過去3年間に預金額と融資額ともに年平均10％以上増加している銀行は、(1) ACLEDA Bank、(2) Canadia Bank、(5) Foreign Trade Bank of Cambodia、(6) Union Commercial Bank、(7) Advanced Bank of Asia、(8) May Bank、(11) Bank for

表7-2-2　従業員数基準による銀行区分

増減数＼増減率	15%超	10~15%	5~10%	0~5%	減少
30人超	3,8,11	2		1	
20~30人	9	7,18			
10~20人	21	5			
0~10人		13	22	4,6,20,24,34	
減少					12,14,16,27,29,30,31,32,35

出所：筆者作成

表7-2-3　支店基準および従業員数基準による銀行区分

支店基準＼従業員基準	積極的経営	中間的経営	保守的経営
積極的経営	2,3,7,8	1	16
中間的経営	5,9,11,21	13	6
保守的経営	18	22	4,12,14,20,24,27,29,30,31,32,34,35

出所：筆者作成

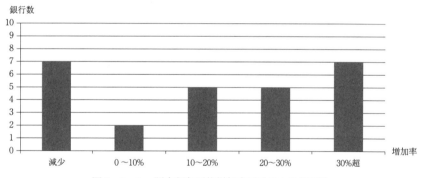

図7-2-9　預金額年平均増加率区分による銀行数
出所：National Bank of Cambodia（2006-2012）より作成

Investment & Development、⒀ First Commercial Bank、⒁ Maruhan Japan Bank、⒃ Singapore Banking Corporation、⒅ Cambodia Asia Bank、㉑ Phnom Penh Commercial Bank、㉙ Rural Development Bankの13行で、積極的な業務内容の拡大がみてとれる（表7-2-4参照）。また、カンボジア

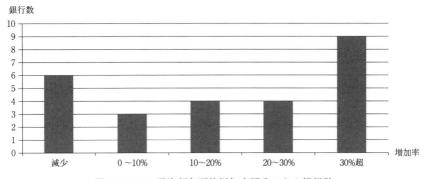

図7-2-10　融資額年平均増加率区分による銀行数
出所：National Bank of Cambodia（2006-2012）より作成

表7-2-4　預金額・融資額基準による銀行区分

預金増加率＼融資増加率	30%超	20〜30%	10〜20%	0〜10%	減少
30%超	7,11,18,21	1,2			
20〜30%	6,14	13		30	
10〜20%	8,29		5,16	4	27
0〜10%					34
減少	31,35	3	20,24	22	9,12,32

出所：筆者作成

の銀行26行の2011年における平均貸出比率（融資額／〈預金額＋資本金〉）は69.3%であるが、100%を超えている銀行がある一方、40%以下の銀行もあり、格差がみられる。貸出比率が80%を超えている銀行は、(1) ACLEDA Bank、(8) May Bank、(11) Bank for Investment & Development、(13) First Commercial Bank、(20) Shinhan Khmer Bank、(29) Rural Development Bank、(31) Angkor Capital Specialized Bank、(32) CAMKO Specialized Bank、(35) Anco Specialized Bank の9行で、積極的な業務内容の拡大がみてとれる（表7-2-5参照）。特に、(1) ACLEDA Bank、(2) Canadia Bank、(8) May Bank、(11) Bank for Investment & Development、(13) First Commercial Bank、(29) Rural Development Bank の6行は、預金額・融資額基準でみても、貸出比率基準でみても積極的経営を行っている（表7-2-6参照）。

表7-2-5 貸出比率基準による銀行区分

貸出比率	100%超	80～100%	60～80%	40～60%	0～40%
銀行	11,29,31,35	1,8,13,20,32	2,3,6,21,24,30	4,5,7,9,16,18,34	12,14,22,27

出所：筆者作成

表7-2-6 預金額・融資額基準および貸出比率基準による銀行区分

貸出比率基準＼預金・融資基準	積極的経営	中間的経営	保守的経営
積極的経営	1,2,8,11,13,29	20,31,35	32
中間的経営	6,21	3,24,30	
保守的経営	5,7,14,16,18	4,22	9,12,27,34

出所：筆者作成

2　銀行の経営戦略の類型化

　カンボジアの銀行26行について、①業務体制の規模（銀行の支店数と従業員数）と、②融資スタンスなどの銀行業務の内容（銀行の預金額および融資額と貸出比率）の視点からみると、総合的には、特に(1) ACLEDA Bank、(2) Canadia Bank、(8) May Bank、(11) Bank for Investment & Development、(21) Phnom Penh Commercial Bankの5行が積極的な業務展開を図っている。また、(3) Cambodian Public Bank、(5) Foreign Trade Bank of Cambodia、(7) Advanced Bank of Asia、(13) First Commercial Bankの4行が、比較的積極的な業務展開を図っている（表7-2-7参照）。

　また、カンボジアの銀行に関して、融資のターゲットとする主たる顧客層を基準に分類してみると、3区分が可能である。第一のセグメントは、カンボジア企業を主たる顧客層としている金融機関である。第二のセグメントは、カンボジアの個人を主たる顧客層としている金融機関である。第三のセグメントは、外国資本の銀行の中で、特に自国からカンボジアへ進出している企業や個人を主たる顧客層としている金融機関である。

　カンボジアの銀行26行について、銀行経営スタンスと融資のターゲットとする主たる顧客層を基準に分類してみると、表7-2-8のとおりである。

表7-2-7　銀行規模基準および銀行業務基準による銀行区分

業務基準＼規模基準	積極的経営	中間的経営	保守的経営
積極的経営	1,2,8,11,21	13	6,20,29,31,35
中間的経営	3,5,7	16,18	14,24,30,32
保守的経営	9		4,12,22,27,34

出所：筆者作成

表7-2-8　カンボジアの銀行の経営戦略の類型化

経営スタンス＼主顧客層	カンボジアの企業	カンボジアの個人	自国からカンボジアへ進出した企業・個人
積極的経営	2,5	1	3,7,8,11,13,21
中間的経営	6,9,31,35	29	16,18,20
保守的経営	22,30,34	4	12,14,24,27,32

出所：筆者作成

3　個別銀行の経営戦略

　本項においては、カンボジアの銀行の経営戦略を理解するために、特に積極的な経営を行っている銀行として、カンボジアの企業を融資の主要ターゲットとしている(2) Canadia Bank、カンボジアの個人を主要ターゲットとしている(1) ACLEDA Bank、外国資本の銀行の中で、自国からカンボジアへ進出している企業や個人を主たる顧客層としている(3) Cambodian Public Bank を選択し、それぞれの銀行業務内容の特徴を把握する。また、特に保守的な経営を行っている銀行として、カンボジアの企業を融資の主要ターゲットとしている(22) Cambodia Mekong Bank を比較対象として取り上げる。これらの4行は、すべて1990年代前半に開業しており、利益面でみた場合に好成績を継続して達成してきている同国を代表する銀行である（表7-2-9参照）。

① Canadia Bank

　Canadia Bank は、1991年に設立されたカンボジア資本の銀行である。同

表7-2-9　カンボジアの銀行の経営戦略

	Canadia Bank	ACLEDA Bank	Cambodian Public Bank	Cambodia Mekong Bank
設立	1991年	1993年	1992年	1994年
経営者	Pung Kheav Se	In Channy	Phan Ying Tong	Khov Boun Chhay
資本	カンボジア	カンボジア、IFC、外国機関投資家	マレーシア	カンボジア
資本金	110百万ドル	78百万ドル	90百万ドル	37百万ドル
支店数	32店舗	213店舗	22店舗	5店舗
従業員数	1,191人	7,038人	479人	129人
主たる顧客層	大企業・中堅企業	小規模・零細事業者	マレーシアからの進出企業・個人とカンボジア中小企業	国内および国際間でのビジネスを行う優良顧客
定期預金金利（期間1年）	4.75%	4.25%	4.25%	3.50%
貸出比率	69.7%	85.3%	71.0%	38.9%
融資分野	①卸小売業：32% ②不動産業：23% ③サービス：18% ④製造業：7%	①卸小売業：41% ②サービス：22% ③不動産業：8% ④製造業：5%	①卸小売業：31% ②サービス：24% ③不動産業：19% ④製造業：10%	①サービス：24% ②製造業：21% ③不動産業：16% ④卸小売業：12%
ROA	1.8%	3.3%	2.4%	4.4%
ROE	15.1%	27.6%	11.1%	7.2%
不良債権比率	5.6%	0.2%	3.0%	2.7%
特徴的事項	融資の約80%が期間1年以内の短期資金			融資の約70%が期間1年以上の長期資金

出所：筆者作成

行は、プノンペン市内に12支店、地方都市に20支店を設置している。特に2000年代半ば以降において支店数を大幅に増加させており、主要地方都市のすべてに営業拠点を設けている。また、今後においても支店数の増加が計画されており、規模の利益によるコストリーダーシップ戦略を推進している。これにともない従業員数も大幅に増加させており、1,191人となっている。

　同行は、経営方針として、主たる顧客層を「大企業・中堅企業」に設定し差別化を図っている。個人向けの融資も約10%あるが、このほとんどは同行のグループ企業が開発したオフィス・住居の購入者向けである。同行の期間1年の定期預金金利は、カンボジアの銀行平均の4.02%を上回る4.75%であり、積極的に預金獲得活動を行っており、預金額は大幅に増加してきている。

これにともなう形で融資額も大幅に増加してきている。同行の期間1年の融資金利については、基準としては12%とのことであるが、顧客の信用度により、9%程度から18%程度に設定されている。同行の分野別融資比率についてみると、卸小売業が約32%、不動産業が約23%、サービス業が約18%、製造業が約7%となっている。なお、同国の銀行平均の分野別融資比率は、卸小売業が約32%、不動産業が約15%、サービス業が約9%、製造業が約9%である。また、同行の場合には、融資の約80%が期間1年以内の短期資金であることが特徴的である。

同行の会長のPung Kheav Se氏はカンボジア生まれであるが、内戦中はカナダに移住した帰国者である。近年においてはカナダ在住の華人系カンボジア人からの外国投資も受け入れており、同行のグループ企業としてOverseas Cambodian Investment Corporationを設立し不動産開発事業を行うなど多角化戦略を推進している。代表的なプロジェクトとしては、ダイヤモンド・シティ、オリンピック・スタジアムなど、プノンペン市内を中心に複数の大型再開発プロジェクトを実施中であり、カンボジア有数の企業グループを形成している。

② ACLEDA Bank

ACLEDA Bankは、1993年に、貧困者向けに資金を供給するローカルのマイクロファイナンスNGOとして創設された。その後、2000年に、一般個人向けの小口融資を行う銀行に組織替えし、2003年からは預金も受け入れる普通銀行になっている。また、この過程において、国際金融公社（IFC：International Finance Corporation）や外国機関投資家の資本を受け入れている。

同行は、プノンペン市内に13支店、地方都市に200支店を設置している。特に2000年代半ば以降において支店数を大幅に増加させ、すべての地方都市と多くの町に営業拠点を設けており、規模の利益によるコストリーダーシップ戦略を推進してきた。これにともない従業員数も大幅に増加させており、7,038人となっている。また、近年においてはラオスに進出しており、グローバル戦略を推進している。なお、同行は2012年に同国に駐在員事務所を開設した三井住友銀行と業務提携契約を結んでいる。

同行は、経営方針として、主たる顧客層を「小規模・零細事業主」に設定し差別化を図っている。同行の期間１年の定期預金金利は、カンボジアの銀行平均を上回る4.25％であり、積極的に預金獲得活動を行っており、預金額は大幅に増加してきている。これにともなう形で融資額も大幅に増加してきている。同行の分野別融資比率についてみると、卸小売業が約41％、サービス業が約22％、不動産業が約８％、製造業が約５％となっている。したがって、カンボジアの銀行の中では、卸小売業とサービス業への融資が多いことが特徴である。

③ Cambodian Public Bank

　Cambodian Public Bank は、1992年に設立されたマレーシア資本の銀行である。同行は、プノンペン市内に13支店、地方都市に９支店を設置している。特に2000年代半ば以降において支店数を大幅に増加させ、主要地方都市に営業拠点を設けており、規模の利益によるコストリーダーシップ戦略を推進してきた。これにともない従業員数も大幅に増加させており、479人となっている。なお、親会社の Public Bank Berhad は1966年に設立され、カンボジア以外に中国、スリランカ、ベトナム、ラオスにも業務展開するなど、グローバル戦略を推進している。現在は計401支店、従業員数17,500人を擁するマレーシア第３位の資産規模の銀行である。

　同行は、経営方針として、主たる顧客層を「カンボジアに進出したマレーシア企業・個人とカンボジアの中小企業」に設定し差別化を図っている。同行の期間１年の定期預金金利は、カンボジアの銀行平均を上回る4.25％であり、積極的に預金獲得活動を行っており、預金額は大幅に増加してきている。これにともなう形で融資額も大幅に増加してきている。同行の分野別融資比率についてみると、卸小売業が約31％、サービス業が約24％、不動産業が約19％、製造業が約10％となっている。

　1990年代前半にカンボジアに進出した外国資本の銀行としては、タイ資本の Cambodian Commercial Bank、Krung Thai Bank、シンガポール資本の Singapore Banking Corporation、マレーシア資本の May Bank、Cambodia Asia Bank が挙げられるが、これらの銀行に比し、特に積極的な経営を行っ

てきている。

④ Cambodia Mekong Bank

　Cambodia Mekong Bankは、1994年に設立されたカンボジア資本の銀行である。同行は、プノンペン市内に3支店、地方ではシアムリアプ市とシハヌーク市だけに支店を設置しており、近年は支店数を増やしていない。従業員数は129人で、毎年若干名ずつ増員している程度である。

　同行は、経営方針として、主たる顧客層を「国内および国際間でのビジネスを行う優良顧客」とすることを掲げている。同行の貸出比率をみると38.9％であり、カンボジア全行平均の69.3％に比し非常に低い水準であり、優良顧客に絞る形で非常に保守的な経営を行っている。同行の期間1年の定期預金金利は、カンボジアの銀行の中で最も低い3.50％であり、預金獲得には注力していない。同行の期間1年の融資金利は顧客の信用度により異なるが、優良顧客の場合には10％以下の水準であり、顧客を厳選して堅実な経営を行っている。同行の場合には、優良顧客をターゲットとする集中戦略を基本としており、この戦略にしたがう形で支店網の形成や従業員の配置などの組織づくりがなされている。

　同行の分野別融資比率についてみると、約21％が製造業、約16％が不動産業であり、卸小売業は約12％と非常に少ないことが特徴である。また、融資の約70％が期間1年以上の長期資金であること、非居住者向け融資が26％を占めていることが特徴的である。

　同行の所有者でCEOのKhov Boun Chhay氏の一族は、プノンペン市内を中心に多数の土地を所有しており、住宅、ホテルなどの不動産業を展開している。同氏の父親であるThai Bun Rong氏は、プノンペン商工会議所の初代会頭を務め、カンボジア有数の企業グループを形成している。

4　銀行セクターの展望

　カンボジアの銀行セクターの今後についてみると、金融機関間の競争が激化していく見通しである。その理由としては、第一に外国資本の銀行数が増

加していることが挙げられる。特に近年においては、韓国企業によるカンボジアへの直接投資が不動産分野を中心に急増しているなかで、韓国資本の銀行が計7行と全銀行数の2割を占めるに至っている。また、カンボジアへの最大投資国となった中国からもBank of Chinaが2011年に進出している。ベトナム資本の銀行であるBank for Investment & Development、Saigon Thuong Tinも2009年に進出しているが、両行の貸出比率は100％を超えており、非常に積極的な営業活動が行われている。なお、近年においては日系の銀行が設立され、メガバンクも駐在員事務所を開設させている。

　第二に、小口金融を行うマイクロファイナンス機関の銀行への転換がなされることが挙げられる。認可機関は35機関で、このうち7機関は預金業務も認められている。政府系のRural Development Bankは、マイクロファイナンス機関に融資を行っており、原資が増加する中で融資金額も増加している。

　第三に、銀行サービスの充実が挙げられる。特に大手行はATMの設置、デビット・カードやクレジット・カードの発行に注力しているほか、関連業務としてリース会社、保険会社、証券会社等の設立もなされており、総合的な金融サービスの提供に向けた取り組みが始まっている。

　以上のとおり、カンボジアが政治的に安定し、継続的に経済成長していることを背景として、金融機関が増加している。今後は金融機関間の競争が激化していく見通しであり、これにともない融資金利の水準は引き続き低下していくことが見込まれる。また、融資に際しての担保率の低減や、金融サービスの質の向上にともなう取引費用の低下などにより、経済活動に携わる個人事業者や企業等の資金調達は容易になり、旺盛な資金需要が満たされていくことが期待される。今後における同国の金融市場は引き続き拡大し、民間の経済活動を促進することにより、同国の経済成長に寄与していくものと考えられる。

参考文献
ACLEDA Bank（2012）"Annual Report 2011," Phnom Penh.
Cambodia Mekong Bank（2011）"Annual Report 2010," Phnom Penh.
Cambodian Public Bank（2012）"Annual Report 2011," Phnom Penh.
Canadia Bank（2012）"Annual Report 2011," Phnom Penh.

National Bank of Cambodia(2006-2013)"Annual Report," Phnom Penh.
廣畑伸雄(2013)「カンボジアの金融機関の経営戦略」『アジア経営研究第19号』アジア経営学会

第3節　マイクロファイナンス

1　カンボジアにおけるマイクロファイナンス

　マイクロファイナンスは、1974年に、バングラデシュのモハメド・ユヌスにより始められた貧困農民層向けの小口金融である。同氏が1983年に創設したグラミン・バンクは、貧困者には借入返済能力はないという常識を覆して大成功を収めており、この金融モデルは世界各国に広まっている。主たる特徴としては、①行員による生活やビジネスにかかる指導、②週1回の集会開催、③無担保融資、④5人組による相互連帯保証、⑤女性向けが中心の融資などが挙げられる。融資金利は年24％程度であるが、借り手は小規模ビジネスから得られる利益により返済しており、貸倒率は非常に低い。

　カンボジアにおいては、内戦が終結した1990年代前半に、国際NGOによる支援活動のひとつとして、GRET（1991年）、World Relief（1992年）、ACLEDA（1993年）、CRS（1993年）などにより、マイクロファイナンスが開始されている。

　カンボジア政府は、1995年に、「農村開発融資委員会（CCRD：the Credit Committee for Rural Development）」を組織することにより、地方農村地域における金融への取り組みを開始し、1998年に、国営の2ステップ・ローン実施機関として、「農村開発銀行（RDB：Rural Development Bank）」を創設し、マイクロファイナンス機関等への融資を開始している。

　マイクロファイナンスについては、1999年に銀行法が施行されたことを受け、カンボジア中央銀行が、2000年にマイクロファイナンス機関の認可・登録制度を導入した。これにより、マイクロファイナンスを行うすべての組織は中央銀行への登録が義務づけられ、特に資本金が2億5千万リエル（約625万円）以上の機関はライセンスが必要となった（Prakas on the Licensing of

Micro-finance Institutions)。その後、2002年の法改正により、融資額10億リエル（約2500万円）以上、預金額1億リエル（約250万円）以上、預金者1,000人以上のいずれかの条件を満たす機関は中央銀行のライセンスが必要となり、また、融資額1億リエル（約250万円）以上、預金額100万リエル（約25,000円）以上、預金者100人以上のいずれかの条件を満たす機関は中央銀行への登録が必要となった（Prakas on the Registration and Licensing of Microfinance Institutions）。

　カンボジアのマイクロファイナンスは、最も成功している機関と評価されていたACLEDAが、国際金融公社（IFC：International Finance Corporation）や欧米機関投資家の資本参加を受け、2000年に特別銀行に移行したことを契機として転機を迎える。ACLEDAが、主たる事業目的を貧困削減から営利追求に変更して以降、多くのマイクロファイナンス機関もこれに追随した。その結果、現在では、大手のマイクロファイナンス機関は、我が国の信用金庫や消費者金融に近い業態となっている。他方、規模は小さいが、NGO等による住民の生活向上や貧困削減を主目的とした従来型のマイクロファイナンスも継続的に実施されてきている。なお、中央銀行によるマイクロファイナンスの定義は、「貧困者・低所得世帯・小規模事業者に提供する、融資・預金等の金融サービス」とされている。

2　マイクロファイナンスの拡大

　カンボジアにおいては、2004年に、大手のマイクロファイナンス機関7機関により、「カンボジア・マイクロファイナンス協会（CMA：The Cambodia Microfinance Association）」が創設されている。同協会は加盟機関の会合主催、研修事業、年次報告書やニュースレターの発行などの活動を行っており、マイクロファイナンス機関が34機関、NGOが4団体加盟するまでになっている。

　カンボジアにおけるマイクロファイナンスは、特に2000年代半ば以降において急速に拡大している。過去5年間についてみると、マイクロファイナンス認可機関数は倍増し、本支店数は約2.6倍、行員数は約3.9倍に増加し、融資顧客数も約2.4倍に増加している（表7-3-1参照）。

表7-3-1　マイクロファイナンス認可機関

項目	2006	2007	2008	2009	2010	2011
認可機関数	16	17	19	20	25	32
本支店数	727	882	1,105	1,315	1,320	1,894
行員数	2,503	3,511	5,148	6,330	7,715	9,744
顧客数	471,026	624,089	852,090	904,298	978,077	1,141,913

出所：National Bank of Cambodia（2006-2012）より作成

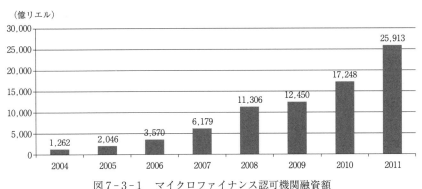

図7-3-1　マイクロファイナンス認可機関融資額
出所：National Bank of Cambodia（2006-2012）より作成

　マイクロファイナンス認可機関の融資額についてみると、2006年の3,570億リエル（約89億円）が、2011年には25,913億リエル（約648億円）へと、7倍以上に増加している（図7-3-1参照）。

3　マイクロファイナンスの現況

マイクロファイナンス機関

　カンボジアのマイクロファイナンス機関は、中央銀行に認可・登録されている機関と、未登録の機関に大別される。2013年3月現在、中央銀行に登録されているのは66機関で、うち35機関が「マイクロファイナンス認可機関（Licensed Microfinance Institution）」、31機関が「マイクロファイナンス登録機関（Registered Microfinance NGOs）」（表7-3-4参照）である。認可機関のうち7機関は「マイクロファイナンス預金受入機関（MDIs：Microfinance De-

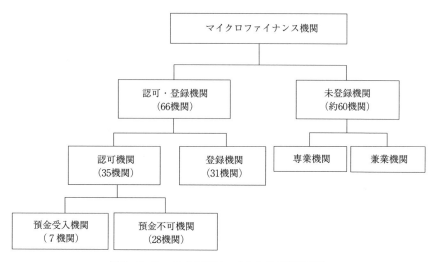

図7-3-2 マイクロファイナンス機関の区分
出所：National Bank of Cambodia（2013）Annual Report 2012より作成

posit Taking Institutions)」であり、融資業務だけでなく預金業務も認められている。

中央銀行に未登録のマイクロファイナンス機関は60機関程度と推計されている。この中には融資業務だけを行う専業機関だけでなく、NGOなどが実施しているプロジェクトのコンポーネントの一部として、融資業務を行っているケースもある（図7-3-2参照）。

マイクロファイナンス機関の特徴

カンボジアのマイクロファイナンス機関の特徴としては、第一に業界構造について、規模が比較的大きい数機関と小規模な多数の機関に区分されること、第二に株主について、外国資本の多い機関と国内資本が多い機関に区分されること、第三に事業目的について、営利が主目的の機関と、住民の生活の質の向上や貧困の削減が主目的の機関に区分されることが挙げられる。

第一のマイクロファイナンス機関の規模についてみると、認可機関は、総資産が1,600億リエル（約40億円）を超える大手の8機関と、600億リエル（約15億円）未満の中小の22機関に大別される。大手機関は、それぞれ100店舗

以上の出張所を含む支店を展開し、500人以上の行員を雇用している。マイクロファイナンス認可機関全体の本支店数は1,894店舗、行員数は9,744人であるが、大手8機関が本支店数全体の74％、行員数全体の88％を占めている（表7-3-2参照）。なお、データ分析の対象は、2011年末時点のマイクロファイナンス認可機関30機関であるが、2012年末までに、Bayon Microfinance, BORRIBO、Key Microfinance Institution、CITY Plc.、Ly Hour の5機関が、新たにマイクロファイナンス認可機関となっている。

　第二のマイクロファイナンス機関の株主についてみると、認可機関は国内資本が8機関、外国資本が8機関、国内資本と外国資本の合弁が14機関となっている。外国資本比率について単純平均でみると59％である。特に、マイクロファイナンス預金受入機関にはすべて外国資本が入っており、外国資本比率は単純平均でみると93％になっている。したがって、商業銀行と同様に、マイクロファイナンス機関についても外資のプレゼンスが大きい状況にある。

　第三の事業目的についてみると、一般的に小規模事業者の支援、住民の生活の質の向上や貧困の削減などが主たる活動目的として謳われている。しかしながら、大手機関は実際には通常の銀行と同様に営利を主目的とした機関がほとんどである。この相違については、低所得者層に対して、融資を受ける機会を提供しているという意味としか解しようがない。カンボジアのマイクロファイナンス機関は総じて小口融資を行う金融機関になっており、貧困削減などを主たる活動目的にする機関のウエイトは小さい。

マイクロファイナンス機関の経営状況

　カンボジアのマイクロファイナンス機関の経営状況に関し、特に、①融資金利の水準、②経営の採算性、③不良債権の状況の3点に着目し、その特徴を明らかにしてみる（表7-3-3参照）。

　第一の融資金利の水準についてみると、マイクロファイナンス認可機関の単純平均融資金利は年25.5％と試算される。この金利水準は、カンボジアの銀行の融資金利と比較して、格段に高い水準である。なお、マイクロファイナンス預金受入機関の単純平均融資金利が24.8％である一方、相対的に規模の小さいマイクロファイナンス預金不可機関の単純平均融資金利（2011年利

表7-3-2 マイクロファイナンス認可機関

	機関名	外資比率(%)	総資産(百万リエル)	本支店数(店)	従業員数(人)
1	PRASAC	90	629,015	207	1,501
2	AMRET	98	482,109	128	1,693
3	SATHAPANA	90	436,195	192	1,339
4	Hattakaksekar	76	350,431	307	1,096
5	Angkor Microherhvatho Kampuchea	99	276,335	206	973
6	KREDIT	100	198,857	113	717
7	Vision Fund Cambodia	100	178,689	121	700
	預金受入機関小計	-	2,551,631	1,274	8,019
8	Thaneakea Phum Cambodia	90	185,573	124	545
9	Cam Capital	96	48,290	22	49
10	SEILANITHIH	40	35,391	65	207
11	SAMIC	48	32,808	41	146
12	Intean Poalroath Rongroeung	34	22,466	30	93
13	Green Central Micro Finance	100	20,640	33	67
14	CHAMROEUN	100	17,607	61	163
15	First Finance	85	15,336	14	14
16	MALIS	100	12,448	16	44
17	Entean Akpevath Pracheachun	0	11,356	27	18
18	MAXIMA	0	11,179	18	65
19	Samrithisak Microfainance	0	10,783	14	40
20	KHEMARAK	0	9,895	15	26
21	Famer Union Development Fund	33	8,478	10	8
22	Cambodian Business Integrate in Rural Development	0	8,111	30	68
23	Angkor ACE star Credit	0	4,816	15	24
24	AEON	100	4,211	10	27
25	SONATRA	6	3,897	12	34
26	PRIME	100	3,631	13	26
27	CAMMA Microfinance	0	2,591	20	17
28	Farmer Finance	100	1,880	4	8
29	YCP Microfinance	0	1,245	15	29
30	Active People	85	819	11	7
	預金不可機関小計	-	473,452	620	1,725
	合計	-	3,025,083	1,894	9,744

出所：National Bank of Cambodia (2012) より作成

表7-3-3 マイクロファイナンス認可機関の経営状況

	機関名	融資額 (百万リエル)	利子収入 (百万リエル)	利益 (百万リエル)	預金額 (百万リエル)
1	PRASAC	610,857	129,441	35,102	24,118
2	AMRET	399,065	106,448	24,278	170,074
3	SATHAPANA	382,354	69,007	13,346	156,453
4	Hattakaksekar	304,198	40,540	3,041	55,954
5	Angkor Microherhvatho Kampuchea	192,759	56,730	7,184	21,544
6	KREDIT	180,106	40,745	7,120	13,871
7	Vision Fund Cambodia	152,347	18,417	7,419	2,980
	預金受入機関小計	2,221,686	461,328	97,491	444,993
8	Thaneakea Phum Cambodia	133,914	35,538	5,892	―
9	Cam Capital	45,227	8,790	931	―
10	SEILANITHIH	33,400	4,886	933	―
11	SAMIC	30,403	3,661	2,385	―
12	Intean Poalroath Rongroeung	18,544	10,419	1,313	―
13	Green Central Micro Finance	18,807	6,117	1,178	―
14	CHAMROEUN	12,980	4,421	609	―
15	First Finance	13,462	1,884	596	―
16	MALIS	9,900	1,248	－696	―
17	Entean Akpevath Pracheachun	6,810	1,205	450	―
18	MAXIMA	10,329	2,421	335	―
19	Samrithisak Microfainance	8,827	1,537	478	―
20	KHEMARAK	2,641	245	－141	―
21	Famer Union Development Fund	4,629	801	116	―
22	Cambodian Business Integrate in Rural Development	6,877	2,132	216	―
23	Angkor ACE star Credit	3,112	1,308	173	―
24	AEON	132	1	－393	―
25	SONATRA	1,636	253	－142	―
26	PRIME	3,205	643	－147	―
27	CAMMA Microfinance	2,307	386	13	―
28	Farmer Finance	1,280	239	－70	―
29	YCP Microfinance	568	199	－145	―
30	Active People	585	46	－1,257	―
	預金不可機関小計	369,577	88,377	12,626	―
	合計	2,591,263	549,705	110,117	444,993

出所：National Bank of Cambodia（2012）より作成

表7-3-4 マイクロファイナンス登録機関

	マイクロファイナンス登録機関名
1	Cambodia Rural Economy Development Organization
2	Social Development in Rural
3	Kherm Rural Development
4	Lutheran World Federation
5	Cambodia Credit to Abolish Poverty Organization
6	Aid Farmer Association
7	Kratie Women Welfare
8	New Economic Workers Organization
9	Cambodia Community Saving Federation
10	Ministry of Rural Development
11	Association for Business
12	Crop Supporting National
13	Northwest Development
14	Agriculture & Tourism Development Association
15	Credit Mutuel
16	Ta Ong Soybean Development
17	Cambodia Mutual
18	Association of Samnang Rural Development
19	Cambodia Economic Net work
20	Community Support Improve Development
21	Peace and Development
22	Chan Soksan Organization
23	Saboras Organization
24	Farmer Livelihood
25	Village Devrlopment
26	CKMFG Cambodia
27	Sophea Development
28	Lokrou Organization
29	Khmer Farmers Association
30	Budhism for Development Organization
31	Battambong Khmer Farmers

出所：National Bank of Cambodia（2012）

子収入／〈〈2010年末融資残高＋2011年末融資残高）／2〉〉は29.3％と高めである。マイクロファイナンス認可機関の単純平均融資金利の推移についてみると、2006年の34.2％から、2011年の25.5％へと低下している（図7-3-3参照）。この点については、2000年代半ば以降におけるマイクロファイナンス機関の増加にともなう競争激化が要因のひとつとして挙げられる。

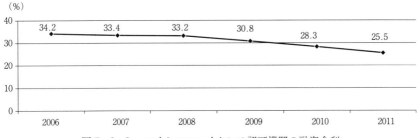

図7-3-3　マイクロファイナンス認可機関の融資金利
出所：National Bank of Cambodia（2006-2012）より作成

　第二の経営の採算性についてみると、マイクロファイナンス認可機関のうち22機関が黒字を計上している。特にマイクロファイナンス預金受入機関についてみると、平均約139億リエル（約3億5000万円）の当期利益を計上している。一方、相対的に規模の小さいマイクロファイナンス預金不可機関の当期利益は、平均約5.5億リエル（約1400万円）に過ぎない。なお、赤字の8機関のうち6機関は、2011年に融資業務を開始した新設機関であり、まだ事業立ち上げの段階にあることから赤字計上を余儀なくされている。また、マイクロファイナンス認可機関の総資産利益率（2011年当期利益／〈（2010年末総資産残高＋2011年末総資産残高）／2〉）をみると、単純平均で4.3％の水準にある。
　第三の不良債権（NPLs：Non Performing Loans）の状況についてみると、マイクロファイナンス認可機関の不良債権比率は、単純平均でわずか0.2％に過ぎず、非常に低い水準にある。

4　マイクロファイナンスの融資分野

　カンボジアのマイクロファイナンス認可機関全体の融資分野の構成比についてみると、農業が41.2％、卸売・小売が25.7％、住宅が14.4％、サービスが10.4％、運輸が3.0％、建設が2.8％、その他が2.6％となっている（図7-3-4参照）。
　融資分野としては農業分野が最も多いことになっているが、これは小農が農作物栽培のための資金を借りられるということでは必ずしもない。実際に

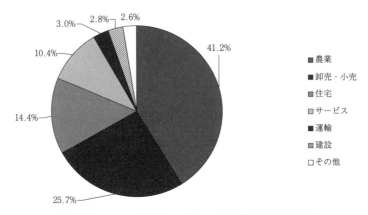

図7-3-4　マイクロファイナンス認可機関の融資分野
出所：National Bank of Cambodia（2012）より作成

は、地方農村地域における富裕層が、高額な精米機や機械式農機具を購入するなどのための資金であるケースが多い。マイクロファイナンス認可機関による融資においては、土地等の担保が徴求されており、その際の土地等評価額は低く見積もられ、掛目も設けられていることから、融資可能額は土地の時価の3割程度に過ぎない。小農の場合には、所有地が小さいために融資限度額は低く、また、年24％の金利で借りた資金を元に農作物を栽培して借入金を返済することは非常に困難であり現実的ではない。なお、マイクロファイナンス認可機関30機関のうち、7機関は農業分野への融資はなく、6機関は融資額の10％未満に過ぎない。

　カンボジアの地方農村地域においては、マイクロファイナンス認可機関の支店・出張所が急速に増えている。しかしながら、融資を受けられるのは資産を持つ富裕層だけに限定されている。また、マイクロファイナンス認可機関からの借入金に利子を付加して小農に転貸し、利益を得ている富裕層も散見される。なお、いわゆるマネーレンダーによる融資金利は、ケースによるが、年60％程度の水準である。

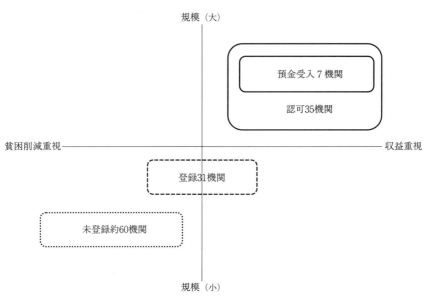

図7-3-5　マイクロファイナンス機関のポジショニング

出所：筆者作成

5　マイクロファイナンスの事例

　カンボジアのマイクロファイナンス機関について、事業規模と事業目的の観点から分類してみると、おおむね図7-3-5のとおりである。本項においては、それぞれの代表的なマイクロファイナンス機関の活動についてみていく。

　マイクロファイナンス預金受入機関の中で規模が最大のPRASACは、1995年にEUにより創設された農村地域支援プログラムであるが、2004年にマイクロファイナンス機関に転換している。同機関の本支店・出張所数は207で、行員数は1,501名である。2011年末の融資残高は6,109億リエル（約153億円）で、同年に351億リエル（約9億円）の当期利益を計上している。カンボジアの典型的な農村地域であるコンポンチャム州トゥボック郡の同機関支店へのインタビューによれば、①融資分野としては商業向けが中心で、②融資上限金額は10,000ドル、③融資期間は2年以内、④融資金利は月利2.5

第7章　金融の自由化と資金供給の拡大　*179*

～3.5％、⑤融資に際しては不動産等担保を徴求するとのことである。

マイクロファイナンス預金不可機関の中では比較的規模が大きい SEILANITHIH は、1996年に国際機関と国際 NGO により創設された貧困層支援プログラムであるが、2003年にマイクロファイナンス機関に転換している。同機関の本支店・出張所数は65で、行員数は207名である。2011年末の融資残高は334億リエル（約8億円）で、同年に9億リエル（約2000万円）の当期利益を計上している。同機関の個人向け融資について、①融資上限金額は10,000ドル、②融資期間は2年以内、③融資金利は月利1.75～3％である。また、グラミン・バンク・タイプのグループ・ローンも行っており、①融資上限金額は240万リエル（約6万円）、②融資期間は1年以内、③融資金利は月利2.75～3％である。

マイクロファイナンス未登録機関の中で、カンボジア人によるローカル NGO の CADET は、住民の生活の質の向上や貧困削減など村落開発に取り組んでいる。同機関は、農村開発銀行から月利1.2％で借り入れた資金を、タケオ州の村に月利2％で融資し、村は農民に月利4％で融資している。このうち2％相当分の利息については村のコミュニティ開発資金に充当されている。また、村がコメや牛を所有し、村民に貸し出すコメ・バンクや牛バンクなども行われている。

参考文献

Cambodia Microfinance Association (2013) "Annual Report 2012," Phnom Penh.
―― (2011) "Impact of Micro Finance Services in Cambodia," Phnom Penh.
National Bank of Cambodia (2000) "Prakas on the licensing of Micro-finance Institutions," Phnom Penh.
―― (2002) "Prakas on the Registration and Licensing of Microfinance Institutions," Phnom Penh.
―― (2006) "Prakas on Amendment to Prakas on Licensing of Microfinance Institutions," Phnom Penh.
―― (2006-2012) "Annual Supervision Report," Phnom Penh.
―― (2007a) "Prakas on Licensing of Microfinance Deposit Taking Institutions," Phnom Penh.
―― (2007b) "Microfinance of Cambodia," Phnom Penh.
―― (2012) "Review of the National Bank of Cambodia," No.39, Phnom Penh.

――(2013) "Annual Report 2012," Phnom Penh.

Royal Government of Cambodia (1999) "Law on Banking and Financial Institutions," Phnom Penh.

廣畑伸雄（2014）「カンボジアの小農の金融機会に関する考察――マイクロファイナンス機関の拡大の効果」『MACRO REVIEW』Vol.26, No.1, 日本マクロエンジニアリング学会

第8章
貧困削減と産業人材育成

（自動車整備の職業訓練校）

　カンボジアの1人当たり国民総所得の水準は低く、低所得国に分類されている。しかしながら、同国が市場経済体制への転換を本格的に開始して以降の高度経済成長にともない、同国における貧困者比率は低下してきている。ただし、プノンペン市と地方農村地域では地域間格差が生じてきている。

　カンボジアの教育制度はポル・ポト時代に崩壊し、フォーマル教育が再開されたのは1980年代以降であるため、教育システムは脆弱である。ただし、プノンペン市においては、富裕層の子弟が通うインターナショナル・スクールや経営分野などを学べる私立大学が相次いで新設されており、経済発展にともない教育事情も変わってきている。

　カンボジアにおいては女性経営者の事業所が全事業所の約65％を占め、中

小零細なビジネスが多いが、活発な経済活動が行われている。また、雇用者でみても、繊維縫製工場等の勤務者を中心に、全雇用者の約61％を女性が占めるなど、女性の社会進出が進んできている。

本章においては、カンボジアの貧困の状況と貧困削減への取り組みについて概観し（第1節）、産業人材育成にかかる教育の現状について把握し（第2節）、特に女性の社会進出の状況についてみていく（第3節）。

第1節　所得貧困と人間開発

1　カンボジアの所得貧困

カンボジアの2012年における1人当たり国民総所得（GNI per capita）は880ドルで、この水準は世界127カ国中99位に位置している。1人当たり国民総所得でみた場合、1,035ドル以下の国は低所得国、4,085ドル以下の国は低位中所得国、12,615ドル以下の国は高位中所得国、12,616ドル以上の国は高所得国とされており、カンボジアは低所得国に分類されている（World Bank〈2013〉）。なお、購買力平価（PPP：Purchasing Power Parity）でみた1人当たり国民総所得は2,360ドルで、世界125カ国中90位である。

貧困の分析に際しては、一般に所得貧困の概念が用いられている。カンボジアの場合には、1日2,100キロカロリー相当の食料と、最低限必要な衣料・住居などが確保できる水準を貧困ラインの基準値としており、このラインに満たない層を貧困層と定義している。この基準にしたがい、同国における貧困者比率の推移についてみると、1990年代には30％台後半の水準であったものが、2000年代には30％台前半に低下し、2010年代に入ると20％台にまで低下しており、貧困は緩和されてきている。ただし、貧困者比率について、プノンペン市、その他の都市、地方農村地域に3区分してみると、プノンペン市の貧困者比率が大幅に低下しているのに対し、その他の都市や農村地域における貧困者比率はまだ高く、地域間格差が生じている（表8-1-1参照）。

天川（2001）は、1980年代前半に農地の分配を受けた世帯において、子どもへの農地の分割相続が行われた結果として若い世帯の貧困比率が高くなっ

表8-1-1 貧困者比率の推移

(単位:%)

区分	1993/4年	1997年	1999年	2004年	2007年	2010年
全国	39.0	36.1	35.9	34.7	30.1	25.0
地方農村地域	43.1	40.1	40.1	39.2	34.7	−
その他の都市	36.6	29.9	25.2	24.7	21.9	−
プノンペン市	11.4	11.1	9.7	4.6	0.8	−

出所:Ministry of Planning(1998, 2000), Royal Government of Cambodia(2010, 2012)より作成

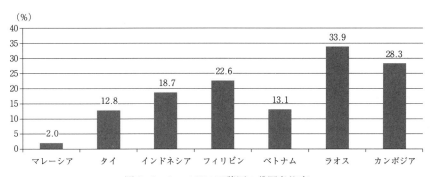

図8-1-1 ASEAN諸国の貧困者比率

出所:World Bank(2012)より作成

たという点に着目し、2010年代を中心に到来する第2回目の土地相続時には、再度の土地の分割相続が必要となり、次世代において世帯当たりの耕作地が減少する可能性を指摘している。

カンボジアにおける貧困レベルを他のASEAN諸国と比較してみると、1日1.25ドル未満で生活している層を貧困層とする世界銀行の基準でみた場合、貧困者比率はマレーシアなどよりも高いが、ラオスよりは低い水準にある(図8-1-1参照)。

2 貧困削減

貧困問題は、特に1990年代半ば以降、国際機関等において重要な課題として位置づけられている。「経済協力開発機構(OECD:Organization for Economic Co-operation and Development)」の「開発援助委員会(DAC:Development

Assistance Committee)」は、1996年に新開発戦略を策定し、2015年までに極端な貧困人口の割合を1990年の半分に削減するという目標を設定した。「国連開発計画（UNDP：United Nations Development Programme)」は、1997年の人間開発報告書において、同年を貧困撲滅のための10年の初年度と位置づけた。「国際通貨基金（IMF：International Monetary Fund)」は、1999年に「拡大構造調整融資（ESAF：Enhanced Structural Adjustment Facility)」を、「貧困削減・成長融資（PRGF：Poverty Reduction and Growth Facility)」に変更し貧困削減を強調した。「世界銀行（World Bank)」も貧困問題への取り組みを強化し、2000年の世界開発報告において、貧困者の無力性（Voicelessness／Powerlessness）、脆弱性（Risk／Vulnerability）に焦点を当て、貧困削減の方策として、貧困者の機会の増加（Opportunity）、権利の増大（Empowerment）、安全の確保（Security）が重要であるとした。「アジア開発銀行（ADB：Asian Development Bank)」も、1999年に貧困削減戦略を策定し、貧困削減、経済成長、人的資源開発、環境管理、女性の地位向上という五つの目標の中で、貧困削減を上位目標に位置づけた。

こうした状況の下で、開発途上国は、「貧困削減戦略文書（PRSP：Poverty Reduction Strategy Paper)」の作成を事実上義務づけられた。カンボジア政府は、この要請を受け、2000年10月に、「貧困削減戦略文書中間報告書（I-PRSP：Interim Poverty Reduction Strategy Paper)」を作成し、2002年12月に「国家貧困削減戦略文書（NPRS：National Poverty Reduction Strategy Paper)」を作成した。

この国家貧困削減戦略において、カンボジアの貧困の特徴については、①機会の欠如、②脆弱性、③能力開発の低さ、④社会的疎外の4点が指摘されている。第一の機会の欠如に関しては、貧困層による土地利用・雇用機会・資源利用に関する制約、インフラの未整備などが指摘されている。第二の脆弱性に関しては、食糧確保の困難さ、女性・子どもに対する暴力、児童労働、HIV/AIDS、地雷・不発弾被害などが指摘されている。第三の能力開発の低さに関しては、教育問題、健康問題が指摘されている。第四の社会的疎外に関しては、孤児・ホームレス・女性世帯主など特に脆弱な人々の存在、女性や少数民族に対する差別、社会参加の困難性などが指摘されている。

さらに、カンボジアの貧困層の中でも最も底辺に位置するグループとして帰還難民が挙げられている。同国における四半世紀に及ぶ内戦は、国内外において大量の難民を生み出した。この難民の帰還が始まったのは1992年で、タイ国境地域の難民キャンプから、約37万人の難民が帰還している。また、国内の難民も約17万人を数えており、両者の合計は当時の同国の人口の約5％に相当する規模である。内戦は地雷被害者や未亡人・孤児を生み、不法居住者、ホームレス、ストリート・チルドレンなどの問題にもつながっている。また、同国の貧困の状況を世帯別にみた場合、①家族数の多い世帯、②子どもの多い世帯、③世帯主が若い世帯ほど貧困者比率が高いことが指摘されている（Ministry of Planning of Cambodia〈1998〉）。

　特にカンボジアの貧困の特徴として指摘された上記の4点への対応に関して、①機会の促進については、土地制度改革、マクロ経済の安定、貿易・民間セクターの振興、農村道整備、地雷除去などを行うこととされた。②脆弱性の改善については、セーフティネットの構築、法制度整備、女性の権利強化などによる保障を創出することとされた。③能力開発の強化については、教育の充実、医療サービスの提供などに注力することとされた。④権利の拡大については、最貧困層・女性・少数民族などを登用することとされた。

　カンボジアの国家貧困削減戦略は、公平な分配により貧困削減を指向する内容となっており、経済成長と所得分配という二つの視点に分けてみると、後者に大きなウエイトが置かれている。これは、開発途上国における経験として、経済成長の効果は貧困層にも浸透していくというトリクル・ダウン仮説や、経済発展の初期には所得分配が悪化するが後には平等化していくというクズネッツの逆U字仮説（Kuznets〈1955〉）が歴史的な説得力を欠いているとみられたこと、国際機関の主導による構造調整政策が貧困者に負の影響を与えたことなどを背景としており、貧困層への裨益を明確にするということに力点が置かれている。

　開発途上国に蔓延している貧困の実態をみるには、所得貧困による把握だけでは不十分で、保健・医療、教育等の社会生活に関するベーシック・ヒューマン・ニーズ（BHN：Basic Human Needs）にも着目する必要がある。また、セン（1981）は、財を手に入れ自由に利用できる能力・資格としての権原に

着目し、貧困を最低活動水準に達することのできる個人的な潜在能力の欠如として捉える潜在能力アプローチを提唱している。

3　人間開発

「国連開発プログラム（UNDP：United Nations Development Programme）」は、人間開発の状況を示す指標として、①長寿で健康な生活（出生時平均余命）、②知識（平均就学年数、就学予想年数）、③人間らしい生活水準（購買力平価でみた1人当たり国民総所得）をもとに、「人間開発指数（HDI：Human Development Index）」を測定している。

2013年におけるカンボジアの人間開発指数は0.584で、世界187カ国中136位に位置している。同指数は高い順に人間開発最高位国、人間開発高位国、人間開発中位国、人間開発低位国に四等分され、カンボジアは人間開発中位国に位置している。同国の人間開発指数の推移について5年ごとにみると、1995年の0.422が、2000年には0.444、2005年には0.501、2010年には0.532へと着実に向上してきている。

また、「国連開発プログラム」は、個人レベルでの多重の欠乏を示す指標として、①保健（栄養、子どもの死亡）、②教育（就学年数、就学者数）、③生活水準（炊事用燃料、トイレ、水、電気、床、資産）をもとに、多次元貧困指数（MPI：Multidimensional Poverty Index）を測定しており、2010年におけるカンボジアの多次元貧困指数は0.211とされている。

カンボジアの人間開発指数について、他のASEAN諸国と比較してみると低位にあるが、ミャンマーよりは高く、ラオスと同水準にある（表8-1-2参照）。

4　ミレニアム開発目標

「ミレニアム開発目標（MDGs：Millennium Development Goals）」は、2000年9月に開催された国連ミレニアム・サミットにおいて、①平和、安全および軍縮、②開発および貧困撲滅、③共有の環境の保護、④人権、民主主義およ

表8-1-2　ASEAN諸国の人間開発指数と多次元貧困指数

国名	人間開発指数（2012年）		多次元貧困指数	
	指数	順位	指数	調査年
シンガポール	0.901	9位	−	−
ブルネイ	0.852	30位	−	−
マレーシア	0.773	62位	−	−
タイ	0.722	89位	0.004	2005/2006
インドネシア	0.684	108位	0.024	2012
フィリピン	0.660	117位	0.038	2008
ベトナム	0.638	121位	0.026	2010/2011
カンボジア	0.584	136位	0.211	2010
ラオス	0.569	139位	0.186	2011/2012
ミャンマー	0.524	150位	−	−
参考：日本	0.890	17位	−	−

出所：UNDP（2014）より作成

び良い統治、⑤弱者の保護、⑥アフリカの特別なニーズへの対応、⑦国連の強化に関して、国際社会が連携・協調して取り組むことに合意した「国連ミレニアム宣言」が採択されたことを契機として取りまとめられた開発目標である。

ミレニアム開発目標においては、①極度の貧困と飢餓の撲滅、②初等教育の完全普及の達成、③ジェンダー平等推進と女性の地位向上、④乳幼児死亡率の削減、⑤妊産婦の健康の改善、⑥HIV／エイズ、マラリア、その他の疾病の蔓延の防止、⑦環境の持続可能性確保、⑧開発のためのグローバルなパートナーシップの推進の八つの目標が掲げられ、2015年を目途として、具体的な21のターゲットと60の指標が設定されている。

カンボジア政府は、このミレニアム開発目標に準拠する形で目標を設定し、2015年における目標の達成に注力している（表8-1-3参照）。ただし、カンボジアの場合には、地雷・爆発性戦争残存物の除去と被害者への支援を加えた九つの目標としている。また、ターゲットと指標について、項目の変更・追加がなされている。

国連のミレニアム目標に対応するカンボジアのミレニアム開発目標と、2011年現在での達成状況は付表14のとおりである。この中で、極度の貧困と飢餓の撲滅についてみると、1）貧困層が貧困ラインを下回っている程度の

表 8-1-3　カンボジアのミレニアム開発目標の指標（極度の貧困と飢餓の撲滅）

(単位：%)

指標	1993年基準値	2011年実績値	2015年目標値
貧困ギャップ比率	31.0	19.8	19.5
国内消費全体のうち、最も貧しい5分の1の人口が占める割合	7.4	9.0	11.0
カロリー消費が必要最低限のレベル未満の人口の割合	20.0	15.1	10.0

出所：Royal Government of Cambodia（2005），Ministry of Planning（2011），（2012）より作成

平均値により貧困の深刻度を測定した貧困ギャップ比率は、1993年の31.0%から19.8%へと改善され、2015年の目標値である19.5%を達成している。一方、2）カロリー消費が必要最低限のレベル未満の人口の割合は、1993年の20.0%から15.1%へと改善されているが、2015年の目標値である10.0%には届かず、また、3）国内消費全体のうち、最も貧しい5分の1の人口が占める割合も、1993年の7.4%から9.0%へと改善されているが、2015年の目標値である11.0%には届いていない。

参考文献

Asian Development Bank（1999）"Fighting Poverty in Asia and the Pacific: The Poverty Reduction Strategy," Manila.

Kuznets, Simon（1955）"Economic Growth and Income Inequality," *American Economic Review*, Vol.45, No.1.

Ministry of Planning of Cambodia（1998）"A Poverty Profile of Cambodia 1997," Phnom Penh.

―――（2000）"A Poverty Profile of Cambodia 1999," Phnom Penh.

―――（2011）"Achieving Cambodia's Millennium Development Goals, update 2011," Phnom Penh.

―――（2012）"2012 Annual Progress Report on the Implementation of the NSDP Update 2009-2013 with an Overview of Economic and Social Progress, including in Select CMDG's," Phnom Penh.

Royal Government of Cambodia（2000）"Interim Poverty Reduction Strategy Paper," Phnom Penh.

―――（2002）"National Poverty Reduction Strategy 2003-2005," Phnom Penh.

―――（2005）"National Strategic Development Plan 2006-2010," Phnom Penh.

―――（2010）"National Strategic Development Plan Update 2009-2013," Phnom

Penh.
——（2012）"Mid‐Term Review 2011 on National Strategic Development Plan Update 2009‐2013," Phnom Penh.
Sen, K. Amartya（1981）*Poverty and Famines: An Essay on Entitlement and Deprivation*, Clarendon Press, Oxford.（黒崎卓・山崎幸治訳〈2000〉『貧困と飢饉』岩波書店）
——（1999）*Development as Freedom*, Alfred A.Knopf, Inc., New York.（石塚雅彦訳〈2000〉『自由と経済開発』日本経済新聞社）
United Nations Development Programme（1997）*Human Development Report 1997: Human Development to Eradicate Poverty*, Oxford University Press, New York.
——（2006）"The Millennium Development Goals Report 2006," New York.
——（2013）"The Millennium Development Goals Report 2013," New York.
——（2014）"Human Development Report 2013," New York.
World Bank（2012）"World Development Report 2012," Washington, D.C..
——（2013）"World Development Report 2014," Washington, D.C..
天川直子編（2001）『カンボジアの復興・開発』アジア経済研究所
国際協力事業団（2001）『貧困削減に関する基礎研究』国際協力総合研修所

第2節　産業人材育成

1　カンボジアの教育制度

　カンボジアの教育システムはフランスの影響を受け、初等・中等・高等教育の三層構造となっており、リセと呼ばれる前期・後期中等教育一貫校もある。同国における教育制度はポル・ポト時代に崩壊し、フォーマル教育が再開されたのは1979年以降であるため、教育システムは脆弱である。1990年以降は、「万人のための教育（EFA：Education for All）」の理念にしたがい教育体制の整備が進められてきているが、予算不足により十分な教育がゆきわたっていない。このため国際機関による支援や、NGOによるノン・フォーマル教育も大きな役割を果たしている（廣畑・竹内〈2005〉）。
　ただし、プノンペン市においては、経済発展にともない教育事情も変わってきている。富裕層の子弟が通うインターナショナル・スクールが増加しており、また、経営分野などの私立大学が相次いで新設されている。

表8-2-1　カンボジアの中学校・高等学校

区分	学校数	生徒数	教員数
前期中等教育	1,196	541,147	14,348
後期中等教育	401	535,125	22,231
前期・後期中等教育一貫校	25	318,165	648
合計	1,622	1,394,437	37,227

出所：MOEYS（2011）

表8-2-2　カンボジアの職業訓練校

区分	学校数
州職業訓練校	22
地域訓練センター	5
国立技術専門学校（インスティチュート）	9
合計	36

出所：国際協力機構（2012）

　カンボジアの「教育・青年・スポーツ省（MOEYS：Ministry of Education, Youth and Sport）」は、基礎教育として初等教育6年間と、前期中等教育3年間の計9年間を無償の義務教育期間としている。後期中等教育は3年間で、大学を高等教育と位置づけている。2011年における前期・後期中等教育の学校数、生徒数、教員数は表8-2-1のとおりである。また、同省が管轄する高等教育機関数は、プノンペン王立大学などの国立大学8校と、私立大学45校の計53校である。なお、これとは別に同国の他省庁が管轄している高等教育機関が計18校ある。

2　カンボジアの産業人材育成

　カンボジアにおいて職業訓練は、「労働・職業訓練省（MOLVT：Ministry of Labor and Vocational Training）」が管轄している。同国における国営職業訓練校は、教員養成所である国立技術訓練校（National Technical Training Institute）などのインスティチュート9校、地域訓練センター5校、州職業訓練校22校の計36校である（表8-2-2）。また、労働・職業訓練省の認可を受け

ている民間の職業訓練校が28校ある。なお、民間の日本語教育機関も約40校ある。

カンボジアの産業人材育成に関しては、HIDAによるカンボジア・ガーメント・トレーニング・センターなど、日本によるさまざまな支援が行われてきている（経済産業省〈2006〉）。

参考文献
Ministry of Education, Youth and Sport (2011) "Education Congress Report on the Education, Youth and Sports Performance in the Academic Year 2010-2011 and Goals for the Academic Year 2011-2012," Phnom Penh.
アジア科学教育経済発展機構・日本経済研究所（2012）『カンボジア、ラオス、ミャンマー国民間連携による産業人材育成基礎調査』国際協力機構
経済産業省（2006）カンボジア・ガーメント・トレーニング・センターに関する調査
廣畑伸雄・竹内潤子（2005）「カンボジアの人的資源開発——現状と課題」、石田正美編『メコン地域開発——残された東アジアのフロンティア』アジア経済研究所

第3節　女性の社会進出

1　女性経営者

「カンボジア経済センサス2011」の調査結果によれば、カンボジアの事業所総数は505,134事業所であるが、このうち女性経営者の事業所は329,004事業所（構成比65.1％）で、男性経営者の176,130事業所（同34.9％）を大幅に上回っている。ただし、女性経営者の事業所は、男性経営者の事業所との比較でみると、相対的に規模が小さい。その特徴としては、第一に組織形態としては個人事業所の比率が高いこと（女性経営者97.8％、男性経営者86.0％）、第二にストリート・ビジネスの比率が高いこと（女性経営者9.7％、男性経営者5.5％）、第三に事業所面積が小さいことが挙げられる。女性経営者の事業所のうち、33.2％は事業所面積が5 m^2 未満で、28.5％が5〜10m^2未満である（図8-3-1参照）。第四に従事者数も少なく、女性経営者の事業所の50.8％は1

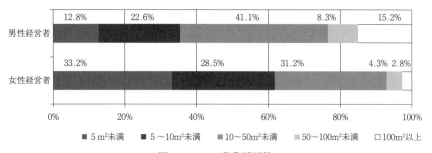

図 8-3-1　事業所面積
出所：National Institute of Statistics（2013）より作成

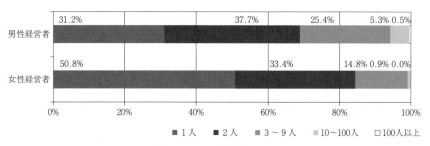

図 8-3-2　事業所人数
出所：National Institute of Statistics（2013）より作成

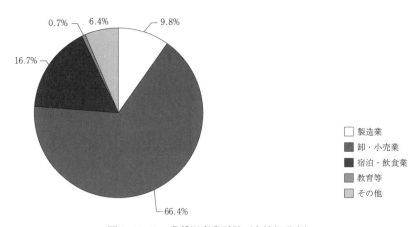

図 8-3-3　業種別事業所数（女性経営者）
出所：National Institute of Statistics（2013）より作成

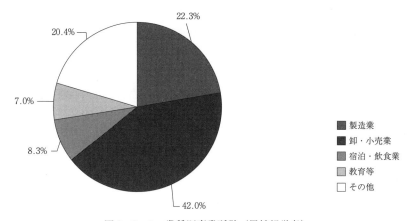

図8-3-4　業種別事業所数（男性経営者）
出所：National Institute of Statistics（2013）より作成

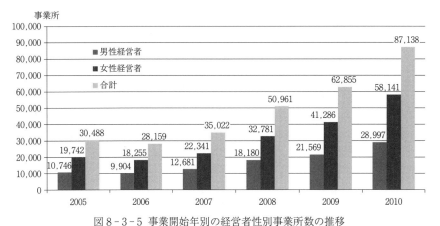

図8-3-5　事業開始年別の経営者性別事業所数の推移
出所：National Institute of Statistics（2013）より作成

人事業所である（図8-3-2参照）。

　第五に女性経営者の事業所について業種別にみると、卸・小売業が66.4%で最も多く、宿泊・飲食業の16.7%、製造業の9.8%がこれに続いている。男性経営者の事業所との比較でみると、卸・小売業、宿泊・飲食業の比率が高く、製造業の比率が低いことが特徴的である（図8-3-3、8-3-4参照）。なお、業種別にみた場合、女性経営者の事業所数が男性経営者の事業所数よ

第8章　貧困削減と産業人材育成　　195

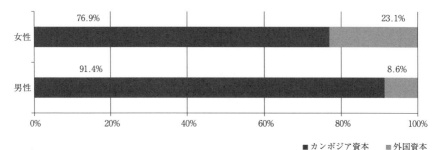

図8-3-6　男女別の事業所国籍別従事者数構成比
出所：National Institute of Statistics（2013）より作成

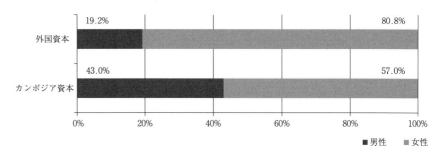

図8-3-7　事業所国籍別の従事者数性別構成比
出所：National Institute of Statistics（2013）より作成

り多いのは、卸・小売業（74.7％）、宿泊・飲食業（79.0％）、その他の業種の中の金融・保険業（54.9％）の３業種だけである。

　女性経営者の事業所について、事業開始年別の事業所数の推移についてみると、特に2008年以降に開業した事業所が多い（図8-3-5参照）。

2　女性雇用者

　カンボジアの全事業所の従事者合計1,673,390人のうち、女性の従事者は1,024,032人（構成比61.2％）で、男性の従事者の649,358人（同38.8％）を大幅に上回っている。その特徴としては、第一に、女性従事者のうち236,057人（構成比23.1％）が外国資本の事業所に勤務していることが挙げられる（図8-3-6参照）。また、外国資本の事業所では、従事者の80.8％が女性である

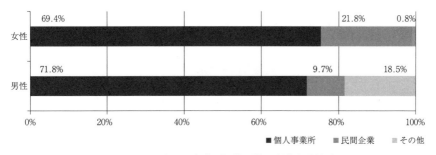

図8-3-8　男女別の事業所組織形態別従事者数構成比
出所：National Institute of Statistics（2013）より作成

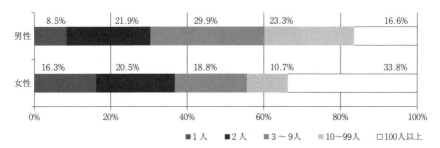

図8-3-9　男女別の事業所規模別従事者数構成比
出所：National Institute of Statistics（2013）より作成

（図8-3-7参照）。これは繊維縫製企業等に勤務する女性が多いことによるものである。

　第二に、女性従事者の勤務する事業所の組織形態についてみると、全女性従事者1,024,032人のうち710,985人（構成比69.4％）が個人事業所に勤務し、223,520人（同21.8％）が民間企業に勤務している。男性従事者との比較でみると、民間企業勤務の比率が高いことが特徴的である（図8-3-8参照）。

　第三に、女性従事者の勤務する事業所の規模についてみると、男性従事者との比較では、女性従事者は大企業と零細企業での雇用が多いことが特徴的である（図8-3-9参照）。特に従業員数千人以上の事業所の従事者は85.3％が女性である。

　第四に、女性従事者の勤務する事業所の経営者の性別についてみると、男性従事者との比較では、女性従事者は女性経営者の事業所での雇用が多いこ

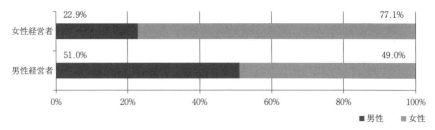

図8-3-10 経営者性別の従事者数性別構成比
出所:National Institute of Statistics (2013) より作成

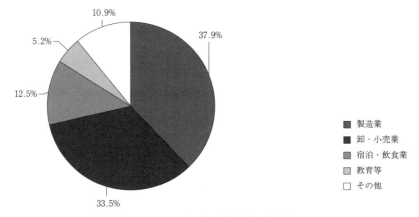

図8-3-11 業種別従事者数(女性)
出所:National Institute of Statistics (2013) より作成

とが特徴的である(図8-3-10参照)。

　第五に、女性従事者について業種別にみると、製造業の388,586人(構成比37.9%)と、卸・小売業の342,996人(33.5%)が多く、宿泊・飲食業の128,034人(12.5%)がこれに続いている。男性従事者との比較でみると、製造業の比率が高く、教育等の比率が低いことが特徴的である(図8-3-11、8-3-12参照)。

　事業所の事業開始年別の従事者数についてみると、特に2008年以降に開業した事業所の従事者が多い(図8-3-13参照)。

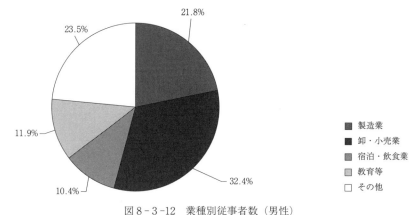

図 8-3-12 業種別従事者数(男性)
出所:National Institute of Statistics (2013) より作成

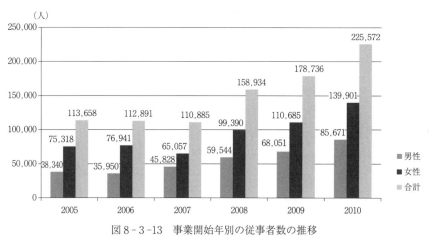

図 8-3-13 事業開始年別の従事者数の推移
出所:National Institute of Statistics (2013) より作成

3 地域的特徴

　カンボジアの女性経営者についてみると、首都プノンペン市が多く(66,053事業所、構成比20.1%)、首都に近いコンポンチャム州(34,747事業所、同10.6%)、カンダール州(25,693事業所、同7.8%)、タケオ州(23,345事業所、同7.1%)がこれに続いている(図8-3-14参照)。

第8章 貧困削減と産業人材育成　199

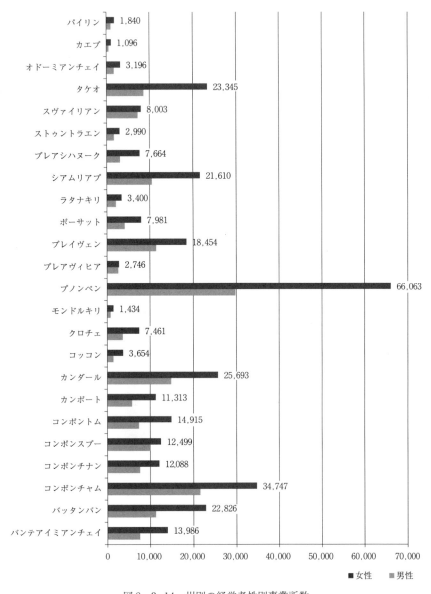

図 8-3-14　州別の経営者性別事業所数
出所：National Institute of Statistics（2013）より作成

女性経営者の地域的特徴についてみると、カンボジアの事業所全体に占める女性経営者の比率は65.1％であるが、タケオ州（構成比73.0％）、コッコン州（同72.3％）、プレアシハヌーク州（同71.4％）においては70％を超えている。他方、プレアヴィヒア（プレアビヒア）州（同51.6％）、スヴァイリアン（スバイリアン）州（同52.5％）、コンポンスプー州（同55.5％）では60％を下回っている。

　カンボジアの女性雇用者についてみると、首都プノンペン市での雇用が圧倒的に多く（370,736人、構成比36.2％）、首都に近いカンダール州（103,687人、同10.1％）、コンポンチャム州（78,912人、7.7％）や、観光地のシアムリアプ州（54,185人、5.3％）での雇用がこれに続いている（図8-3-15参照）。

　女性雇用者の地域的特徴についてみると、カンボジアの事業所全体の雇用者に占める女性雇用者の比率は61.2％である。ただし、この比率を上回って女性雇用者の比率が高いのは、首都に近いカンダール州（構成比68.6％）、プノンペン市（同66.6％）、コンポンチナン州（同63.7％）だけである。他方、首都から遠く離れたプレアヴィヒア（プレアビヒア）州（同50.4％）、モンドルキリ州（同51.1％）などにおいては、男女の雇用者数は同水準に近くなっている。このデータからは、地方から首都近辺へと働きに来ている女性が多いことが示唆される。

4　女性経営者のビジネスの採算性

　カンボジアの女性経営者の事業所の平均売上高は15,614ドルで、男性経営者の事業所の平均売上高44,668ドルよりも大幅に少ない。従業員1人当たりの平均売上高でみても女性経営者の事業所は4,982ドルで、男性経営者の事業所の平均売上高11,667ドルよりも大幅に少ない水準にある（表8-3-1、8-3-2参照）。

　カンボジアの女性経営者の事業所の平均利益は2,644ドルで、男性経営者の事業所の平均利益4,929ドルよりも大幅に少ない。従業員1人当たりの平均利益でみても女性経営者の事業所は844ドルで、男性経営者の事業所の平均利益1,287ドルよりも大幅に少ない水準にある（表8-3-3、8-3-4参照）。

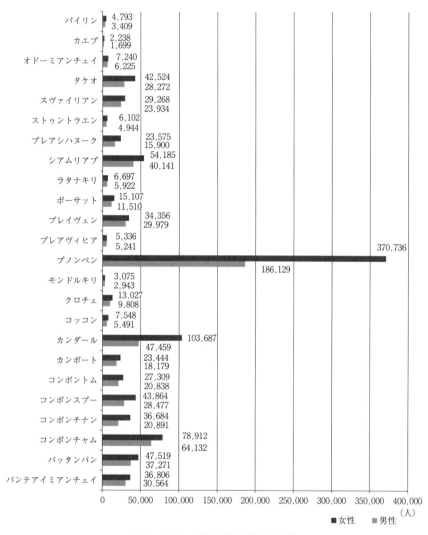

図 8-3-15　州別の男女別雇用者数
出所：National Institute of Statistics（2013）より作成

表8-3-1 事業所の売上高

項目	男性経営者	構成比（%）	女性経営者	構成比（%）	合計	構成比（%）
売上高（百万ドル）	7,576	59.8	5,102	40.2	12,678	100.0
平均売上高（ドル）	44,668	−	15,614	−	25,542	−
従業員1人当たり売上高（ドル）	11,667	−	4,982	−	7,576	−

出所：National Institute of Statistics（2013）より作成

表8-3-2 売上高別事業所数

売上高	男性経営者	構成比（%）	女性経営者	構成比（%）	合計	構成比（%）
0	70	0.0	24	0.0	94	0.0
500ドル未満	7,806	4.6	6,300	1.9	14,106	2.8
500ドル以上1,000ドル未満	12,840	7.6	17,377	5.3	30,217	6.1
1,000ドル以上2,000ドル未満	27,548	16.2	45,928	14.1	73,476	14.8
2,000ドル以上3,000ドル未満	15,537	9.2	30,812	9.4	46,349	9.3
3,000ドル以上5,000ドル未満	28,030	16.5	58,300	17.8	86,330	17.4
5,000ドル以上7,500ドル未満	21,390	12.6	51,267	15.7	72,657	14.6
7,500ドル以上10,000ドル未満	12,726	7.5	34,042	10.4	46,768	9.4
10,000ドル以上25,000ドル未満	23,585	15.7	50,821	15.6	74,406	15.0
25,000ドル以上50,000ドル未満	10,321	6.1	19,789	6.1	30,110	6.1
50,000ドル以上	9,754	5.8	12,088	3.7	21,842	4.4
小計	169,607	100.0	326,748	100.0	496,355	100.0
未回答	6,523	−	2,256	−	8,779	−
合計	176,130	−	329,004	−	505,134	−

出所：National Institute of Statistics（2013）より作成

表8-3-3 事業所の利益

項目	男性経営者	構成比（%）	女性経営者	構成比（%）	合計	構成比（%）
利益（百万ドル）	836	49.2	864	50.8	1,699	100.0
平均利益（ドル）	4,929	−	2,644	−	3,423	−
従業員1人当たり利益（ドル）	1,287	−	844	−	1,016	−
平均利益率（%）	11.0	−	16.9	−	13.4	−

出所：National Institute of Statistics（2013）より作成

表8-3-4 利益別事業所数

利益	男性経営者	構成比(%)	女性経営者	構成比(%)	合計	構成比(%)
0ドル未満（損失）	4,828	2.8	7,567	2.3	12,395	2.5
0ドル以上250ドル未満	29,616	17.5	34,743	10.6	64,359	13.0
250ドル以上500ドル未満	17,461	10.3	37,202	11.4	54,663	11.0
500ドル以上750ドル未満	20,379	12.0	43,971	13.5	64,350	13.0
750ドル以上1,000ドル未満	10,398	6.1	24,822	7.6	35,220	7.1
1,000ドル以上1,500ドル未満	18,654	11.0	38,181	11.7	56,835	11.5
1,500ドル以上2,000ドル未満	19,779	11.7	50,170	15.4	69,949	14.1
2,000ドル以上3,000ドル未満	11,636	6.9	23,235	7.1	34,871	7.0
3,000ドル以上5,000ドル未満	14,691	8.7	30,366	9.3	45,057	9.1
5,000ドル以上	22,143	13.1	36,485	11.2	58,628	11.8
不明	22	0.0	6	0.0	28	0.0
小計	169,607	100.0	326,748	100.0	496,355	100.0
未回答	6,523	−	2,256	−	8,779	−
合計	176,130	−	329,004	−	505,134	−

出所：National Institute of Statistics（2013）より作成

ただし、男性経営者の事業所の平均利益率は11.0％である一方、女性経営者の事業所の平均利益率は16.9％と高い水準にある。

参考文献

National Institute of Statistics, Ministry of Planning of Cambodia (2013) "Economic Census of Cambodia 2011, Analysis of the Census Results Report No.9, Women in Business," Phnom Penh.

廣畑伸雄（2014）「カンボジアの働く女性たち」『ESTRELA』No.240, 2014年3月号、公益財団法人統計情報研究開発センター

第9章
国家財政と国際援助

（絹織物の品質改善指導）

　カンボジアの国家財政は、1993年に新政権が樹立してから現在に至るまで、歳入不足と歳出過剰により恒常的な財政赤字を抱えてきており、国家財政を均衡に近づけるための財政改革が同国の重要な課題となっている。

　カンボジアは、1953年に独立して以降、世界の政治情勢が移り変わるなかで、米国、中国、ベトナム、ソ連などさまざまな国から支援を受けてきた。現在の最大ドナー国は日本で、同国の経済基盤の強化、社会開発の促進、ガバナンスの強化などに資する支援が、無償資金協力、有償資金協力、技術協力、専門家派遣など多様なスキームで、継続的に実施されてきている。

　また、同国に対する援助に関しては、国際機関や二国間援助機関などの公的機関だけではなく、NGO による支援もなされている。日本の NGO によ

る支援も1980年代後半から行われ、活動分野は教育、保健・衛生・医療、農業・農村開発、環境保護、人権擁護など広範に及んでいる。

本章においては、カンボジアの国家財政の推移と課題について概観し（第1節）、同国に対する国際援助の歴史と現状について把握し（第2節）、また、NGOの活動についてみていく（第3節）。

第1節　カンボジアの国家財政

1　財政収支

カンボジアの国家財政は、1993年に新政権が樹立してから現在に至るまで、歳入不足と歳出過剰により恒常的な財政赤字を抱えてきている（付表15参照）。歳入面では民間企業・個人の税負担力の低さに加え、税法の未整備や徴税能力の不足などにより税収が不足してきた。歳出面では同国の歴史的経緯により公務員を多く抱えていることが、大きな財政負担となっている。現在まで税収不足は援助国からの支援により補填されてきているが、将来に向けて財政赤字を削減し、国家財政の均衡を達成するための財政改革が同国の重要な課題となっている。

カンボジアの財政収支についてみると、租税収入等の増加により歳入は増加しているが、公共サービス等の増加により歳出も増加しており、財政規模の拡大にともない、財政赤字は拡大している（表9-1-1参照）。

2　財政改革

カンボジアの財政改革への取り組みについてみると、第一に歳入面では、税制度の整備と徴税能力の強化がなされてきている。政府は1997年に税法（Law on Taxation）を施行し、税制度に関する基本的事項を規定している。その後、政府は2003年に税法を改正し（Law on the Amendment to the Law on Taxation）、また、新しい税法規定を追加してきている。

カンボジアの税金の主なものについては表9-1-2のとおりである。法人

表9-1-1　カンボジアの財政収支

(単位：十億リエル)

項目	1997	2002	2007	2012
歳入・贈与	1,172	2,426	4,976	9,813
歳入	881	1,786	4,223	8,196
経常的収入	869	1,770	4,214	7,948
租税収入	597	1,269	3,585	6,813
税外収入	271	501	629	1,136
資本的収入	12	16	9	248
贈与	291	640	754	1,617
歳出	1,260	2,963	5,151	11,139
経常的支出	808	1,575	2,979	6,107
公共サービス	90	298	585	1,952
国防	447	407	616	1,349
教育	87	290	491	821
保健	45	164	343	755
社会保障	50	33	129	343
経済サービス	78	159	240	426
その他	19	213	569	284
資本的支出	452	1,388	2,172	5,032
総合収支	−88	−537	−175	−1,326

出所：ADB（2013）より作成

所得税は原則として20％である。給与税については4段階の累進課税制度が採用されており、月収約10ドル以下の場合には無税で、月収約250ドル以上の場合には20％が課されている。関税については、輸出税は一次産品の一部だけに課されており、税率は品目別に5〜20％の間で4区分されている。輸入税については、非課税品目を除き、税率は品目別に7〜35％の間で3区分されている。関税収入は主要な財源であるが、貿易の自由化に向かうなかで徐々に引き下げられてきており、特に「ASEAN自由貿易地域（AFTA：ASEAN Free Trade Area）」の枠組みの中では、2015年までにASEAN域内における輸入関税を撤廃することが目標とされており、税収減が懸念される。付加価値税は1998年財政法により1999年に導入され、10％が課されており、関税収入にかわる主要な財源となってきている。

　第二に歳出面では、1995年に「国家行政改革プログラム（NPRA：The Na-

表9-1-2　カンボジアの主要税制度

税金	概要
法人所得税	原則20%
個人所得税	5％（年間所得：500,001～1,250,000リエル） 10％（年間所得：1,250,001～8,500,000リエル） 15％（年間所得：8,500,001～12,500,000リエル） 20％（年間所得：12,500,001リエル以上）
関税	輸出税：4区分（5、10、15、20％） 輸入税：3区分（7、15、35％）
付加価値税	10％
家屋・土地賃貸税	10％
資産譲渡税	4％
遊休土地税	2％
特定商品・サービス税	石油製品30％など
企業登録税	年300ドル程度
ミニマム税	法人売上高の1％
源泉徴収税	個人サービス料収入15％など

出所：Royal Government of Cambodia（1997, 2003）

tional Programme to Reform the Administration）」が策定され、行政改革への取り組みが開始された。2000年には軍人動員解除が開始され、また、実際には存在しない15,551人の幽霊軍人がリストから削除された。公務員についても6,091人の幽霊職員がリストから削除され、158,498人の職員に身分証が交付された。

　その後も行政改革による歳出削減への取り組みは続けられてきたが、近年において公務員給与の引き上げが実施されたことなどにより経常的支出負担が増加し、財政赤字は拡大している。

参考文献

Asian Development Bank（2013）"Key Indicators for Asia and the Pacific 2013," Manila.
Royal Government of Cambodia（1995）"The National Programme to Reform the Administration," Phnom Penh.
―――（1997）"Law on Taxation," Phnom Penh.

―――(2003) "Law on the Amendment to the Law on Taxation," Phnom Penh.

第2節　カンボジアに対する援助

1　カンボジアに対する国際援助

支援国の変遷

　カンボジアは1953年に独立して以降、世界情勢が移り変わるなかで、さまざまな国から支援を受けてきた。1970年に成立したロン・ノル政権の下では、当時ベトナム戦争が激化していた米国の支援を受け、1975年に成立したポル・ポト政権の下では中国の支援を受け、1979年に成立したヘン・サムリン政権の下ではベトナムの支援を受けていた。1980年代の東西陣営の冷戦下においては、ソビエト社会主義共和国連邦等の東側諸国から支援を受けたが、1980年代後半になると社会主義体制の崩壊の中で支援は先細りとなった。1993年の新政権樹立以降は、日本や欧米諸国からの支援が中心となっている。

　カンボジアに対する2010年のOECD加盟国による経済協力支出純額は517百万ドルである。最大の援助国は日本（147百万ドル、構成比28.5％）で、米国（85百万ドル、同16.4％）、豪州（54百万ドル、同10.4％）、ドイツ（41百万ドル、同8.0％）、韓国（37百万ドル、同7.2％）がこれに続いている。

カンボジアに対する援助

　また、国際機関による経済協力支出純額は214百万ドルで、「世界エイズ・結核・マラリア対策基金（GFATM：Global Fund to Fight Aids, Tuberculosis and Malaria）」が61百万ドル、「アジア開発銀行（ADB：Asian Development Bank）」が53百万ドル、「国際開発協会（IDA：International Development Association）」が33百万ドル、「欧州連合（EU：European Union）」が27百万ドル、「国連開発計画（UNDP：United Nations Development Programme）」が9百万ドルの援助を行っている。

　カンボジアでは援助機関間における調整・協調がなされており、「カンボジア開発協力フォーラム（CDCF：Cambodia Development Cooperation Forum）」

「政府・援助国調整委員会（GDCC：Government-Donor Coordination Committee）」「19の分野別作業部会（TWG：Technical Working Group）」が創設されている。こうしたドナー会合の場において、各ドナーから援助予定額の発表、開発目標・進捗・結果報告、開発課題に関する議論などが行われている。

なお、近年においては中国による援助が増加している。中国による援助は、主要国道や水力発電所などのインフラ整備が中心で、プノンペン市内に国際会議場も建設している。中国はOECD加盟国ではなく、また、実施プロジェクトが優遇借款なのか、BOT方式や他ドナー・事業体の施工工事等の対外経済合作なのか不明な部分もあり、援助額は明らかではないが、カンボジアへの援助額上位国並みの援助を行っている。

2　国際援助の必要性

貯蓄・投資ギャップ

カンボジアにおいては、多くの開発途上国でみられるように、民間貯蓄と課税によって得た資源よりも多くの投資と政府支出が行われているために、大幅な資源ギャップが発生している。同国の国内貯蓄と国内投資の水準を対GDP比でみると図9-2-1のとおりで、継続的に国内貯蓄を大幅に上回る投資がなされてきており、恒常的に貯蓄・投資ギャップが発生してきている。

国際収支

カンボジアの国際収支に関して、経常収支については、輸出・輸入がともに大幅に増加するなかで貿易赤字が拡大している。他方、資本収支については、国際援助と直接投資が増加して補う構造となっている（付表16参照）。

外貨準備に関しては着実に積み上げがなされてきており、2012年には輸入額の7.4カ月分となっている。また、2011年の短期債務残高に対して約10年分の水準となっている（表9-2-1参照）。

国際援助の必要性

カンボジアにおいては、外国為替ギャップをファイナンスするために、巨

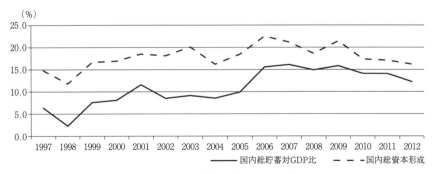

図 9-2-1　貯蓄・投資対 GDP 比

出所：ADB (2013) より作成

表 9-2-1　カンボジアの国際収支

(単位：百万ドル)

項目	1997	2002	2007	2012
経常収支	21.1	-99.2	-424.2	-1,207.5
貿易収支	-230.8	-590.7	-1,268.9	-1,949.2
(輸出)	861.6	1,769.8	3,247.8	6,015.7
(輸入)	-1,092.4	-2,360.5	-4,516.7	-7,964.9
サービス・所得収支	-96.8	44.9	252.1	258.0
経常移転収支	348.8	446.7	592.7	483.7
資本収支	163.7	164.8	891.1	1,625.4
直接投資	168.1	139.1	866.2	1,526.6
国際援助	n.a.	124.2	199.6	473.1
その他	-4.4	-98.5	-174.7	-374.2
誤差脱漏	-151.2	0.9	-44.5	-42.4
外貨準備増減	-33.6	-66.6	-422.5	-375.5
外貨準備高	298.6	913.7	2,143.2	4,938.0
外貨準備高/輸入額 (月)	3.3	4.6	5.7	7.4
短期債務残高	125.0	216.8	223.8	n.a.
外貨準備高/短期債務残高 (年)	2.4	4.2	9.6	n.a.

出所：ADB (2013) より作成

額の外部金融を必要とする状況にある。このファイナンスに関しては、多くの開発途上国と同様に国際機関や二国間援助機関等を中心とした資金供給に依存している。なお、同国の場合には、急速に増加してきた外国直接投資がこのギャップを埋めることに寄与している。同国は、今後も貯蓄・投資ギャップを国際機関や二国間援助機関等からの資金供給と、外国企業等からの直

接投資でファイナンスしていく構造は変わらないものとみられる。

　ヌルクセ（1953）は、経済的後進国においては、低投資と低生産、低所得と低貯蓄により、「貧困の悪循環」が生じているとした。また、ミュルダール（1957）も、低開発国における投資と資本形成の負の循環的・累積的因果関係の結果として、国際間の経済的不平等が増大しているとした。こうした「低水準均衡の罠」から抜け出すためには、「ビッグ・プッシュ」が必要であるとの考え方が提示された（ローゼンシュタイン＝ロダン）。

　国際援助については、1970年の国連総会において、経済協力開発機構（OECD：Organisation for Economic Co-operation and Development）の開発援助委員会（DAC：Development Assistance Committee）加盟国は、国民総所得の0.7％を開発途上国に援助することが決議されているが、北欧諸国等を除く先進諸国においては実施されていない。サックス（2005）は、この国際援助の長期的な実施により極度の貧困をなくすことが可能としており、特に国連機関の強化を提言している。他方、イースターリー（2006）は、国際機関のプランナーによる援助は十分には機能してこなかった点を批判し、国際援助の増額よりも、試行錯誤を繰り返して個々の問題に対する解決策を求めるサーチャーの活動の重要性を指摘している。コリアー（2007）は、サックスは国際援助を過大評価し、イースターリーはマイナス面を誇張し過ぎていると総括し、また、底辺の10億人へのターゲットの絞り込みと、貿易政策や安全保障政策を含む援助手段の拡大が必要としている。

3　日本のカンボジアに対する国際援助

日本の国際援助

　日本は1946～1951年に米国より「占領地域救済政府資金（GARIOA：Government Appropriation for Relief in Occupied Area）」「占領地域経済復興資金（EROA：Economic Rehabilitation in Occupied Area Fund）」の供与を受け、1953年には「国際復興開発銀行（IBRD：International Bank for Reconstruction and Development）」より有償資金供与を受けている。また、米州諸国から食料や生活物資などの援助を受けている。

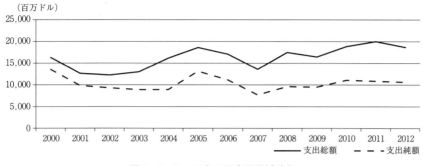

図9-2-2 日本の政府開発援助額

出所：外務省（2014）より作成

　日本が「政府開発援助（ODA：Official Development Assistance）」を供与する側に転じたのは、「コロンボ・プラン」に加盟した1954年である。その後、1990年代には世界最大の援助国となったが、2000年代は純援助額が減少傾向にある（図9-2-2参照）。

　2012年の日本の政府開発援助の支出総額は18,662百万ドルで、政府貸付などの回収額を差し引いた支出純額は10,605百万ドルである。この内訳は二国間ODAが6,402百万ドル、国際機関拠出額が4,202百万ドルとなっている。経済協力開発機構（OECD）の開発援助委員会（DAC）加盟国の中で、日本の政府開発援助の支出純額は米国、英国、ドイツ、フランスに次いで第5位である。ただし、国民1人当たりの負担額でみると83ドルで第18位であり、対国民総所得（GNI：Gross National Income）比でみると0.17％で第20位である。

日本の国際援助方針

　日本の国際援助方針は、2003年に閣議決定された「政府開発援助大綱」において定められている。政府開発援助の目的としては、「国際社会の平和と発展に貢献し、これを通じて我が国の安全と繁栄の確保に資すること」が掲げられている。この実現のための基本方針としては、①開発途上国の自助努力支援、②人間の安全保障の視点、③公平性の確保、④我が国の経験と知見の活用、⑤国際社会における協調と連携の5点が挙げられている。政府開発援助の重点課題としては、①貧困削減、②持続的成長、③地球的規模の問題

への取組、④平和の構築が挙げられている。また、重点地域についてはアジア地域とされているが、他地域についても必要な支援を行うこととされている。

この政府開発援助大綱の考え方やアプローチ、具体的取り組みを示すものとして、2005年に「政府開発援助に関する中期政策」が策定されている。この中で、政府開発援助の重点課題のひとつである持続的成長にかかるアプローチ、具体的取り組みについては、①経済社会基盤の整備、②政策立案・制度整備、③人づくり支援、④経済連携促進のための支援が挙げられている。

日本のASEAN諸国向け援助額についてみると、2012年の無償資金協力総額3,118百万ドルのうちの289百万ドル（構成比9.3％）、技術協力総額3,657百万ドルのうちの607百万ドル（構成比16.6％）が供与されている。なお、特にメコン地域に対しては、2009年に開催された「日本・メコン地域諸国首脳会議」において、①総合的なメコン地域の発展、②環境・気候変動および脆弱性の克服、③協力・交流の拡大を目的として、2010〜2012年度に5000億円以上の政府開発援助を実施することが表明された。また、2012年に開催された「第4回日本・メコン地域諸国首脳会議」において、①メコン連結性を強化する、②ともに発展する、③人間の安全保障および環境の持続可能性を維持することを目的とした「日メコン協力のための東京戦略2012」が採択され、2013〜2015年度に約6000億円の政府開発援助を実施することが表明されている。

カンボジアに対する日本の援助

日本のカンボジアに対する援助は、1959年に「日本・カンボジア経済技術協力協定」が締結されたことにより開始された。しかしながら、1975年のポル・ポト政権発足により援助は停止された。同国への援助が再開されたのはパリ和平協定の締結後で、1991年度から災害緊急援助、草の根無償資金協力、1992年度から一般無償資金協力、1999年度から円借款が供与されている。なお、カンボジアは、1954年に「対日賠償請求権」を放棄している。

現在の日本のカンボジアに対する援助方針は、「政府開発援助大綱」と「政府開発援助に関する中期政策」にしたがう形で、2012年に「対カンボジ

ア王国国別援助方針」として取りまとめられている。この中では「着実かつ持続可能な経済成長と均衡の取れた発展」が、援助の基本方針として掲げられている。援助の重点項目としては、①経済基盤の強化（経済インフラの整備、民間セクターの強化、農業・農村開発）、②社会開発の促進（上下水道インフラの整備、保健医療の充実、教育の質の改善、対人地雷除去）、③ガバナンスの強化が挙げられている。

　日本のカンボジアに対する具体的な援助については、「対カンボジア王国事業展開計画」として取りまとめられている。この中で、①経済基盤の強化の関係では、経済インフラの整備について運輸・電力インフラ整備プログラム、民間セクターの強化について貿易・投資環境整備プログラムと産業人材育成プログラム、農業・農村開発について農業生産性向上プログラムが実施されている。②社会開発の促進の関係では、上下水道インフラの整備について都市水環境プログラム、保健医療の充実について保健システム強化プログラム、教育の質の改善について理数科教育改善プログラム、対人地雷除去について対人地雷除去プログラムが実施されている。③ガバナンスの強化の関係では、公共財政管理プログラムと法整備・行政機能プログラムが実施されている。また、その他として、環境保全プログラムが実施されている。

　現在実施されている日本のカンボジアに対する援助について、運輸・電力インフラ整備プログラムの中では、ネアックルン橋梁建設（無償資金、119億円、2012～2017年度）、シハヌーク港多目的ターミナル整備（有償資金、72億円、2012～2016年度）、国道5号線改修計画（有償資金、89億円、2012～2017年度）などが実施されている。

　貿易・投資環境整備プログラムの中では、投資環境改善アドバイザー（個別専門家、2015年度まで）などが派遣されている。産業人材育成プログラムの中では、カンボジア日本人材開発センター・ビジネス人材育成・交流拠点機能強化プロジェクト（技術協力、2017年度まで）などが実施されている。公共財政管理プログラムの中では、関税政策・行政アドバイザー（個別専門家、2015年度まで）などが派遣されている。また、法整備・行政機能プログラムの中では、政府統計能力向上（技術協力、6億円、2014年度まで）、民法・民事訴訟法普及（技術協力、6億円、2016年度まで）、ジェンダー主流化（技術協力、

5億円、2015年度まで）などが実施されている。

　農業生産性向上プログラムの中ではトンレサップ西部流域灌漑施設改修（有償資金、43億円、2016年度まで）、都市水環境プログラムの中ではシアムリアプ上水道拡張整備（有償資金、72億円、2017年度まで）、保健システム強化プログラムの中では助産能力強化を通じた母子保健改善（技術協力、2014年度まで）、理数科教育改善プログラムの中では前期中等理数科教育のための教師用指導書開発（技術協力、2013～2015年度）、対人地雷除去プログラムの中では地雷除去活動強化（無償資金、11億円、2013年度まで）、環境保全プログラムの中では森林保全（無償資金、9億円、2014年度まで）などが実施されている。

　また、日本がカンボジアの発展に貢献することを目的として、2004年に「ENJJ協議会」が創設されている。同協議会は、在カンボジア日本大使館、NGO、日本国際協力機構、カンボジア日本人商工会の四者で構成され、意見交換会を開催している。

カンボジアに対する日本の援助額

　日本のカンボジアに対する政府開発援助の2012年までの累計額は2,147百万ドルである。この内訳としては、政府貸付が149百万ドル（構成比7.0％）、無償資金協力が1,289百万ドル（同60.0％）、技術協力が709百万ドル（同33.0％）となっている（図9-2-3参照）。

　日本のカンボジアに対する2012年の政府開発援助額は182百万ドルである。この内訳としては、政府貸付が43百万ドル（構成比23.6％）、無償資金協力が83百万ドル（同45.6％）、技術協力が56百万ドル（同30.8％）となっている。なお、日本からカンボジアへは長期派遣専門家が33名、シニアボランティアが18名、青年海外協力隊員が25名派遣されている。

　日本の政府開発援助を国別にみると、2012年のカンボジアに対する援助額は、ベトナム、アフガニスタン、インド、イラク、バングラデシュ、パキスタンに続いて7番目に多い。なお、援助形態別でみると、政府貸付では第9位、技術協力では第9位、無償資金協力では第3位となっている。

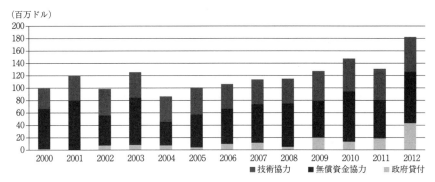

図9-2-3　日本の対カンボジア援助額
出所：外務省（2004、2007、2012b、2014）より作成

参考文献

Asian Development Bank (2013) "Key Indicators for Asia and the Pacific 2013," Manila.
Collier, P. (2007) *The Bottom Billion*, Oxford University Press., New York. (中谷和男訳〈2008〉『最底辺の10億人』日経BP社)
Easterly, W. (2006) *The White Man's Burden*, Oxford University Press., New York (小浜裕久・織井啓介・冨田陽子訳〈2009〉『傲慢な援助』東洋経済新報社)
Myrdal, G. (1957) *Economic Theory and Under-Developed Regions*, Gerald Duckworth & Co. Ltd., London. (小原敬士訳〈1959〉『経済理論と低開発地域』東洋経済新報社)
Nurkse, R. (1953) *Problems of Capital Formation in Underdeveloped Countries*, Basil Blackwell and Mott Ltd., Oxford. (土屋六郎訳〈1955〉『後進諸国の資本形成』巌松堂書店)
Sachs, J. D. (2005) *The End of Poverty*, Penguin Press. (鈴木主税・野中邦子訳〈2006〉『貧困の終焉』早川書房)
外務省（2003）政府開発援助大綱
―― (2004) 政府開発援助国別データブック 2004
―― (2005) 政府開発援助に関する中期政策
―― (2007) 政府開発援助国別データブック 2007
―― (2012a) 対カンボジア王国国別援助方針
―― (2012b) 政府開発援助国別データブック 2012
―― (2014) 2013年版政府開発援助（ODA）白書

第3節　NGO

　カンボジアに対する援助に関しては、国際機関や二国間援助機関等の公的機関だけではなく、NGOによる支援が非常に大きな位置を占めてきている。同国におけるNGOの活動の歴史は古く、1970年代前半のロン・ノル政権下において、宗教系NGOが教育・保健等に関する支援活動を行っていた（カンボジア市民フォーラム〈2001〉）。しかしながら、1970年代後半の閉鎖的なポル・ポト政権下においては、NGOによる同国内での活動は中断を余儀なくされ、活動の中心はカンボジア・タイ国境地域のタイ側における難民救援活動へと移った。

　ポル・ポト政権崩壊後の1979年10月～1981年12月には国際機関により国内と国境地域における支援が実施された。タイがカンボジア難民を受け入れるため国境を開いていた1979年10月～1980年1月の間に国境を越えたカンボジア難民は18～20万人を数えた。しかしながら、このうち国内への支援は1982年に停止され、以後の公的な支援は同年に設立された「国連国境救援活動」による難民支援に限定された（天川〈1997〉）。1980年代のヘン・サムリン政権下においては、西側諸国によるカンボジア国内での公的支援がほとんど行われないなかで、英国の「OXFAM」などのNGOが教育・保健等の分野において支援を行い、1986年にはNGOのネットワーク組織として、「カンボジア国際NGOフォーラム」が設立された。また、我が国のNGOとして、「日本国際ボランティアセンター」「幼い難民を考える会」「難民を助ける会」「曹洞宗国際ボランティア会」等による難民支援活動などが開始されている。

　1980年代後半に内戦から平和への道が模索されていくなかで、1991年にカンボジア人によるNGOの結成が認められたことによりケマラなどの組織が創設され、その後は多数のNGOが活動を開始し、1991年には「カンボジアNGO協議会（CCC：Cooperation Committee for Cambodia）」が創設されている（CCC〈2000〉）。我が国のNGOの数も1990年代に増加し、1993年にNGO間のネットワーク組織として「カンボジア市民フォーラム」が創設されている。

これらの NGO の活動分野は、教育、保健・衛生・医療、農業・農村開発、小規模金融など広範囲に及んでおり、また、近年は環境保護、人権擁護などの分野で活動する NGO も増加してきている。

参考文献

Cooperation Committee for Cambodia (2000) "Directory of International Development Assistance in Cambodia," Phnom Penh

天川直子（1997）「カンボジアにおける NGO 活動の現状と問題点」『NGO の現在——国際協力活動の現状と課題』アジ研トピックリポート1997.8、アジア経済研究所

カンボジア市民フォーラム（2001）『カンボディア国別援助研究会報告書』国際協力事業団

第10章
環境とエネルギー問題

(メコン川)

　他の開発途上国の例に漏れず、カンボジアもまた急速な経済発展の陰で深刻な環境問題やエネルギー需給問題に直面している。

　自然環境に関わる問題としては森林破壊、土壌劣化、水産資源枯渇等が、生活環境に関わる問題としては安全な飲料水の供給不足と衛生設備の未普及が挙げられる。カンボジア政府はミレニアム開発目標の中で具体的な数値目標を掲げてこれらの問題解決に取り組んでおり、少なくとも水産資源の保全には進展がみられる。しかし、その他の問題に関しては外国からの支援を受けながら、さらなる努力を重ねることが必要である。

　カンボジアで消費されるエネルギーの大半は薪や木炭など国産のバイオマス燃料である。しかし、経済成長にともない、電力と石油系燃料の消費が急

増している。増大するエネルギー需要に応えるためには、外貨を獲得して電力や石油の輸入を増やす、国内で化石燃料を採掘する、バイオマス燃料を活用するなど、いずれかの方策が必要であるが、どれも容易なものではない。

本章ではカンボジアの抱える環境問題について概観し（第1節）、次にエネルギー問題について包括的に述べ（第2節）、特に社会経済に与える影響が大きい電力問題について検討を行う（第3節）。

第1節　環境問題

1　カンボジアにおける主要な環境問題

急速な経済発展の中、カンボジアの自然環境・生活環境は、破壊や汚染などさまざまな脅威にさらされている。カンボジア政府は「環境の持続可能性の確保」をカンボジア・ミレニアム開発目標（2003年策定）のひとつとして掲げ、諸外国の支援を受けながら、環境問題の解決に取り組んでいる。「環境の持続可能性の確保」には全部で14の目標が示されているが、それらは大別して、①森林保全、②水産資源保全、③生活衛生改善に関わるものである。表10‐1‐1にこれらの目標を示す（目標7.14は土地所有に関わるものなのでこの表からは除いている）。

しかし、カンボジアにおける環境問題はこれら3分野だけに限られない。たとえば、カンボジア環境省は、カンボジアが抱える主要な環境問題として次の五つを取り上げている：①土壌劣化（Land Degradation）、②生物多様性の喪失（Depletion of Biodiversity）、③内水面資源の劣化（Degradation of Inland Aquatic Resources）、④沿岸・海洋資源管理（Coastal and Marine Resource Management）、⑤廃棄物管理（Waste Management）（Ministry of Environment of Cambodia〈2009〉）。

これらのうち、①土地劣化と、⑤廃棄物管理の二つは、カンボジア・ミレニアム開発目標の「環境の持続可能性の確保」に関する14の目標ではカバーされていない問題である。また、地球温暖化も無視できない問題である。今のところ、カンボジアは他国に比べて温室効果ガス排出量が小さく、むしろ

表10-1-1　カンボジア・ミレニアム開発目標7
「環境の持続可能性の確保」、2015年の達成目標

	内　容	分野
7.1	国土面積に対する森林面積の割合を、2000年の水準である60％のまま維持する。	森林保護
7.2	23カ所の保護区域の面積を1993年の水準である330万haに保つ	
7.3	6カ所の新森林保護区域の面積を2003年の水準である135万haに保つ	
7.4	保護区における監視人を2001年の600人から1,200人に増加させる	
7.5	新森林保護区域における監視人を500人にする	
7.6	コミュニティに解放された漁場の割合を1998年の水準である56％から60％に増加させる	水産資源保全
7.7	コミュニティが管理する漁場の数を2000年の264カ所から589カ所に増加させる	
7.8	禁漁区の面積を2000年の26,450haから58,080haに増加させる	
7.9	家庭における薪の依存率を1993年の92％から52％に減少させる	森林保護／生活環境改善
7.10	安全な水源を利用できる農村人口の割合を1998年の24％から50％に増加させる	生活環境改善
7.11	安全な水源を利用できる都市人口の割合を1998年の60％から80％に増加させる	
7.12	改善された衛生設備を利用できる農村人口の割合を1996年の8.6％から30％に増加させる	
7.13	改善された衛生設備を利用できる都市人口の割合を1998年の49％から74％に増加させる	

出所：Ministry of Planning（2011）より作成

二酸化炭素を吸収する熱帯雨林を有することによって温暖化防止に貢献している。しかしながら、今後、経済発展にともなってエネルギー消費量が増加し、無計画な開発によって二酸化炭素吸収源である森林が失われれば、カンボジアも温暖化防止へと力を傾注せざるをえなくなるだろう。

　このように、カンボジアはカンボジア・ミレニアム開発目標でカバーしきれない広範囲の環境問題を抱えている。それらすべてについて論じることは難しいが、本節では、①森林保全、②土壌劣化防止、③水産資源管理、④生活環境改善という4分野について述べる。

2 森林保全

　森林は、食料・木材の供給源としての役割だけでなく、生物多様性保全、二酸化炭素吸収、土砂災害防止／土壌保全、水源涵養、気象調整など、多様な環境調整の役割を担っている。森林を失うことは、今述べたさまざまな環境調整機能を失うということである。生物多様性の保全に果たす役割ひとつを取り上げても、カンボジアの森林は重要な役割を果たしている。カンボジアには775種の両生類、爬虫類、鳥類、哺乳類が生育していることが確認されており、そのうちの1.4％がカンボジアの固有種である。カンボジアで絶滅が危惧されている動物は131種あるが、そのうちの34％、44種は森林に生息している。固有種を含めた数多くの生物種の存続は、森林保全の取り組みにかかっている。カンボジア・ミレニアム開発目標では「国土面積に対する森林面積の割合を、2000年の水準である60％のまま維持する」という目標が掲げられているが実際はどうだろうか？

　2008年時点のカンボジアの国土利用区分は表10-1-2に示すとおりである。森林は国土の57.9％でミレニアム開発目標未満である（トンレサップ湖拡大時に浸水する浸水林や海浜のマングローブ林などは森林面積に含まない）。森林面積は1960年代後半には国土の75％を占めていたが、2002年には国土の61.2％、2010年には57.6％と漸減している。2011年には58.4％と回復しているが目標値は満たしていない（Ministry of Planning of Cambodia〈2014〉）。

　森林減少の直接的原因は、森林の農地転用、違法伐採、鉱物資源採掘である。さらにその背景には急速な経済発展や土地利用に関わる政府機関同士の連携不足などがある。森林減少への対策として、カンボジア政府は2010年10月に、「国家森林プログラム（NFP：National Forest Program）」を策定した。このプログラムでは次の六つの戦略目標が示されている：

① 森林境界の画定と登記（Forest Demarcation and Classification）
② 森林資源の管理と保全（National Forest Management and Conservation）
③ 分権的林業運営（Decentralized Forestry）
④ 森林法の執行と統治（Forest Law Enforcement and Governance）

表10-1-2　カンボジアの国土利用区分（2008年）

	種別	面積（km²）	国土に占める割合（％）
森林	常緑樹林	48,192	26.6
	落葉樹林	42,870	23.7
	混交林	9,162	5.1
	二次林	4,732	2.6
	針葉樹林	83	0.0
		105,039	57.9
浸水林（洪水林）		3,570	2.0
浸水混交林		2,570	1.4
マングローブ林		837	0.5
農耕地、草地、低木地		65,316	36.0
水域		3,925	2.2
合計		181,260	100.0

出所：Ministry of Planning of Cambodia（2008）

⑤　能力強化と研究推進（Capacity Building and Research）
⑥　持続可能な森林経営のための財源確保（Sustainable Financing of the Forests）

　最後に挙げた、⑥持続可能な森林経営のための財源確保には、「森林減少および森林劣化等に起因する温室効果ガスの排出削減（REDD+：Reducing Emissions from Deforestation and Forest Degradation）」と呼ばれる取り組みが含まれている。これは京都議定書の温室効果ガス排出削減第1約束期間（2008～2012年）以降の枠組みの中で注目されている取り組みで、開発途上国の森林保全により温室効果ガスの排出を低減しようとするものである。京都メカニズムのひとつ、クリーン開発メカニズム（CDM：Clean Development Mechanism）と同様に、開発途上国の森林を二酸化炭素吸収源として活用しようとする考え方に基づいており、JICAがカンボジアの森林保全を支援するため、2011年6月から2016年5月まで「REDD+戦略政策実施支援プロジェクト」を実施することとなっている。

3　土壌劣化防止

　ジャン・デルヴェール（1958）は、カンボジアには農耕に適した土壌が少ないことを指摘した。メコン川やトンレサップ川の増水によって堆積した粘土質土壌、バッタンバン州の粘土質土壌などは肥沃な土壌として知られているが、カンボジア全体では肥沃な土壌は少ない。古い資料であるが、佐伯他（1959）は、概してカンボジアの土壌にはカルシウム、カリウム、リンなどの必須ミネラルが乏しいことを報告している。カンボジアの農民は伝統的に、土壌の栄養分を補うため、家畜の糞や堆肥を使用していた。

　近年では伝統的な有機肥料に代わって化学肥料の施用が増加している。Euronet Consortium（2012）によれば、1農家1生産シーズン当たり115kgの化学肥料を使用するという。Ministry of Environment of Cambodia（2009）によれば、化学肥料輸入量は2000年には71,131トンであったが、2001年には37,000トンへと減少している。しかしながら、実際にはカンボジア国内で使用されている化学肥料は減少しておらず、統計に現れない大規模な量の化学肥料がベトナムやタイから流入している。農薬もまた近隣諸国から大量に輸入されている。輸入された化学肥料や農薬の袋にはベトナム語やタイ語等での説明が表記されており、農民の多くはこれを読むことができず、適切な用法を理解しないまま化学肥料や農薬を使用している。結果として、農地の生産性が向上しないほか、農薬の誤使用による健康被害・環境汚染・食物汚染などのリスクが増大している（国際協力機構〈2010〉）。

　農地の生産性の一例として、図10-1-1に水田の生産性（カンボジア全土の平均値）の推移を示した。1980年には1ha当たり1.2トンの生産量だったが、2011年以降は3.0トンを超えている。この生産量の伸びには化学肥料や農薬が貢献しているものと考えられる。しかしながら、タイやベトナムにおける水田の生産性が1ha当たり4.0トンであることに比べるとカンボジアの水田の生産性は劣っており、東南アジア諸国中最低レベルである。化学肥料や農薬の誤使用が生産性の向上を妨げている可能性が考えられる。この状況に対し、カンボジア政府は2011年12月に「農薬・化学肥料規制法（Law on Pesticide and Chemical Fertilizer Control）」を制定したが、実質的な効果が表れるの

図10-1-1　水田の生産性の推移（1980～2013年）
出所：Ministry of Planning of Cambodia（2008, 2014）および Ministry of Agriculture, Forestry and Fisheries, Cambodia（2013）より作成

は先のことである。

　土壌劣化に関連して、土壌浸食も重要な問題である。土壌浸食については正確な統計データが整備されていない。ただし、土壌浸食の原因のひとつは森林破壊であるので、まずは森林保護が必要である。

4　水産資源管理

　Euronet Consortium（2012）によれば、2008年のカンボジアの漁獲量の81％は内水面（淡水）、12％は海洋、7％は養殖場に由来する。したがって、カンボジアの漁業を持続可能なものとするためには、まず、内水漁獲量を適切に管理することが必要である。内水漁獲量の管理では単に量の管理だけではなく、質の管理も必要である。内水漁獲量の大部分を支えてきたトンレサップ湖では、かつては価値のある大型・中型魚が獲られてきた。しかしながら、大型・中型魚は乱獲によって次第に数を減らし、1990年代半ばには、回復力は強いものの価値の低い小型の魚がトンレサップ湖の漁獲量の8割を占めるようになった。

　フランス植民地時代から2000年まで、カンボジアの漁業はフィッシング・ロット（Fishing lots）という占有漁業区域を中心とした秩序の下にあった。フィッシング・ロットはトンレサップ湖やメコン川の周辺に設定され、2年

間有効の占有漁業権がオークション方式で商業漁業経営者に販売された。零細漁民には漁業解放区域（Open-access fishery domain）での漁が許されたが、その面積は限られていた。このようなフィッシング・ロットを中心とした漁業秩序には次のような問題点があることが指摘されていた：

① 漁業資源枯渇の可能性：商業漁業経営者が占有漁業権の有効期間中に魚を獲り尽くそうとする問題
② 社会経済的悪影響：漁を制限された零細漁民が生活に困窮する問題

これらの問題に加え、一部ではさらに深刻な問題、すなわち、占有権者（商業漁業経営者）が武装し、漁業権だけでなく航行権までも支配するような問題が生じた。その結果、零細漁民との間で紛争が起こり、死者が出るような事態も生じた。こうした状況に対し、カンボジア政府は2000年に漁業秩序の再編を開始した。フィッシング・ロットを零細漁民のコミュニティに解放し、零細漁民の生活向上と水産資源の自主管理を行わせる政策を推進した。表10-1-1のミレニアム開発目標7.7では、2015年には「コミュニティが管理する漁場の数を2000年の264カ所から589カ所に増加させる」ことを目標として掲げている。この目標の下、コミュニティ管理の漁場が2010年には469カ所、2013年には516カ所まで増加した（Ministry of Planning of Cambodia〈2011, 2014〉）。コミュニティによる漁場管理に加えて、禁漁区の設定・拡大も行われている。ミレニアム開発目標7.8では、2015年には「禁漁区の面積を2000年の26,450haから58,080haに増加させる」ことが目標となっているが、2010年には禁漁区面積が46,618 haと着実に増加している。

図10-1-2に1982年から2012年までの内水漁獲量の推移を示す。1999年から急激に漁獲量が増えているようにみえるが、むしろ1998年以前の統計値に不備があったものと思われる。2001年以降2004年まで内水漁獲量の減少が続いているが、2005年以降は増加傾向にあり、2010年以降は2001年の水準を上回っている。上述したコミュニティによる漁場の自主管理や禁漁区の設置による成果が表れていると考えられる。

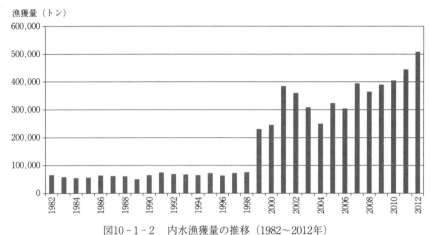

図10-1-2　内水漁獲量の推移（1982～2012年）
出所：Ministry of Planning of Cambodia（2008, 2011, 2014), Ministry of Agriculture, Forestry and Fisheries, Cambodia（2006, 2013), T. Sensereivorth and H. Rady（2013）より作成

5　生活環境改善

　近年、安全で衛生的な生活環境を享受できることが基本的人権に含まれているという認識が世界的に広がっている。カンボジア政府もこの認識に立ち、生活環境改善のため、安全な飲料水の供給と衛生設備の普及に取り組んでいる。

　カンボジアでは雨水、表流水（河川・湖沼の水）、地下水などさまざまな水が生活用水として利用されている。表流水には病原体による汚染のリスクがあり、地下水にはヒ素・フッ素・硝酸態窒素等による化学物質汚染のリスクがある。硝酸態窒素や亜硝酸態窒素による汚染はおとし便所や化学肥料など人間活動に由来している。近年問題になっているのはヒ素汚染である。カンボジアの水質基準では水に含まれるヒ素およびその化合物の濃度は0.05mg/ℓ以下（日本ではより厳しく0.01mg/ℓ以下）であることが求められている。しかしながら、クロチェ州、バッタンバン州、カンダール州等においてこの基準を超える濃度のヒ素およびその化合物が検出されている場所がある。病原体は煮沸や薬剤による消毒によって除去可能であるのに対し、化学物質は除去が難しい。ある水源において化学物質汚染が確認された場合には別の安

全な水源を探さざるをえない。

　カンボジアにおける飲料水の供給源は、首都プノンペン市、その他都市部、農村部など、地域によって、また季節によって大きく異なる。表10‐1‐3に2014年の雨季と乾季における地域別の飲料水供給源の種別と割合とを示した。どの供給源が安全とみなされるかについては議論の余地があると思われるが、ここではNIS（2015）の分類に準じた。カンボジア・ミレニアム開発目標7.10および7.11では、2015年までに安全な水源を利用できる都市人口および農村人口の割合をそれぞれ80％、50％に向上することを目指している。首都プノンペンでは水道が十分に発達しており、すでに目標を超えているが、表10‐1‐3に示すように、首都を除く都市部、農村部の雨季における安全な水源の比率はそれぞれ63.5％、42.8％であり目標到達には相当な努力が必要である。

　カンボジアの水道事業は、首都およびカンダール州都ではプノンペン水道公社、シアムリアプ州ではシアムリアプ水道公社が担っている。その他の州の都市部では鉱工業エネルギー省（MIME：Ministry of Industry, Mining and Energy）飲料水供給局が、農村部では農村開発省（MRD：Ministry of Rural Development）が給水事業を所管している。多くの州都・特別市ではMIME直営、水道公社、その他MIMEから認可を受けた民間事業者が給水事業を展開しているが、いまだに水道が整備されていない州都も存在する。より多くの人々が安全な水源を利用できるようにするためには水道整備が最も重要であるが、政府が水道整備にかけられる予算は限られており、国際援助に頼らざるをえない状況となっている。カンボジアの水道整備事業に熱心なのは日本であり、JICAの無償資金協力や円借款などの枠組みで、日本企業や北九州市が水道整備に従事している。

　カンボジアにおける2014年の衛生設備（トイレ）の実情は表10‐1‐4に示すとおりである。カンボジア・ミレニアム開発目標7.12および7.13では、2015年までに改善された衛生設備を利用できる都市人口および農村人口の割合をそれぞれ74％、30％に向上することを目指しているが、2014年時点でこの目標は達成されている。しかし、農村部においては用便を屋外で済ませる割合がなお高く、衛生上の問題が残されている。

表10-1-3 飲料水の供給源（2014年季節別・地域別）

(単位：%)

供給源	雨季				乾季			
	全土	首都	都市	農村	全土	首都	都市	農村
安全な水源	50.9	93.2	63.5	42.8	58.0	93.4	69.7	51.1
家庭用水道	21.5	90.4	40.5	8.6	21.9	90.5	42.2	9.0
共同水栓	0.1	−	0.1	0.1	0.1	−	0.1	0.1
深井戸	22.8	1.7	17.8	26.6	27.6	1.8	20.4	32.4
手掘り井戸	5.8	0.7	4.7	6.7	8.2	0.7	6.5	9.5
安全な雨水集水	0.7	0.4	0.4	0.8	0.2	0.4	0.5	0.1
安全ではない深井戸	7.0	−	3.9	8.5	9.2	−	5.2	11.1
池・泉・河川等	9.6	1.8	3.8	11.5	18.7	1.9	7.4	22.8
無改善の雨水集水	27.8	1.2	18.8	33.0	2.8	0.1	2.2	3.3
水売りから購入	3.1	2.2	3.8	3.1	9.0	3	8.3	9.9
ボトル入り飲料水	1.7	1.5	6.1	1.1	2.2	1.5	7.0	1.6
その他	−	−	0.2	−	0.1	0.1	0.3	0.1

出所：NIS（2015）より作成

表10-1-4 衛生設備の状況（2014年）

(単位：%)

衛生設備の種類	全土	首都	都市	農村
改善された衛生設備	55.9	98.1	80.2	46.2
下水道に接続された水洗式トイレ	12.4	76.1	10.7	3.3
浄化槽等に接続された水洗式トイレ	42.8	21.9	69.3	42.1
コンクリート製おとし便所	0.7	0.1	0.2	0.8
改善されていない衛生設備	43.9	1.9	19.8	53.5
穴を掘っただけのおとし便所	0.4	0.0	0.2	0.5
屋外・河川上のおとし便所	2.5	0.2	0.9	3.1
共同便所・共同おとし便所	1.8	0.2	1.2	2.1
屋外	38.5	1.5	17.3	46.9
その他／無回答	0.9	−	0.3	1.2

出所：NIS（2015）より作成

　本節では環境問題への取り組みとして①森林保全、②土壌劣化防止、③水産資源管理、④生活環境改善という4分野を取り上げた。森林保全と土壌劣化防止については取り組みが始まったばかりで、効力がまだ明確には表れていない。水産資源管理に関しては、施策の効果がみえ始めている。生活環境に関しては、首都以外の都市部、農村部でさらなる努力を積み重ねる必要が

ある。生活環境改善の項で触れたヒ素汚染の問題は、南アジア・東南アジア各国で深刻化している問題で、今後はカンボジアのさまざまな環境問題の中でもこの問題が大きくクローズアップされる可能性がある。

参考文献
Delvert, J. (1958) *Le Cambodge*, Presses universitaires de France, Paris. (石澤良昭・中島節子訳〈1996〉『カンボジア』白水社)
Euronet Consortium (2012) "Country Environment Profile：Cambodia 2012."
Ministry of Agriculture, Forestry and Fisheries, Cambodia (2006) "Agriculture, Forestry and Fisheries Statistics in Cambodia 2005 - 2006," Phnom Penh.
—— (2013) "Cambodia Country Report on Agriculture, Water and Food Security," Special Seminar on Food Security, Focusing on Water Management and Sustainable Agriculture, 5 - 7 September 2013, Niigata, Japan.
Ministry of Environment of Cambodia (2009) "Cambodia Environment Outlook," Phnom Penh.
Ministry of Planning of Cambodia (2008) "Statistic Yearbook of Cambodia 2008," Phnom Penh.
—— (2011) "Achieving Cambodia's Millennium Development Goals, update 2011," Phnom Penh.
—— (2014) "Annual Progress Report 2013, Achieving Cambodia's Millennium Development Goals," Phnom Penh.
Thor Sensereivorth and Hem Rady (2013) "Overview of Fisheries Data Collection (Capture Fisheries) in Coastal and Inland Small-scale Fisheries in Cambodia," Regional Technical Workshop on Data Collection-Trawl Fisheries Management Information and Data Requirements, REBYC-II CTI, Thailand.
国際協力機構 (2010)『農業資材（化学肥料及び農薬）品質管理能力向上計画』
佐伯秀章・岡本昌雄・東順三 (1959)「カンボジア国土壌の調査研究（土壌の生成分類および調査）」『日本土壌肥料学会講演要旨集(5)』

第2節 エネルギー問題

1 エネルギー消費量の増加

開発途上国におけるエネルギー消費量は、経済成長とともに拡大する傾向にあるといわれる。経済成長がエネルギー消費量の拡大を促すとともに、エ

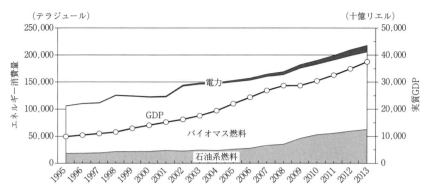

図10-2-1　カンボジアの実質国民総生産（2000年基準）とエネルギー源別最終消費
出所：IEA（2016），IMF（2015）より作成

ネルギー消費量の拡大が経済成長を促すという相互依存関係があるからである。

　カンボジアのエネルギー全般の需給に関する統計データは、国際エネルギー機関（IEA：International Energy Agency）や、米国エネルギー省の一部局であるEnergy Information Administrationなど複数の機関が公表しているが、数値にばらつきがみられる。どの機関の統計値を用いるかという点に関しては本来厳密な議論が必要であるが、本節ではすべての種類のエネルギーについて最も詳細な統計値を示しているIEAの統計データを使用する。

　図10-2-1は、1995〜2013年のエネルギー最終消費をカンボジアの実質国民総生産とともにプロットしたものである。ただし、2004年から2008年までのバイオマス燃料には筆者による推計を加えている。カンボジアで消費されるエネルギーの大半はバイオマス燃料であり、そのほとんどは薪や炭などである。1995年と2013年とを比較すれば、実質国民総生産は約3.8倍に、エネルギー最終消費は約2.1倍に拡大しており、長い目でみれば、経済とエネルギー消費がともに伸びている。特に石油系燃料と電力は年々着実に増加している。これは経済成長とともに人々の生活水準が向上し、電化製品・自動車が普及している結果であると考えられる。

　図10-2-2は、2012年におけるカンボジアとその周辺国の国民1人当たりのエネルギー消費量を示している。タイでは1人当たり年間45,140MJ、

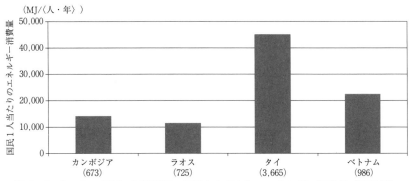

図10-2-2　カンボジアと周辺国の国民1人当たりのエネルギー消費量（2012年）
出所：IEA（2016）より作成

注：国名の下の括弧内は1人当たり実質国民総生産（2005年基準米ドル）。ただし、ラオスのエネルギー消費量についてはUNSD（2013）の値を使用した。

カンボジアでは1人当たり年間14,139MJのエネルギーが消費されており、両者の間には約3倍の差がある。ところで、2012年のタイの1人当たり国民総生産は3,665米ドル、カンボジアは673米ドルであり、ここには約5倍の差がある。カンボジアでは国民1人当たりの経済規模のわりにエネルギー消費量が大きいといえよう。

2　エネルギーの自給と輸入

カンボジアの2012年における一次エネルギー供給（カンボジアに供給されるエネルギーの総量）から最終消費に至るまでのエネルギーフローを図10-2-3に示す。カンボジアで消費されるエネルギーの多くはバイオマス、すなわち、薪や木炭である。次に消費されているのが石油系燃料であるが、これは輸入に依存している。電力もまた輸入に依存している割合が大きい。

最も多く消費されているバイオマスは国内で自給されているので、「カンボジアのエネルギー自給率は高い」といってもよい。しかしながら、増加し続けるエネルギー需要をバイオマスによって賄おうとすれば森林破壊に至る。バイオマスに代わるエネルギーとしては電力および石油系燃料があるが、これらは輸入に依存している状況であり、むやみに増加させることは望ましく

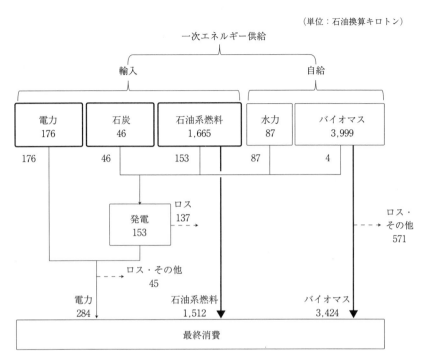

図10-2-3　カンボジアにおけるエネルギーフロー（2013年）
出所：IEA（2016）より作成

ない。エネルギー自給率維持と森林保全とを両立させようとすれば、バイオマス燃料の利用効率向上を図るしかない。薪や木炭を利用するコンロやレンジは改良によって数十％の効率向上が可能であるといわれている。早期に改良型コンロやレンジを普及させることが望ましい。

3　部門別のエネルギー消費量

　1995～2013年の部門別のエネルギー最終消費を図10-2-4に示す。その他には商業および公共サービスを含んでいる。なお、2004年から2008年までの住宅部門には筆者による推計を加えている。この図が示すように、産業が発展途上にあるカンボジアでは住宅部門のエネルギー消費が全体の6割弱を

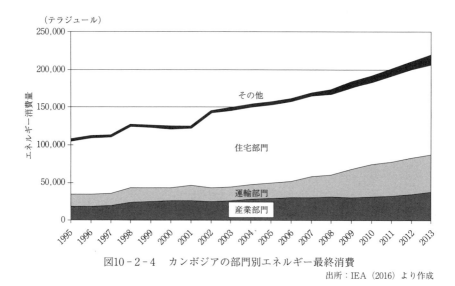

図10-2-4　カンボジアの部門別エネルギー最終消費
出所：IEA（2016）より作成

占めている。住宅部門では2000年から2013年の間に、エネルギー最終消費は約1.5倍に増加している。

　2000年と2013年の部門別・エネルギー源別最終消費を図10-2-5に示す。

　カンボジアでは鉄道輸送がないため、運輸部門では石油系燃料のみが消費されており、増加量は2.7倍である。

　住宅部門では2000年から2013年の間に石油系燃料の消費が1.8倍、バイオマス燃料の消費が1.5倍、電力の消費が8.4倍に増加している。2013年においても依然としてバイオマス燃料の消費が占める割合が圧倒的に大きいが、石油系燃料や電力の消費の伸びのほうが著しい。国民生活の向上にともなう電化製品の普及・プロパンガスによる調理の浸透が影響していると考えられる。さらなる生活水準の向上にともなって石油系燃料や電力が生活部門の消費に占める割合は増加の一途をたどるものと考えられる。

　同様のことは産業部門においてもいえる。バイオマス燃料の消費が占める割合が大きいが、2000年から2013年の間に石油系燃料の消費が3.5倍、バイオマス燃料の消費が1.3倍、電力の消費が17.3倍に増加している。カンボジアでは農業を除くと、縫製業、建設業、観光業などが主要な産業として急成

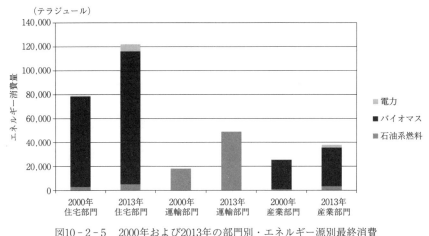

図10-2-5　2000年および2013年の部門別・エネルギー源別最終消費
出所：IEA（2016）より作成

長してきている。縫製業においては電力が、建設業においては建設機械駆動のために石油系燃料が不可欠であり、これらの産業の発展が石油系燃料や電力の急速な増加の一因になっていると考えられる。

4　住宅部門におけるエネルギー消費の実態

　本項ではカンボジアのエネルギー消費の6割弱を占める住宅部門のエネルギー消費の実態について述べる。カンボジアではスウェーデンの援助の下、一般世帯の生活状況の把握を目的として、「カンボジア社会経済調査（CSES: Cambodia Socio-Economic Survey）」が定期的に実施されている。この CSES の原データをもとに、一般世帯で使用される照明用エネルギー源と調理用エネルギー源の使用割合をまとめたものを図10-2-6に示す。ここでは2004年と2014年の結果を示している。n はサンプル世帯数を示している。

　調理用エネルギー源に関してはプノンペン市において大きな変化がみられる。2004年、プノンペンでは薪または木炭に依存する世帯が4割を超えていたが、2014年には2割弱に減少している。これに対してガス（プロパンガス）に依存する世帯は増加しており、2004年には6割弱だったのが、2014年には

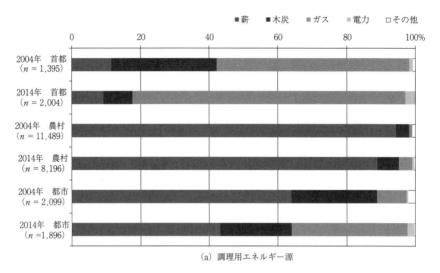

(a) 調理用エネルギー源

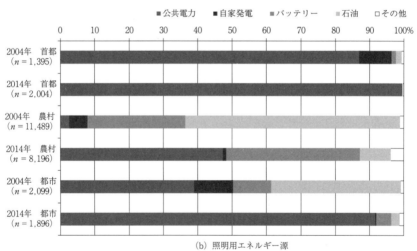

(b) 照明用エネルギー源

図10-2-6 2004年および2014年における一般世帯の調理用・照明用エネルギー源
出所：NIS（2010, 2015）より作成

8割に増加している。調理用エネルギーのガスへの転換はプノンペン以外の都市部でも起こっている。調理用エネルギー源の変化が小さいのは農村部であり、2014年においても9割以上の世帯が依然として薪に依存している。

照明用エネルギー源に関しては次のような変化がみられる。プノンペン市においてはもともと公共電力に依存する世帯が多かった。2004年当時に自家発電に依存していた世帯が2014年には公共電力にシフトし、100％近くの世帯が公共電力に依存している。プノンペン市以外の都市部でも公共電力へのシフトが進んでおり、9割を超える世帯が公共電力に依存している。農村部においても公共電力へのシフトが進んでいるが、バッテリー（カーバッテリー）への依存も依然として根強い。

5　エネルギー価格

　本項では最近10年ほどの間の電力、石油系燃料の価格の状況について述べる。電気料金は地域および利用者の区分によって異なる。代表的なものとしてプノンペン市とカンダール州における電気料金（EDCによる）を表10-2-1に示す。

　住宅における電気料金は、たとえばひと月当たりの電力使用量が100kWh以下であれば、610リエル/kWhであり、2013年時点の日本円に直せば約15円/kWhとなる。これは日本でひと月当たり100kWh電力を使用した場合、23〜24円/kWh（2013年東京電力管内）となることと比較すれば安価であるが、隣国タイのバンコク市内で同程度の電力を使用した場合に、約10円/kWh（2013年12月現在の為替レートで計算）となることと比較すると高価である。その他の周辺国と比べてもカンボジアの電力単価は高く、ASEAN10カ国中、ブルネイ、シンガポールに次ぐ第3位の高さであり（UNDP〈2009〉）、カンボジアの国際競争力を削ぐ一因となっている。

　ここではプノンペン市とカンダール州の例を示したが、カンボジアでは料金の地域差が大きく、プレイヴェン州では1,220リエル/kWh、コンポンチャム州では940リエル/kWh、スヴァイリアン（スバイリアン）州では650リエル/kWhなどとなっている。

　石油系燃料の価格は年々上昇を続けている。図10-2-7に石油系燃料の小売価格の推移を示す。2014年は世界的な原油安の影響で石油系燃料の小売価格が若干低下しているが、2002年から2012年までの10年間でディーゼル燃

表10-2-1　プノンペン市とカンダール州における電気料金

利用者区分	電力使用量 (kWh/月)	料金（リエル/kWh） 2005年 10月26日以前	料金（リエル/kWh） 2005年 10月27日以降	料金（リエル/kWh） 2013年現在
住宅	50以下	350	390	610
住宅	51〜100	550	610	720
住宅	101〜200	650	720	720
住宅	201超	650	720	820
工業	小規模	600	MA（独立系電力供給業者の2カ月前の月平均価格）+ 0.036米ドル/kWh	
工業	中規模	550	MA + 0.028米ドル/kWh	
工業	大規模	500	MA + 0.024米ドル/kWh	
工業	中圧接続	480	MA + 0.020米ドル/kWh	
商業、ホテル等	小規模	650	MA + 0.036米ドル/kWh	
商業、ホテル等	中規模	600	MA + 0.028米ドル/kWh	
商業、ホテル等	大規模	500	MA + 0.024米ドル/kWh	
商業、ホテル等	中圧接続	480	MA + 0.020米ドル/kWh	
大使館、NGO、外国人住居	すべて	800	890	820
政府機関	すべて	700	780	820

出所：カンボジア開発評議会編（2013）

料価格は約3倍、ガソリン価格は約2倍に高騰した。カンボジアのガソリン価格は日本やタイの価格と比較した場合、同程度あるいは若干安い程度である。カンボジアのディーゼル燃料価格は日本の価格と同程度、タイの価格よりは逆に若干高くなっている。

　カンボジアのエネルギー価格は総じて高い。石油系燃料価格の高さは国際的な原油価格に左右されるので、価格を抑制する手立ては限られている。しかしながら、電力価格の高さに対しては、発電設備の充実を図るなど、さまざまな手立てを講じて価格を低下させる必要がある。

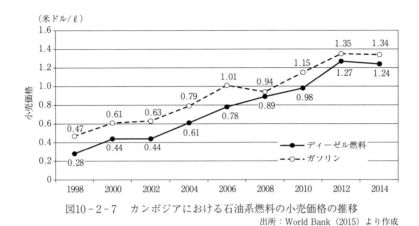

図10-2-7 カンボジアにおける石油系燃料の小売価格の推移
出所：World Bank（2015）より作成

6 エネルギー供給の安定性

　カンボジアで消費されるエネルギーの大半は薪や木炭など国産のバイオマス燃料である。ドイツや北欧など先進諸国で地球温暖化防止の観点からバイオマス燃料を含む再生可能エネルギーが推進されていることを踏まえれば、カンボジアは1周遅れで先頭に立ったような状況にある。

　しかしながら、ここ約20年の動きをみると、経済成長にともなって電力と石油系燃料の消費が増大していることがわかる。カンボジアが先進国や新興国が歩んできた道（電力と石油に依存した経済成長モデル）を単に踏襲しようとするのであれば、カンボジア国内で新たなエネルギー源を開発するか、外貨を得てエネルギーを輸入するかのどちらかしか選択肢はない。前者に関してはシャム湾において石油・天然ガス開発が進められているが、これがどの程度カンボジアのエネルギー供給に貢献するのか、今のところ明らかではない。後者に関しては、厳しい国際競争の中、カンボジアが安定的に外貨を獲得し、エネルギーを確保し続けられるかどうかは定かではない。

　カンボジアが選択しうる別の道としては、再生可能エネルギーを併用したエネルギー供給体制の整備という道がある。カンボジアの場合は従来どおり、バイオマス燃料が再生可能エネルギーの主流となるだろう。この場合には森林保全に留意しながら木質バイオマスの採取を行い、増大する需要に対して

はバイオマス燃料の利用効率向上によって対応することとなる。カンボジアのエネルギー需給の将来像はカンボジア人たち自身が描くべきことであるが、安易に電力と石油の供給と消費の拡大のみに陥らないよう、慎重に進めていく必要がある。

参考文献

International Energy Association (2016) "Statistics," http://www.iea.org/statistics/
International Monetary Fund (2015) "World Economic Outlook Database."
National Institute of Statistics (2010) "Cambodia Socio-Economic Survey 2009," Phnom Penh.
National Institute of Statistics (2015) "Cambodia Socio-Economic Survey 2014," Phnom Penh.
UNDP (2009) "Cambodia Country Competitiveness," Discussion Paper No.7, 2009.
UNSD (2013) "2013 Energy Statistics Yearbook," New York.
World Bank (2015) "Indicators," http://data.worldbank.org/indicator/
カンボジア開発評議会編 (2013)『カンボジア投資ガイドブック』

第3節　電力問題

1　電力の生産、輸入、消費の推移

　カンボジアにおける電力の消費量は増加の一途をたどっている。バイオマスに比べると依然として電力が全エネルギー消費の中に占める割合は小さいが、増加のスピードは速い。電力が社会経済に与える影響はきわめて大きいことから、本節では同国の電力の概況についてみていく。カンボジア国内の電力の生産、輸入、消費についてはカンボジア電力庁（EAC：Electricity Authority of Cambodia）がIEAよりも詳細なデータを公表している。そこで、本節ではEACのデータを用いることとする。

　図10-3-1に2002～2014年のカンボジアにおける電力の国内生産量、輸入量、販売量（＝消費量＝需要）を示す。国内生産量と輸入量の合計（＝供給量）と販売量の差が送電などによる損失分である。2014年を例にとれば、国

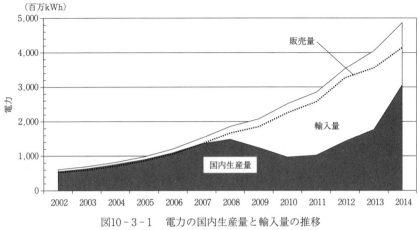

図10-3-1 電力の国内生産量と輸入量の推移
出所：EAC（2015）より作成

内生産量は30億5800万kWh、輸入量は18億kWh、販売量は41億4400万kWhで、損失分は7億1400万kWhとなり、約15％の電力が送電などで失われている。

2007年までは販売量と国内生産量とが同程度であり、いわば国内の電力需要を国内での電力生産によってほとんどを賄うことができた。しかしながら、2008年以降は販売量と国内生産量の差が著しく拡大しており、輸入した電力によって電力需要を支えざるをえない状況となっている。

電力の輸入元はタイ、ベトナム、ラオスであり、2014年にはタイから5億2300万kWh、ベトナムから12億6600万kWh、ラオスから1400万kWhの電力を輸入している。バッタンバン、パイリン、コッコンなどではタイからの輸入電力、コンポンチャム、スヴァイリアン、タケオ、カンポートなどベトナム国境地域ではベトナムからの輸入電力、ストゥントラエンではラオスからの輸入電力に依存している。

2　電力供給の状況

カンボジアでは電力法（Electricity Law of the Kingdom of Cambodia）第3条

表10-3-1　2014年のカンボジア国内の発電設備容量および発電量

	発電設備容量		発電量	
	kW	構成比（％）	百万 kWh	構成比（％）
カンボジア電力公社（EDC）	74,190	4.9	34.71	1.1
独立系発電事業者（IPP）	1,402,814	92.8	2,995.43	97.9
その他	34,334	2.3	28.23	1.0
計	1,511,338	100.0	3,058.36	100.0

出所：EAC（2015）より作成

　によって、電力に関わる2機関、鉱工業エネルギー省（MIME：Ministry of Industry, Mines and Energy）とカンボジア電力庁（EAC：Electricity Authority of Cambodia）の役割が定められている。MIMEはエネルギー政策立案、電源開発に関する戦略・計画策定等を担当し、EACは電力供給企業に対する許認可・監督・調整などを担当している。

　EACが発電・送電・配電の許可を与えているカンボジアの電力供給企業は大小数百社にのぼる。電力供給企業中最大のものはカンボジア電力公社（EDC：Electricité Du Cambodge）である。EDCは発電の面からみれば、国内発電設備容量の4.9％、国内発電量の1.1％を占めているに過ぎない（表10-3-1参照）。しかしながら、EDCは周辺国および国内の発電事業者から大量の電力を調達しており、2014年には他の電力供給企業に対して8億7500万kWh、住宅・公共・産業部門に対して31億9700万 kWhを販売している。EDCはプノンペン市、カンダール州の他、12の州都とベトナム国境地域で配電事業を行っており、カンボジアの配電事業のほとんどを掌握している。

　2014年の電源別発電設備容量および発電量を表10-3-2に示す。2012年までは水力発電の割合はディーゼル・重油による火力発電の割合に比べて小さかった。しかし、Kamchay 水力発電所（194MW、中国水電所有。2011年運転開始）、Stueng Atay 水力発電所（120MW、大唐集団所有。2013年運転開始）、Lower Stueng Russey Chhrum 水力発電所（338MW、中国華電集団所有。上流側ダムのみ2013年運転開始、下流側ダムは2015年運転開始予定）など、中国系企業によって続々と水力発電所が建設され、今ではカンボジア国内の発電は水力

表10-3-2　2014年の電源別発電設備容量および発電量

	発電設備容量		発電量	
	kW	構成比(%)	百万 kWh	構成比(%)
水力	929,430	61.5	1,851.6	60.5
ディーゼル・重油	291,268	19.3	327.0	10.7
バイオマス	22,640	1.5	16.8	0.6
石炭	268,000	17.7	863.0	28.2
計	1,511	100.0	3,058.4	100.0

出所：EAC（2015）より作成

に大きく依存している。

3　住宅部門における電力消費の実態

　州別にみた場合、電力の最大の消費地は首都プノンペン市である。2014年のEDCの販売電力量31億9700万 kWh のうち、70％にあたる22億3700万 kWh はプノンペン市に供給されている。また、プノンペン市における電力消費を部門別にみた場合、電力を最も消費しているのは住宅部門である。すなわち現在のカンボジアにおける最大の電力消費者はプノンペン市の住宅部門であるといえる。

　2004年と2009年に行われたCSESの結果をもとに推計したプノンペン市の一般世帯（住宅部門）の電力消費量を図10-3-2に示す。同図には中央値および平均値も併記している。2004年も2009年も電力消費量の分布形は対数正規分布に近いものになっている。2009年は2004年に比べて電力消費量が全体的に上昇している。中央値で比べると2004年の85kWh/（月・世帯）から、2009年の109.8kWh/（月・世帯）へと1.3倍に増加している。

　次に、プノンペン市ではどのような属性の世帯が、どの程度電力を消費しているのかについてみていく。図10-3-3に世帯人員別および世帯月収別の電力消費量の箱ヒゲ図を示す。図10-3-3(a)から明らかなように、世帯人員の増加に伴って電力消費量が増加する傾向がみられる。図10-3-3(b)では世帯を月収によって4グループに分け、それぞれの電力消費量の中央値

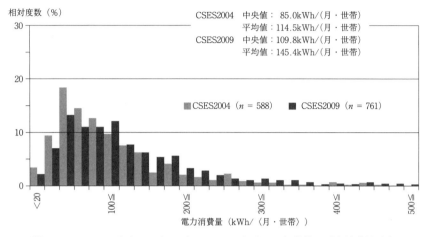

図10-3-2 2004年と2009年のプノンペンにおける一般世帯の電力消費量分布
出所：福代（2012）より

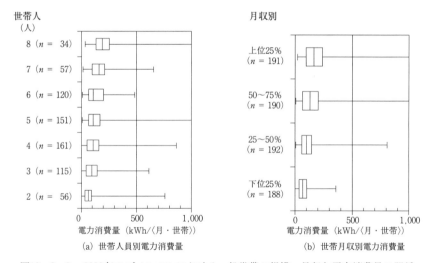

(a) 世帯人員別電力消費量　　(b) 世帯月収別電力消費量

図10-3-3 2009年のプノンペンにおける一般世帯の規模・月収と電力消費量の関係
出所：福代（2012）より

等を示している。この図からは月収の多い世帯ほど電力消費量が増加する傾向がみられる。

4　電力需給問題

　カンボジアでは電力需要が急速に増大し、国内生産分だけでは供給が間に合わず、輸入に頼っている状況である。これが、カンボジアの電力価格が周辺国よりも高くなる原因である。

　電力価格の高さは産業の育成にとっては大きなブレーキとなるが、一般世帯における電力消費を抑制する要因にはなりにくい。これは水道光熱費の価格弾力性が低いことによる。カンボジア国民の生活水準の向上にともない、電力需要はますます高まることが予想される。

　増大する電力需要への対応策としては、①国内における電源開発、②輸入拡大、③再生可能エネルギー開発の三つが考えられ、3方策をうまく組み合わせて電力需要に対応することが望ましい。①に関しては、すでに中国系企業による水力発電所開発が進められている。②に関しては、送電コスト・送電ロスを考えると、国境周辺の地域ではむしろ輸入電力あるいは外国の電力供給企業に依存したほうが経済的となる可能性がある。③に関しては、人口密度が希薄な農村部で電力網を張りめぐらせることは、送電コスト・送電ロスの面で無駄が多く、分散電源・独立電力網、たとえばバイオマス発電や太陽光発電と組み合わせた地域電力網のほうが合理的な解決策となる可能性がある。

　参考文献
　　Electricity Authority of Cambodia (2015) "Report on Power Sector of the Kingdom of Cambodia," Phnom Penh.
　　福代和宏 (2012)「カンボジア都市部・農村部およびプノンペンにおける住宅部門の電力消費」『日本建築学会環境系論文集』Vol.77, No.681.

付　表

付表1 産業別名目国民総生産

(単位:十億リエル)

産業	1995	1996	1997	1998	1999	2000	2001	2002	2003	2004	2005	2006	2007	2008	2009	2010
第一次産業	4,029	4,080	4,494	5,212	5,503	5,065	5,423	5,224	5,926	6,301	7,909	8,972	10,406	13,745	14,420	15,938
農業	1,994	1,941	2,056	2,423	2,541	2,328	2,364	2,142	2,689	2,910	4,034	4,518	5,436	7,525	7,909	8,953
畜産業	500	564	575	694	844	757	823	876	891	947	1,198	1,379	1,528	1,864	1,956	2,112
漁業	1,034	1,176	1,229	1,471	1,576	1,516	1,747	1,704	1,721	1,754	1,892	2,160	2,435	3,116	3,301	3,549
林業	500	400	633	623	542	464	490	502	625	691	784	915	1,008	1,239	1,254	1,324
第二次産業	1,203	1,379	1,662	1,958	2,413	3,078	3,497	4,069	4,631	5,498	6,436	7,816	8,741	9,389	9,327	10,289
鉱業	19	20	20	19	26	34	40	48	58	74	97	115	135	165	196	279
食品、飲料、タバコ	346	358	377	444	482	449	477	457	488	505	608	664	757	924	978	1,071
繊維縫製品、靴	123	198	379	584	790	1,297	1,681	1,973	2,294	2,847	3,158	3,869	4,234	4,315	3,938	4,403
木材、紙製品	109	142	167	171	151	132	103	112	105	119	148	171	203	239	252	273
ゴム製品	31	42	49	46	56	69	62	74	111	122	126	181	148	153	168	219
その他製造業	162	189	209	239	286	307	316	339	377	433	545	657	732	811	872	947
電気、ガス、水道	36	44	49	59	57	58	70	82	93	110	124	164	195	212	230	252
建設	376	387	412	396	565	732	750	985	1,106	1,288	1,631	1,995	2,338	2,572	2,694	2,845
第三次産業	2,884	3,311	3,560	4,079	4,741	5,231	5,877	6,598	7,080	8,422	10,064	11,557	13,493	16,301	16,702	18,022
卸・小売	1,002	1,142	1,231	1,361	1,476	1,512	1,590	1,658	1,761	2,009	2,364	2,662	3,126	3,720	3,878	4,378
ホテル、飲食	234	250	291	324	419	521	686	857	720	893	1,117	1,306	1,519	1,899	1,934	2,102
運輸・通信	441	522	563	635	811	930	999	1,160	1,246	1,519	1,904	2,115	2,423	3,102	3,224	3,565
金融	77	87	98	100	130	175	153	170	181	233	294	378	491	550	594	670
社会サービス	234	296	305	333	389	377	359	390	406	419	464	515	668	768	768	807
不動産	483	537	601	734	765	855	967	1,071	1,289	1,534	1,701	1,947	2,198	2,703	2,641	2,580
その他サービス	413	477	471	591	752	861	1,122	1,291	1,475	1,816	2,221	2,634	3,069	3,560	3,663	3,919
国内総生産(調整前)	8,116	8,770	9,716	11,249	12,657	13,374	14,797	15,891	17,637	20,221	24,409	28,345	32,640	39,435	40,449	44,249
調整項目	322	421	414	469	751	715	782	889	898	1,217	1,345	1,506	2,402	2,533	2,659	2,852
国内総生産(調整後)	8,438	9,191	10,130	11,719	13,408	14,089	15,579	16,781	18,535	21,438	25,754	29,849	35,042	41,968	43,108	47,048
(製造業)	771	929	1,181	1,484	1,765	2,254	2,639	2,955	3,375	4,026	4,585	5,542	6,074	6,442	6,208	6,913

出所:NIS (2006, 2008, 2011) より作成

付表2　産業別名目国民総生産（構成比）

(単位：%)

産業	1995	1996	1997	1998	1999	2000	2001	2002	2003	2004	2005	2006	2007	2008	2009	2010
第一次産業	49.6	46.5	46.3	46.3	43.5	37.9	36.6	32.9	33.6	31.2	32.4	31.7	31.9	34.9	35.6	36.0
農業	24.6	22.1	21.2	21.5	20.1	17.4	16.0	13.5	15.2	14.4	16.5	15.9	16.7	19.1	19.6	20.2
畜産業	6.2	6.4	5.9	6.2	6.7	5.7	5.6	5.5	5.1	4.7	4.9	4.9	4.7	4.7	4.8	4.8
漁業	12.7	13.4	12.6	13.1	12.5	11.3	11.8	10.7	9.8	8.7	7.8	7.6	7.5	7.9	8.2	8.0
林業	6.2	4.6	6.5	5.5	4.3	3.5	3.3	3.2	3.5	3.4	3.2	3.2	3.1	3.1	3.1	3.0
第二次産業	14.8	15.7	17.1	17.4	19.1	23.0	23.6	25.6	26.3	27.2	26.4	27.6	26.8	23.8	23.1	23.3
鉱業	0.2	0.2	0.2	0.2	0.2	0.3	0.3	0.3	0.3	0.4	0.4	0.4	0.4	0.4	0.5	0.6
食品、飲料、タバコ	4.3	4.1	3.9	3.9	3.8	3.4	3.2	2.9	2.8	2.5	2.5	2.3	2.3	2.3	2.4	2.4
繊維縫製品、靴	1.5	2.3	3.9	5.2	6.2	9.7	11.4	12.4	13.0	14.1	12.9	13.6	13.0	10.9	9.7	10.0
木材、紙製品	1.3	1.6	1.7	1.5	1.2	1.0	0.7	0.7	0.6	0.6	0.6	0.6	0.6	0.6	0.6	0.6
ゴム製品	0.4	0.5	0.5	0.4	0.4	0.5	0.4	0.5	0.6	0.6	0.5	0.6	0.5	0.4	0.4	0.5
その他製造業	2.0	2.2	2.2	2.1	2.3	2.3	2.1	2.1	2.1	2.1	2.2	2.3	2.2	2.1	2.2	2.1
電気、ガス、水道	0.4	0.5	0.5	0.5	0.5	0.4	0.5	0.5	0.5	0.5	0.5	0.6	0.6	0.5	0.6	0.6
建設	4.6	4.4	4.2	3.5	4.5	5.5	5.1	6.2	6.3	6.4	6.7	7.0	7.2	6.5	6.7	6.4
第三次産業	35.5	37.8	36.6	36.3	37.5	39.1	39.7	41.5	40.1	41.6	41.2	40.8	41.3	41.3	41.3	40.7
卸・小売	12.3	13.0	12.7	12.1	11.7	11.3	10.7	10.4	10.0	9.9	9.7	9.4	9.6	9.4	9.6	9.9
ホテル、飲食	2.9	2.9	3.0	2.9	3.3	3.9	4.6	5.4	4.1	4.4	4.6	4.6	4.7	4.8	4.8	4.8
運輸・通信	5.4	6.0	5.8	5.6	6.4	7.0	6.8	7.3	7.1	7.5	7.8	7.5	7.4	7.9	8.0	8.1
金融	0.9	1.0	1.0	0.9	1.0	1.3	1.0	1.1	1.0	1.2	1.2	1.3	1.5	1.4	1.5	1.5
社会サービス	2.9	3.4	3.1	3.0	3.1	2.8	2.4	2.5	2.3	2.1	1.9	1.8	2.0	1.9	1.9	1.8
不動産	6.0	6.1	6.2	6.5	6.0	6.4	6.5	6.7	7.3	7.6	7.0	6.9	6.7	6.9	6.5	5.8
その他サービス	5.1	5.4	4.8	5.3	5.9	6.4	7.6	8.1	8.4	9.0	9.1	9.3	9.4	9.0	9.1	8.9
国内総生産（調整前）	100.0	100.0	100.0	100.0	100.0	100.0	100.0	100.0	100.0	100.0	100.0	100.0	100.0	100.0	100.0	100.0
調整項目	4.0	4.8	4.3	4.2	5.9	5.3	5.3	5.6	5.1	6.0	5.5	5.3	7.4	6.4	6.6	6.4
国内総生産（調整後）	104.0	104.8	104.3	104.2	105.9	105.3	105.3	105.6	105.1	106.0	105.5	105.3	107.4	106.4	106.6	106.3
（製造業）	9.5	10.6	12.2	13.2	13.9	16.9	17.8	18.6	19.1	19.9	18.8	19.6	18.6	16.3	15.3	15.6

出所：NIS（2006, 2008, 2011）より作成

付表 3　産業別名目国民総生産（対前年成長率）

(単位：%)

産業	1995	1996	1997	1998	1999	2000	2001	2002	2003	2004	2005	2006	2007	2008	2009	2010
第一次産業	-	1.3	10.1	16.0	5.6	-8.0	7.1	-3.7	13.4	6.3	25.5	13.4	16.0	32.1	4.9	10.5
農業	-	-2.7	5.9	17.9	4.9	-8.4	1.5	-9.4	25.5	8.2	38.6	12.0	20.3	38.4	5.1	13.2
畜産業	-	12.8	2.0	20.7	21.6	-10.3	8.7	6.4	1.7	6.3	26.5	15.1	10.8	22.0	4.9	8.0
漁業	-	13.7	4.5	19.7	7.1	-3.8	15.2	-2.5	1.0	1.9	7.9	14.2	12.7	28.0	5.9	7.5
林業	-	-20.0	58.3	-1.6	-13.0	-14.4	5.6	2.4	24.5	10.6	13.5	16.7	10.2	22.9	1.2	5.6
第二次産業	-	14.6	20.5	17.8	23.2	27.6	13.6	16.4	13.8	18.7	17.1	21.4	11.8	7.4	-0.7	10.3
鉱業	-	5.3	0.0	-5.0	36.8	30.8	17.6	20.0	20.8	27.6	31.1	18.6	17.4	22.2	18.8	42.3
食品、飲料、タバコ	-	3.5	5.3	17.8	8.6	-6.8	6.2	-4.2	6.8	3.5	20.4	9.2	14.0	22.1	5.8	9.5
繊維縫製品、靴	-	61.0	91.4	54.1	35.3	64.2	29.6	17.4	16.3	24.1	10.9	22.5	9.4	1.9	-8.7	11.8
木材、紙製品	-	30.3	17.6	2.4	-11.7	-12.6	-22.0	8.7	-6.3	13.3	24.4	15.5	18.7	17.7	5.4	8.3
ゴム製品	-	35.5	16.7	-6.1	21.7	23.2	-10.1	19.4	50.0	9.9	3.3	43.7	-18.2	3.4	9.8	30.4
その他製造業	-	16.7	11.4	14.4	19.7	7.3	2.9	7.3	14.9	14.9	25.9	20.6	11.4	22.2	7.5	8.6
電気、ガス、水道	-	22.2	11.4	20.4	-3.4	1.8	20.7	17.1	13.4	18.3	12.7	32.3	18.9	8.7	8.5	9.6
建設	-	2.9	6.5	-3.9	42.7	29.6	2.5	31.3	12.3	16.5	26.6	22.3	17.2	10.0	4.7	5.6
第三次産業	-	14.8	7.5	14.6	16.2	10.3	12.3	12.3	7.3	19.0	19.5	14.8	16.8	20.8	2.5	7.9
卸・小売	-	14.0	7.8	10.6	8.4	2.4	5.2	4.3	6.2	14.1	17.7	12.6	17.4	19.0	4.2	12.9
ホテル、飲食	-	6.8	16.4	11.3	29.3	24.3	31.7	24.9	-16.0	24.0	25.1	16.9	16.3	25.0	1.8	8.7
運輸・通信	-	18.4	7.9	12.8	27.7	14.7	7.4	16.1	7.4	21.9	25.3	11.1	14.6	28.0	3.9	10.6
金融	-	13.0	12.6	2.0	30.0	34.6	-12.6	11.1	6.5	28.7	26.2	28.6	29.9	12.0	8.0	12.8
社会サービス	-	26.5	3.0	9.2	16.8	-3.1	-4.8	8.6	4.1	3.2	10.7	11.0	29.7	15.0	0.0	5.1
不動産	-	11.2	11.9	22.1	4.2	11.8	13.1	10.8	20.4	19.0	10.9	14.5	12.9	23.0	-2.3	-2.3
その他サービス	-	15.5	-1.3	25.5	27.2	14.5	30.3	15.1	14.3	23.1	22.3	18.6	16.5	16.0	2.9	7.0
国内総生産（調整前）	-	8.1	10.8	15.8	12.5	5.7	10.6	7.4	11.0	14.7	20.7	16.1	15.2	20.8	2.6	9.4
調整項目	-	30.7	-1.7	13.3	60.1	-4.8	9.4	13.7	1.0	35.5	10.5	12.0	59.5	5.5	5.0	7.3
国内総生産（調整後）	-	8.9	10.2	15.7	14.4	5.1	10.6	7.7	10.5	15.7	20.1	15.9	17.4	19.8	2.7	9.1
（製造業）	-	20.5	27.1	25.7	18.9	27.7	17.1	12.0	14.2	19.3	13.9	20.9	9.6	6.1	-3.6	11.4

出所：NIS (2006, 2008, 2011) より作成

付表4　産業別名目国民総生産

(単位：%)

産業	1995	1996	1997	1998	1999	2000	2001	2002	2003	2004	2005	2006	2007	2008	2009	2010
第一次産業	100	101.3	111.5	129.4	136.6	125.7	134.6	129.7	147.1	156.4	196.3	222.7	258.3	341.2	357.9	395.6
農業	100	97.3	103.1	121.5	127.4	116.8	118.6	107.4	134.9	145.9	202.3	226.6	272.6	377.4	396.6	449.0
畜産業	100	112.8	115.0	138.8	168.8	151.4	164.6	175.2	178.2	189.4	239.6	275.8	305.6	372.8	391.2	422.4
漁産業	100	113.7	118.9	142.3	152.4	146.6	169.0	164.8	166.4	169.6	183.0	208.9	235.5	301.4	319.2	343.2
林業	100	80.0	126.6	124.6	108.4	92.8	98.0	100.4	125.0	138.2	156.8	183.0	201.6	247.8	250.8	264.8
第二次産業	100	114.6	138.2	162.8	200.6	255.9	290.7	338.2	385.0	457.0	535.0	649.7	726.6	780.5	775.3	855.3
鉱業	100	105.3	105.3	100.0	136.8	178.9	210.5	252.6	305.3	389.5	510.5	605.3	710.5	868.4	1,031.6	1,468.4
食品,飲料,タバコ	100	103.5	109.0	128.3	139.3	129.8	137.9	132.1	141.0	146.0	175.7	191.9	218.8	267.1	282.7	309.5
繊維織品,靴	100	161.0	308.1	474.8	642.3	1,054.5	1,366.7	1,604.1	1,865.0	2,314.6	2,567.5	3,145.5	3,442.3	3,508.1	3,201.6	3,579.7
木材,紙製品	100	130.3	153.2	156.9	138.5	121.1	94.5	102.8	96.3	109.2	135.8	156.9	186.2	219.3	231.2	250.5
ゴム製品	100	135.5	158.1	148.4	180.6	222.6	200.0	238.7	358.1	393.5	406.5	583.9	477.4	493.5	541.9	706.5
その他製造業	100	116.7	129.0	147.5	176.5	189.5	195.1	209.3	232.7	267.3	336.4	405.6	451.9	500.6	538.3	584.6
電気,ガス,水道	100	122.2	136.1	163.9	158.3	161.1	194.4	227.8	258.3	305.6	344.4	455.6	541.7	588.9	638.9	700.0
建設	100	102.9	109.6	105.3	150.3	194.7	199.5	262.0	294.1	342.6	433.8	530.6	621.8	684.0	716.5	756.6
第三次産業	100	114.8	123.4	141.4	164.4	181.4	203.8	228.8	245.5	292.0	349.0	400.7	467.9	565.2	579.1	624.9
卸・小売	100	114.0	122.9	135.8	147.3	150.9	158.7	165.5	175.7	200.5	235.9	265.7	312.0	371.3	387.0	436.9
ホテル,飲食	100	106.8	124.4	138.5	179.1	210.9	293.2	366.2	307.7	381.6	477.4	558.1	649.1	811.5	826.5	898.3
運輸・通信	100	118.4	127.7	144.0	183.9	210.9	226.5	263.0	282.5	344.4	431.7	479.6	549.4	703.4	731.1	808.4
金融	100	113.0	127.3	129.9	168.8	227.3	198.7	220.8	235.1	302.6	381.8	490.9	637.7	714.3	771.4	870.1
社会サービス	100	126.5	130.3	142.3	166.2	161.1	153.4	166.7	173.5	179.1	198.3	220.1	285.5	328.2	328.2	344.9
不動産	100	111.2	124.4	152.0	158.4	177.0	200.2	221.7	266.9	317.6	352.2	403.1	455.1	559.6	546.8	534.2
その他サービス	100	115.5	114.0	143.1	182.1	208.5	271.7	312.6	357.1	439.7	537.8	637.8	743.1	862.0	886.9	948.9
国内総生産(調整前)	100	108.1	119.7	138.6	156.0	164.8	182.3	195.8	217.3	249.1	300.8	349.2	402.2	485.9	498.4	545.2
調整項目	100	130.7	128.6	145.7	233.2	222.0	242.9	276.1	278.9	378.0	417.7	467.7	746.0	786.6	825.8	885.7
国内総生産(調整後)	100	108.9	120.1	138.9	158.9	167.0	184.6	198.9	219.7	254.1	305.2	353.7	415.3	497.4	510.9	557.6
(製造業)	100	120.5	153.2	192.5	228.9	292.3	342.3	383.3	437.7	522.2	594.7	718.8	787.8	835.5	805.2	896.6

出所：NIS (2006, 2008, 2011) より作成
注：成長率 1995年＝100

付表5 産業別実質国民総生産

(単位：十億リエル)

産業	1995	1996	1997	1998	1999	2000	2001	2002	2003	2004	2005	2006	2007	2008	2009	2010
第一次産業	4,408	4,459	4,704	4,942	5,124	5,065	5,294	5,108	5,645	5,596	6,476	6,830	7,174	7,584	7,995	8,311
農業	1,821	1,879	1,853	2,003	2,313	2,328	2,379	2,168	2,643	2,582	3,295	3,470	3,753	4,000	4,233	4,474
畜産業	784	794	793	843	833	757	847	861	910	945	998	1,080	1,120	1,163	1,221	1,247
漁業	1,305	1,365	1,442	1,477	1,443	1,516	1,605	1,615	1,642	1,614	1,705	1,770	1,784	1,900	2,014	2,062
林業	499	422	617	619	535	464	463	464	450	454	477	511	516	521	526	527
第二次産業	1,495	1,561	1,823	1,936	2,346	3,078	3,430	4,007	4,490	5,235	5,900	6,977	7,564	7,870	7,123	8,088
鉱業	28	24	23	20	26	34	37	47	55	69	87	101	109	126	151	193
食品、飲料、タバコ	409	410	421	446	468	449	470	449	470	445	485	502	517	548	581	627
繊維縫製品、靴	130	205	399	548	771	1,297	1,666	2,021	2,360	2,947	3,217	3,873	4,261	4,355	3,963	4,696
木材、紙製品	113	123	177	154	147	132	93	94	80	84	92	100	105	110	116	121
ゴム製品	25	30	31	55	63	69	70	68	62	57	52	54	59	64	70	77
その他製造業	199	217	227	243	282	307	315	338	364	394	462	532	568	604	651	699
電気、ガス、水道	35	42	47	50	54	58	61	75	82	92	103	136	151	164	178	191
建設	558	511	498	420	535	732	718	913	1,014	1,148	1,401	1,681	1,795	1,899	1,994	1,485
第三次産業	3,554	3,880	3,995	4,193	4,804	5,231	5,688	6,259	6,627	7,502	8,484	9,341	10,289	11,217	11,478	11,857
卸・小売	1,232	1,294	1,366	1,377	1,447	1,512	1,544	1,606	1,665	1,763	1,913	2,049	2,244	2,455	2,558	2,750
ホテル、飲食	333	343	364	352	438	521	639	759	632	779	953	1,084	1,195	1,312	1,335	1,485
運輸・通信	636	707	666	682	877	930	996	1,152	1,189	1,303	1,491	1,523	1,633	1,749	1,817	1,962
金融	88	97	107	100	128	175	148	164	175	210	251	312	381	454	490	557
社会サービス	269	333	347	384	380	377	354	357	341	318	337	333	334	349	352	393
不動産	574	617	663	735	797	855	961	1,046	1,291	1,553	1,673	1,856	2,055	2,158	2,104	1,772
その他サービス	423	489	482	563	738	861	1,047	1,175	1,335	1,575	1,864	2,185	2,448	2,742	2,821	2,940
国内総生産（調整前）	9,457	9,900	10,522	11,071	12,274	13,374	14,412	15,374	16,762	18,333	20,860	23,148	25,027	26,671	26,596	28,256
調整項目	425	511	478	474	720	715	757	858	852	1,101	1,151	1,231	1,842	1,996	2,097	2,186
国内総生産（調整後）	9,883	10,411	10,999	11,545	12,994	14,089	15,169	16,232	17,612	19,434	22,009	24,380	26,870	28,668	28,692	30,403
（製造業）	876	985	1,255	1,446	1,731	2,254	2,614	2,970	3,336	3,927	4,308	5,061	5,510	5,681	5,381	6,220

出所：NIS (2006, 2008, 2011) より作成

付表6　産業別実質国民総生産（構成比）

(単位：%)

産業	1995	1996	1997	1998	1999	2000	2001	2002	2003	2004	2005	2006	2007	2008	2009	2010
第一次産業	46.6	45.0	44.7	44.6	41.7	37.9	36.7	33.2	33.7	30.5	31.0	29.5	28.7	28.4	30.1	29.4
農業	19.3	19.0	17.6	18.1	18.8	17.4	16.5	14.1	15.8	14.1	15.8	15.0	15.0	15.0	15.9	15.8
畜産業	8.3	8.0	7.5	7.6	6.8	5.7	5.9	5.6	5.4	5.2	4.8	4.7	4.5	4.4	4.6	4.4
漁業	13.8	13.8	13.7	13.3	11.8	11.3	11.1	10.5	9.8	8.8	8.2	7.6	7.1	7.1	7.6	7.3
林業	5.3	4.3	5.9	5.6	4.4	3.5	3.2	3.0	2.7	2.5	2.3	2.2	2.1	2.0	2.0	1.9
第二次産業	15.8	15.8	17.3	17.5	19.1	23.0	23.8	26.1	26.8	28.6	28.3	30.1	30.2	29.5	26.8	28.6
鉱業	0.3	0.2	0.2	0.2	0.2	0.3	0.3	0.3	0.3	0.4	0.4	0.4	0.4	0.5	0.6	0.7
食品、飲料、タバコ	4.3	4.1	4.0	4.0	3.8	3.4	3.3	2.9	2.8	2.4	2.3	2.2	2.1	2.1	2.2	2.2
繊維縫製品、靴	1.4	2.1	3.8	4.9	6.3	9.7	11.6	13.1	14.1	16.1	15.4	16.7	17.0	16.3	14.9	16.6
木材、紙製品	1.2	1.2	1.7	1.4	1.2	1.0	0.6	0.6	0.5	0.5	0.4	0.4	0.4	0.4	0.4	0.4
ゴム製品	0.3	0.3	0.3	0.5	0.5	0.5	0.5	0.4	0.4	0.3	0.2	0.2	0.2	0.2	0.3	0.3
その他製造業	2.1	2.2	2.2	2.2	2.3	2.3	2.2	2.2	2.2	2.1	2.2	2.3	2.3	2.3	2.4	2.5
電気、ガス、水道	0.4	0.4	0.4	0.5	0.4	0.4	0.4	0.5	0.5	0.5	0.5	0.6	0.6	0.6	0.7	0.7
建設	5.9	5.2	4.7	3.8	4.4	5.5	5.0	5.9	6.0	6.3	6.7	7.3	7.2	7.1	7.5	5.3
第三次産業	37.6	39.2	38.0	37.9	39.1	39.1	39.5	40.7	39.5	40.9	40.7	40.4	41.1	42.1	43.2	42.0
卸・小売	13.0	13.1	13.0	12.4	11.8	11.3	10.7	10.4	9.9	9.6	9.2	8.9	9.0	9.2	9.6	9.7
ホテル、飲食	3.5	3.5	3.5	3.2	3.6	3.9	4.4	4.9	3.8	4.2	4.6	4.7	4.8	4.9	5.0	5.3
運輸・通信	6.7	7.1	6.3	6.2	7.1	7.0	6.9	7.5	7.1	7.1	7.1	6.6	6.5	6.6	6.8	6.9
金融	0.9	1.0	1.0	0.9	1.0	1.3	1.0	1.1	1.0	1.1	1.2	1.3	1.5	1.7	1.8	2.0
社会サービス	2.8	3.4	3.3	3.5	3.1	2.8	2.5	2.3	2.0	1.7	1.6	1.4	1.3	1.3	1.3	1.4
不動産	6.1	6.2	6.3	6.6	6.5	6.4	6.7	6.8	7.7	8.5	8.0	8.0	8.2	8.1	7.9	6.3
その他サービス	4.5	4.9	4.6	5.1	6.0	6.4	7.3	7.6	8.0	8.6	8.9	9.4	9.8	10.3	10.6	10.4
国内総生産（調整前）	100.0	100.0	100.0	100.0	100.0	100.0	100.0	100.0	100.0	100.0	100.0	100.0	100.0	100.0	100.0	100.0
調整項目	4.5	5.2	4.5	4.3	5.9	5.3	5.3	5.6	5.1	6.0	5.5	5.3	7.4	7.5	7.9	7.7
国内総生産（調整後）	104.5	105.2	104.5	104.3	105.9	105.3	105.3	105.6	105.1	106.0	105.5	105.3	107.4	107.5	107.9	107.6
（製造業）	9.3	9.9	11.9	13.1	14.1	16.9	18.1	19.3	19.9	21.4	20.7	21.9	22.0	21.3	20.2	22.0

出所：NIS (2006, 2008, 2011) より作成

付表 7　産業別実質国民総生産（対前年成長率）

(単位：％)

産業	1995	1996	1997	1998	1999	2000	2001	2002	2003	2004	2005	2006	2007	2008	2009	2010
第一次産業	―	1.2	5.5	5.1	3.7	-1.2	4.5	-3.5	10.5	-0.9	15.7	5.5	5.0	5.7	5.4	4.0
農業	―	3.2	-1.4	8.1	15.5	0.6	2.2	-8.9	21.9	-2.3	27.6	5.3	8.2	6.6	5.8	5.7
畜産業	―	1.3	-0.1	6.3	-1.2	-9.1	11.9	1.7	5.7	3.8	5.6	8.2	3.7	3.8	5.0	2.1
漁産業	―	4.6	5.6	2.4	-2.3	5.1	5.9	0.6	1.7	-1.7	5.6	3.8	0.8	6.5	6.0	2.4
林業	―	-15.4	46.2	0.3	-13.6	-13.3	-0.2	0.2	-3.0	0.9	5.1	7.1	1.0	1.0	1.0	0.2
第二次産業	―	4.4	16.8	6.2	21.2	31.2	11.4	16.8	12.1	16.6	12.7	18.3	8.4	4.0	-9.5	13.5
鉱業	―	-14.3	-4.2	-13.0	30.0	30.8	8.8	27.0	17.0	25.5	26.1	16.1	7.9	15.6	19.8	27.8
食品、飲料、タバコ	―	0.2	2.7	5.9	4.9	-4.1	4.7	-4.5	4.7	-5.3	9.0	3.5	3.0	6.0	6.0	7.9
繊維縫製品、靴	―	57.7	94.6	37.3	40.7	68.2	28.5	21.3	16.8	24.9	9.2	20.4	10.0	2.2	-9.0	18.5
木材、紙製品	―	8.8	43.9	-13.0	-4.5	-10.2	-29.5	1.1	-14.9	5.0	9.5	8.7	5.0	4.8	5.5	4.3
ゴム製品	―	20.0	3.3	77.4	14.5	9.5	1.4	-2.9	-8.8	-8.1	-8.8	3.8	9.3	8.5	9.4	10.0
その他製造業	―	9.0	4.6	7.0	16.0	8.9	2.6	7.3	7.7	8.2	17.3	15.2	6.8	6.3	7.8	7.4
電気、ガス、水道	―	20.0	11.9	6.4	8.0	7.4	5.2	23.0	9.3	12.2	12.0	32.0	11.0	8.6	8.5	7.3
建設	―	-8.4	-2.5	-15.7	27.4	36.8	-1.9	27.2	11.1	13.2	22.0	20.0	6.8	5.8	5.0	-25.5
第三次産業	―	9.2	3.0	5.0	14.6	8.9	8.7	10.0	5.9	13.2	13.1	10.1	10.1	9.0	2.3	3.3
卸・小売	―	5.0	5.6	0.8	5.1	4.5	2.1	4.0	3.7	5.9	8.5	7.1	9.5	9.4	4.2	7.5
ホテル、飲食	―	3.0	6.1	-3.3	24.4	18.9	22.6	18.8	-16.7	23.3	22.3	13.7	10.2	9.8	1.8	11.2
運輸・通信	―	11.2	-5.8	2.4	28.6	6.0	7.1	15.7	3.2	9.6	14.4	2.1	7.2	7.1	3.9	8.0
金融	―	10.2	10.3	-6.5	28.0	36.7	-15.4	10.8	6.7	20.0	19.5	24.3	22.1	19.2	7.9	13.7
社会サービス	―	23.8	4.2	10.7	-1.0	-0.8	-6.1	0.8	-4.5	-6.7	6.0	-1.2	0.3	4.5	0.9	11.6
不動産	―	7.5	7.5	10.9	8.4	7.3	12.4	8.8	23.4	20.3	7.7	10.9	10.7	5.0	-2.5	-15.8
その他サービス	―	15.6	-1.4	16.8	31.1	16.7	21.6	12.2	13.6	18.0	18.3	17.2	12.0	12.0	2.9	4.2
国内総生産（調整前）	―	4.7	6.3	5.2	10.9	9.0	7.8	6.7	9.0	9.4	13.8	11.0	8.1	6.6	-0.3	6.2
調整項目	―	20.2	-6.5	-0.8	51.9	-0.7	5.9	13.3	-0.7	29.2	4.5	7.0	49.6	8.4	5.1	4.2
国内総生産（調整後）	―	5.3	5.6	5.0	12.6	8.4	7.7	7.0	8.5	10.3	13.2	10.8	10.2	6.7	0.1	6.0
（製造業）	―	12.4	27.4	15.2	19.7	30.2	16.0	13.6	12.3	17.7	9.7	17.5	8.9	3.1	-5.3	15.6

出所：NIS (2006, 2008, 2011) より作成

付表8　産業別実質国民総生産

(単位：%)

産業	1995	1996	1997	1998	1999	2000	2001	2002	2003	2004	2005	2006	2007	2008	2009	2010
第一次産業	100.0	101.2	106.7	112.1	116.2	114.9	120.1	115.9	128.1	127.0	146.9	154.9	162.7	172.1	181.4	188.5
農業	100.0	103.2	101.8	110.0	127.0	127.8	130.6	119.1	145.1	141.8	180.9	190.6	206.1	219.7	232.5	245.7
畜産業	100.0	101.3	101.1	107.5	106.3	96.6	108.0	109.8	116.1	120.5	127.3	137.8	142.3	148.3	155.7	159.1
漁業	100.0	104.6	110.5	113.2	110.6	116.2	123.0	123.8	125.8	123.7	130.7	135.6	136.7	145.6	154.3	158.0
林業	100.0	84.6	123.6	124.0	107.2	93.0	92.8	93.0	90.2	91.0	95.6	102.4	103.4	104.4	105.4	105.6
第二次産業	100.0	104.4	121.9	129.5	156.9	205.9	229.4	268.0	300.3	350.2	394.6	466.7	506.0	526.4	476.5	541.0
鉱業	100.0	85.7	82.1	71.4	92.9	121.4	132.1	167.9	196.4	246.4	310.7	360.7	389.3	450.0	539.3	689.3
食品、飲料、タバコ	100.0	100.2	102.9	109.0	114.4	109.8	114.9	109.8	114.9	108.8	118.6	122.7	126.4	134.0	142.1	153.3
繊維縫製品、靴	100.0	157.7	306.9	421.5	593.1	997.7	1,281.5	1,554.6	1,815.4	2,266.9	2,474.6	2,979.2	3,277.7	3,350.0	3,048.5	3,612.3
木材、紙製品	100.0	108.8	156.6	136.3	130.1	116.8	82.3	83.2	70.8	74.3	81.4	88.5	92.9	97.3	102.7	107.1
ゴム製品	100.0	120.0	124.0	220.0	252.0	276.0	280.0	272.0	248.0	228.0	208.0	216.0	236.0	256.0	280.0	308.0
その他製造業	100.0	109.0	114.1	122.1	141.7	154.3	158.3	169.8	182.9	198.0	232.2	267.3	285.4	303.5	327.1	351.3
電気、ガス、水道	100.0	120.0	134.3	142.9	154.3	165.7	174.3	214.3	234.3	262.9	294.3	388.6	431.4	468.6	508.6	545.7
建設	100.0	91.6	89.2	75.3	95.9	131.2	128.7	163.6	181.7	205.7	251.1	301.3	321.7	340.3	357.3	266.1
第三次産業	100.0	109.2	112.4	118.0	135.2	147.2	160.0	176.1	186.5	211.1	238.7	262.8	289.5	315.6	323.0	333.6
卸・小売	100.0	105.0	110.9	111.8	117.5	122.7	125.3	130.4	135.1	143.1	155.3	166.3	182.1	199.3	207.6	223.2
ホテル、飲食	100.0	103.0	109.3	105.7	131.5	146.5	191.9	227.9	189.8	233.9	286.2	325.5	358.9	394.0	400.9	445.9
運輸・通信	100.0	111.2	104.7	107.2	137.9	146.1	156.6	181.1	189.8	204.9	234.4	239.5	256.8	275.0	285.7	308.5
金融	100.0	110.2	121.6	113.6	145.5	198.9	168.2	186.4	198.9	238.6	285.2	354.5	433.0	515.9	556.8	633.0
社会サービス	100.0	123.8	129.0	142.8	141.3	140.1	131.6	132.7	126.8	118.2	125.3	123.8	124.2	129.7	130.9	146.1
不動産	100.0	107.5	115.5	128.0	138.9	149.0	167.4	182.2	224.9	270.6	291.5	323.3	358.0	376.0	366.6	308.7
その他サービス	100.0	115.6	113.9	133.1	174.5	203.5	247.5	277.8	315.6	372.3	440.7	516.5	578.7	648.2	666.9	695.0
国内総生産（調整前）	100.0	104.7	111.3	117.1	129.8	141.4	152.4	162.6	177.2	193.9	220.6	244.8	264.6	282.0	281.2	298.8
調整項目	100.0	120.2	112.5	111.5	169.4	168.2	178.1	201.9	200.5	259.1	270.8	289.6	433.4	469.6	493.4	514.4
国内総生産（調整後）	100.0	105.3	111.3	116.8	131.5	142.6	153.5	164.2	178.2	196.6	222.7	246.7	271.9	290.1	290.3	307.6
（製造業）	100.0	112.4	143.3	165.1	197.6	257.3	298.4	339.0	380.8	448.3	491.8	577.7	629.0	648.5	614.3	710.0

出所：NIS（2006, 2008, 2011）より作成
注：成長率1995年=100

付表9　カンボジアの貿易

(単位：百万ドル)

項目	1993	1994	1995	1996	1997	1998	1999	2000	2001	2002	2003
輸出額	219	462	798	618	786	800	1,129	1,397	1,571	1,770	2,087
(GSP品目)	0	0	28	102	279	377	678	1,013	1,188	1,392	1,628
(米)	0	0	0	1	1	7	51	15	57	28	94
(ゴム)	11	30	41	32	23	41	49	60	52	63	98
(木材)	85	197	185	148	224	182	138	100	68	38	25
(その他)	123	235	544	335	259	193	213	209	206	249	242
輸入額	361	737	1,244	1,093	1,050	1,166	1,591	1,936	2,094	2,361	2,668
(石油等)	18	29	100	128	91	147	151	156	175	150	180
(自動車)	19	12	22	25	26	15	27	23	26	38	36
(タバコ)	60	96	193	209	188	144	119	70	70	68	69
(オートバイ)	13	29	36	18	17	44	36	31	26	28	30
(金)	28	78	306	41	136	3	28	35	12	10	13
(GSP関連)											
(その他)	223	493	587	672	592	813	1,230	1,621	1,785	2,067	2,340
貿易収支	-142	-275	-446	-475	-264	-366	-462	-539	-523	-591	-581

項目	2004	2005	2006	2007	2008	2009	2010	2011	2012	2013	2014
輸出額	2,589	2,910	3,694	4,089	3,493	2,996	3,884	5,220	5,802	6,533	7,478
(GSP品目)	2,079	2,261	2,727	2,943	3,158	2,627	3,436	4,639	5,259	5,860	6,556
(米)	114	177	332	411							
(ゴム)	115	119	175	157							
(木材)	0	0	0	0							
(その他)	281	353	460	578	335	369	449	580	543	673	922
輸入額	3,269	3,904	4,727	5,423	5,076	4,490	5,466	6,710	7,544	9,743	10,769
(石油等)	172	164	212	273	421	414	466	969	1,134	1,124	1,054
(自動車)	65	90	105	172							
(タバコ)	81	80	103	108							
(オートバイ)	45	55	93	86							
(金)	25	5	2	1							
(GSP関連)					1,193	1,050	1,359	1,726	2,062	2,485	2,526
(その他)	2,881	3,510	4,212	4,783	3,462	3,026	3,641	4,015	4,348	6,135	7,189
貿易収支	-680	-994	-1,033	-1,334	-1,583	-1,494	-1,582	-1,490	-1,742	-3,210	-3,291

付表10 産業分野別適格投資認可額

(単位：百万ドル)

分野	1995	1996	1997	1998	1999	2000	2001	2002	2003	2004	2005	2006	2007	2008	2009	2010	2011	合計	構成比
農業	9	115	25	52	37	10	0	40	4	12	27	389	141	107	590	554	725	2,837	7.1%
鉱工業	260	412	441	419	201	58	86	52	87	133	607	2,429	1,174	905	1,368	2,005	3,436	14,073	35.3%
鉱業												3	31	5	15	92	31	356	0.9%
石油										0	179							202	0.5%
エネルギー										1	201							2,080	5.2%
木材加工	5	208	84	179	14	0	1	1	3	24	74	194	37	494	668	589	0	521	1.3%
建設・インフラ	141	21	210	56	6	7	0	0	0	1	35	2,075	606	0	16	2	0	5,496	13.8%
食品加工	18	23	7	1	14	4	2	0	41	21			229	191	410	1,059	658	417	1.0%
繊維縫製	30	52	94	121	133	35	20	17	29	85	118	139	205	4	12	36	26	1,849	4.6%
靴	0	9	19	12	11	2	0	0	0	1		18	26	146	93	134	398	221	0.6%
電子機器	3	11	2	0	0	3	0	0	0					12	28	48	35	19	0.0%
機械	5	2	0	2	5	2	2	0	0				2	0	2	8	9	39	0.1%
プラスチック													5	6	15	6	0	32	0.1%
その他	58	86	25	48	18	5	61	34	14				26	47	109	31	2,279	2,841	7.1%
サービス業	1,973	229	280	384	218	150	118	145	161	85	416	650	1,341	9,877	3,901	132	2,851	22,911	57.5%
観光	1,513	116	42	90	25	80	74	47	115	42	38	293	1,247	8,776	3,884	128	2,477	18,987	47.7%
ホテル										14	65	21	3	0	17	4	283	407	1.0%
その他	460	113	238	294	193	70	45	98	46	29	313	336	91	1,101	0	0	91	3,518	8.8%
合計	2,242	756	746	855	456	218	205	238	251	230	1,050	3,468	2,656	10,889	5,859	2,691	7,012	39,822	100.0%

付表11 国別適格投資認可額

(単位：百万ドル)

国	1995	1996	1997	1998	1999	2000	2001	2002	2003	2004	2005	2006	2007	2008	2009	2010	2011	合計	構成比
カンボジア	315	134	136	248	276	58	65	93	185	76	37	1,646	1,323	3,932	3,753	391	1,930	14,598	36.7%
中国	3	39	39	113	46	28	5	24	34	83	454	274	180	4,371	893	694	1,193	8,473	21.3%
韓国	1	5	209	5	0	19	2	79	2	6	56	1,010	148	1,238	121	1,027	146	4,074	10.2%
マレーシア	1,375	201	73	147	15	2	51	1	5	33	26	26	241	3	7	167	235	2,608	6.5%
英国	54	50	6	0	2	17	2	0	0	2		4	26	6	0	0	2,238	2,407	6.0%
米国	119	3	92	0	26	12			2	3	4	44	3	671	1	36	144	1,160	2.9%
ベトナム							0	24	0			2	139	21	210	115	631	1,142	2.9%
台湾	6	171	35	144	50	19	57	7	1	14	10	41	40	21	27	92	82	817	2.1%
タイ	10	40	28	33	14	26	15		7	1	81	89	108	74	178	0	0	706	1.8%
シンガポール	105	34	13	49	2	8		1	4	5	25	12	2	52	272	37	14	635	1.6%
ロシア				2			0	0	0			278	0	102	235	0	0	617	1.5%
香港	12	12	67	91	21	5	1	2	6		1		26	0	7	30	331	616	1.5%
フランス	237	12	1	1	0	5			6	3	8		35	6	50	0	0	364	0.9%
イスラエル													2	300	0	2	0	304	0.8%
日本	1	11		1	1	0	1	2		2			113	8	5	0	6	151	0.4%
その他	4	44	47	21	3	19	6	5			348	38	270	84	100	98	62	1,151	2.9%
合計	2,242	756	746	855	456	218	205	238	251	230	1,050	3,468	2,656	10,889	5,859	2,691	7,012	39,822	100.0%

付表12 天然ゴム樹液採取可能面積

(単位：ha)

区分	1996	1997	1998	1999	2000	2001	2002	2003	2004	2005	2006	2007	2008	2009	2010
Boeng Keth	6,974	2,818	5,574	4,876	4,910	4,910	3,741	3,292	2,881	2,472	2,066	1,310	1,300	1,025	1,025
Chamcar Andong	8,784	6,837	8,469	5,833	5,825	5,488	3,853	3,429	3,076	2,469	2,387	1,810	1,955	1,746	2,141
Chup	13,288	9,943	9,255	8,458	8,020	7,285	7,288	6,639	6,252	5,671	5,687	6,978	6,269	6,249	6,261
Krek	3,622	6,800	4,104	4,004	4,004	3,508	3,607	3,507	3,353	3,188	3,005	2,639	1,363	1,414	1,494
Memot	7,040	3,282	6,328	5,990	5,623	5,094	4,534	3,991	3,214	2,621	2,196	1,778	1,903	2,181	2,331
Peam Cheang	–	3,522	2,897	2,922	2,929	2,848	2,955	2,591	2,484	2,314	2,137	2,064	2,001	2,160	2,013
Snoul	3,372	8,742	3,134	3,034	3,034	3,034	3,034	2,746	1,903	1,512	1,435	1,082	1,004	883	1,153
小計	43,080	41,945	39,761	35,116	34,346	32,166	29,012	26,195	23,163	20,246	18,913	17,661	15,815	15,658	16,418
その他	–	–	–	–	–	–	–	–	715	1,839	1,670	336	17,854	18,477	21,988
合計	43,080	41,945	39,761	35,116	34,346	32,166	29,012	26,195	23,878	22,085	20,583	17,997	33,669	34,135	38,406

出所：General directorate of rubber plantation (2006), National institute of statistics (2008, 2012) より作成

付表13 天然ゴム一次加工品生産量

(単位：トン)

区分	1996	1997	1998	1999	2000	2001	2002	2003	2004	2005	2006	2007	2008	2009	2010
Boeng Keth	7,234	5,536	4,552	4,772	4,316	3,506	2,801	4,539	2,849	1,336	596	449	650	994	1,509
Chamcar Andong	8,282	7,925	6,205	8,012	7,339	6,488	5,101	4,182	2,762	1,931	1,567	1,632	1,341	1,364	706
Chup	12,453	14,659	11,458	12,695	11,440	11,086	10,203	9,597	8,318	7,467	8,908	9,160	9,027	8,980	9,502
Krek	3,828	3,522	4,180	4,503	4,306	4,169	3,704	3,701	3,401	3,219	3,689	3,005	966	1,736	1,334
Memot		6,800	5,738	7,075	7,298	6,341	4,552	4,493	2,780	1,998	1,790	1,106	1,213	1,590	2,169
Peam Cheang	–	351	3,419	3,460	3,450	3,202	2,963	3,091	3,379	2,801	2,994	3,014	2,153	1,915	554
Snoul	3,104	3,282	2,575	3,208	2,882	2,882	2,429	2,301	2,100	1,371	1,479	1,146	1,065	639	1,467
小計	41,353	42,075	38,127	43,725	41,031	37,674	31,753	31,904	25,589	20,123	21,023	19,512	16,415	17,218	17,241
その他	–	–	–	–	–	–	–	–	440	2,440	2,972	203	15,261	20,163	25,006
合計	41,353	42,075	38,127	43,725	41,031	37,674	31,753	31,904	26,029	22,563	23,995	19,715	31,676	37,381	42,247

出所：General directorate of rubber plantation (2006), National institute of statistics (2008, 2012) より作成

付表14 ミレニアム開発目標

	ゴール		目標		指標	2015年目標値	2011年実績値	基準年実績値
1	極度の貧困と飢餓の撲滅	A	1日1.25ドル未満で生活する人口の割合を1990年の水準の半数に減少させる	1	1日1.25ドル（購買力平価）未満で生活する人口の割合		19.8%	—
				2	貧困ギャップ比率	19.5%		31.0% (1993)
				3	国内消費全体のうち、最も貧しい5分の1の人口が占める割合	11.0%	9.0%	7.4% (1993)
		B	女性、若者を含むすべての人々に、完全かつ生産的な雇用、そしてディーセント・ワークの提供を実現する	4	就業者1人当たりのGDP成長率	—	—	—
				5	労働年齢人口に占める就業者の割合	8.0%	13.8%	—
				6	1日1ドル（購買力平価）未満で生活する就業者の割合	—	—	—
				7	総就業者に占める自営業者と家族労働者の割合	—	—	—
		C	飢餓に苦しむ人口の割合を1990年の水準の半数に減少させる	8	低体重の5歳未満児の割合	22.0%	15.1%	45.2% (2000)
				9	カロリー消費が必要最低限のレベル未満の人口の割合	10.0%		20.0% (1993)
2	初等教育の完全普及の達成	A	すべての子どもが男女の区別なく初等教育の全課程を修了できるようにする	1	初等教育における純就学率	100.0%	96.4%	87.0% (2001)
				2	第1学年に就学した生徒のうち初等教育の最終学年まで到達する生徒の割合	100.0%	89.7%	51.0% (2001)
				3	15〜24歳の男女の識字率	100.0%		82.0% (1999)
3	ジェンダー平等推進と女性の地位向上	A	可能な限り初等・中等教育における男女格差を解消し、すべての教育レベルにおける男女格差を解消する	1	初等・中等・高等教育における男子生徒に対する女子生徒の比率	100.0%	92.7%	48.0% (2001)
				2	非農業部門における女性賃金労働者の割合	50.0%	製造業70.8%、サービス業28.8%	製造業44.0%(1998)、サービス業21.0%(1998)
				3	国会における女性議員の割合	30.0%	22.0%	12.0% (2003)
4	乳幼児死亡率の削減	A	5歳未満児の死亡率を1990年の水準の3分の1に削減する	1	5歳未満児の死亡率	6.5%	5.4%	12.4% (1998)
				2	乳幼児死亡率	5.0%	4.5%	9.5% (1998)
				3	はしかの予防接種を受けた1歳児の割合	90.0%	82.0%	41.4% (2000)
5	妊産婦の健康の改善	A	妊産婦の死亡率を1990年の水準の4分の1に削減する	1	妊産婦死亡率	0.1%	0.2%	0.44% (1997)
				2	医師・助産婦の立ち会いによる出産の割合	80.0%	69.6%	32.0% (2000)
		B	リプロダクティブ・ヘルスへの普遍的アクセスを実現する	3	避妊具普及率	60.0%	—	18.5% (2000)
				4	青年期女子による出産	—	—	—
				5	産前ケアの機会	90.0%	80.0%	30.5% (2000)
				6	家族計画の必要性が満たされていない割合			—

6 HIV/エイズ、マラリア、その他の疾病の蔓延の防止	A HIV/エイズの蔓延を食い止め、その後減少させる	1	15〜24歳のHIV感染率	1.8%	-	3.0% (1997)
		2	最後のハイリスクな性交渉におけるコンドーム使用率	-	-	-
		3	HIV/エイズに関する包括的かつ正確な情報を有する15〜24歳の割合	-	-	-
		4	10〜14歳のエイズ孤児ではない子どもの就学率に対するエイズ孤児の就学率	-	-	-
	B HIV/エイズの治療への普遍的アクセスを実現する	5	治療を必要とするHIV感染者のうち、抗レトロウイルス薬へのアクセスを有する者の割合	75.0%	-	3.0% (2002)
	C マラリアおよびその他の主要な疾病の発生を食い止め、その後発生率を減少させる	6	マラリア有病率およびマラリアによる死亡率	0.1%	0.3%	0.4% (2000)
		7	殺虫剤処理済みのマラリアの蚊帳を使用する5歳未満児の割合	-	-	-
		8	適切な抗マラリア薬により治療を受ける5歳未満児の割合	-	-	-
		9	結核の有病率および結核による死亡率	0.032%	-	0.090% (1997)
		10	DOTS(短期科学療法を用いた直接監視下治療)の下で発見され、治療された結核患者の割合	85.0%	-	89.0% (2002)
7 環境の持続可能性確保	A 持続可能な開発の原則を国家政策およびプログラムに反映させ、環境資源の損失を減少させ続ける	1	森林面積の割合	60.0%	58.0%	60.0% (2002)
		2	二酸化炭素の総排出量、1人当たり排出量、GDP1ドル(購買力平価)当たり排出量	-	-	-
		3	オゾン層破壊物質の消費量	-	-	-
		4	安全な生態系限界内での漁獲資源の割合	-	-	-
		5	再生可能水資源総量の割合	-	-	-
	B 生物多様性の損失を確実に減少させ、その後も継続的に減少させ続ける	6	保護対象となっている陸域と海域の割合	-	-	-
		7	絶滅危機に瀕する生物の割合	-	-	-
	C 安全な飲料水および衛生施設を継続的に利用できない人々の割合を半減する	8	改良飲料水源を継続して利用できる人口の割合	都市80.0%, 地方50.0%	都市87.8%, 地方42.7%	都市60.0% (1998), 地方24.0% (1998)
		9	改良衛生施設を利用できる人口の割合	都市74.0%, 地方30.0%	都市81.1%, 地方33.4%	都市49.0% (1998), 地方8.6% (1998)
	D 2020年までに、少なくとも1億人のスラム居住者の生活を改善する	10	スラムに居住する都市人口の割合	-	-	-

付表15 カンボジアの財政収支

(単位：十億リエル)

項目	1995	1996	1997	1998	1999	2000	2001	2002	2003	2004	2005	2006	2007	2008	2009	2010	2011	2012
歳入・贈与	643.0	749.1	1,171.8	1,285.0	1,658.8	1,791.8	2,028.8	2,426.5	2,320.4	2,623.0	3,207.6	4,155.6	4,976.4	6,651.1	6,134.7	8,545.5	8,527.5	9,812.9
歳入	643.0	749.1	881.0	942.8	1,317.0	1,408.0	1,529.4	1,786.1	1,821.4	2,220.0	2,719.2	3,394.5	4,222.6	5,567.0	5,120.7	6,220.9	6,849.7	8,196.3
経常収入	635.3	709.8	868.7	909.6	1,303.0	1,379.0	1,520.4	1,769.9	1,790.0	2,200.5	2,567.6	3,017.0	4,213.6	5,487.7	5,091.4	6,091.0	6,773.1	7,948.4
租税収入	445.5	534.3	597.4	679.4	948.0	1,026.0	1,096.6	1,269.3	1,267.1	1,656.2	1,989.8	2,391.6	3,584.7	4,688.7	4,340.1	5,022.0	5,689.8	6,812.8
税外収入	189.8	175.5	271.3	230.2	355.0	353.0	423.8	500.6	522.9	544.3	577.8	625.4	629.0	799.0	751.3	1,069.0	1,083.4	1,135.6
資本収入	7.7	39.2	12.3	33.2	14.0	29.0	9.0	16.3	31.4	19.5	151.6	377.5	9.0	79.2	29.3	129.9	76.5	247.9
贈与	n.a.	n.a.	290.8	342.2	341.8	383.8	499.4	640.4	499.0	403.0	488.4	761.1	753.8	1,084.1	1,014.1	2,324.6	1,677.8	1,616.6
歳出	1,247.9	1,319.7	1,259.9	1,571.0	1,825.0	2,085.0	2,517.0	2,963.2	2,946.5	2,970.2	3,388.6	4,203.1	5,151.2	6,680.8	8,827.6	10,020.1	10,769.3	11,138.8
経常支出	736.8	789.8	808.0	941.0	1,097.0	1,189.0	1,415.7	1,574.9	1,758.1	1,745.7	2,031.7	2,450.9	2,978.9	3,952.9	4,912.3	5,153.9	5,917.4	6,107.1
公共サービス	72.6	76.7	90.3	140.0	133.7	187.9	269.0	298.2	336.4	302.2	355.6	446.2	585.0	1,338.7	1,413.2	1,596.8	1,824.6	1,952.0
国防	456.1	434.4	446.6	481.3	473.5	455.0	417.3	406.8	411.0	422.8	451.2	520.2	615.9	813.8	1,427.4	1,218.6	1,221.3	1,349.1
教育	77.9	84.3	87.5	105.3	166.8	183.2	209.2	289.7	300.5	325.9	350.8	445.6	491.4	606.5	708.2	732.0	738.3	821.3
保健	26.1	42.6	45.3	43.8	76.3	121.0	129.7	164.4	173.0	192.1	224.6	260.8	343.3	426.8	524.5	614.9	654.0	755.3
社会保障	37.6	44.7	49.9	47.9	25.4	26.9	28.2	33.3	33.4	32.6	95.4	108.0	129.1	159.0	195.9	237.7	278.4	343.5
経済サービス	55.4	83.9	77.9	91.8	150.7	84.0	150.7	159.5	170.5	151.3	178.1	218.3	239.8	288.6	348.5	406.3	389.9	425.8
その他	11.0	23.2	18.7	23.8	83.0	71.0	211.5	213.3	333.4	318.8	982.5	355.6	569.2	802.2	134.6	246.2	268.8	284.2
資本支出	511.1	529.9	451.9	630.0	728.0	896.0	1,101.3	1,388.3	1,188.3	1,224.5	1,356.9	1,752.1	2,172.3	2,727.7	3,915.4	4,866.2	4,852.0	5,031.8
総合収支	-604.9	-570.6	-88.1	-286.0	-166.2	-293.2	-488.2	-536.7	-626.0	-347.2	-181.0	-47.5	-174.8	-29.7	-2,692.9	-1,474.6	-2,241.9	-1,325.9

付表16 カンボジアの国際収支

(単位：百万ドル)

項目	1995	1996	1997	1998	1999	2000	2001	2002	2003	2004	2005	2006	2007	2008	2009	2010	2011	2012
経常収支	−108.1	−106.8	21.1	−178.4	−176.6	−100.5	−43.0	−99.2	−167.3	−114.8	−225.1	−262.2	−424.2	−819.9	−784.6	−771.7	−711.8	−1,207.5
貿易収支	−333.1	−428.0	−230.8	−363.8	−461.5	−538.6	−522.8	−590.7	−581.3	−680.6	−1,010.3	−1,078.9	−1,268.9	−1,583.6	−1,494.2	−1,581.6	−1,490.1	−1,949.2
（輸出）	853.9	643.6	861.6	802.0	1,130.3	1,397.1	1,571.2	1,769.8	2,086.8	2,588.9	2,908.0	3,692.4	3,247.8	3,493.1	2,995.7	3,884.3	5,219.5	6,015.7
（輸入）	−1,187.0	−1,071.6	−1,092.4	−1,165.8	−1,591.9	−1,935.7	−2,094.0	−2,360.5	−2,668.1	−3,269.5	−3,918.3	−4,771.2	−4,516.7	−5,076.7	−4,489.9	−5,466.0	−6,709.5	−7,964.9
サービス・所得収支	−131.0	−137.9	−96.8	−103.2	−96.4	−22.2	39.4	44.9	−65.2	69.5	182.2	186.2	252.1	152.4	138.2	167.4	194.3	258.0
経常移転収支	355.9	459.1	348.8	288.6	381.3	460.3	440.4	446.7	479.3	496.3	603.0	630.5	592.7	611.2	571.4	642.6	584.0	483.7
資本収支	109.9	259.3	163.7	225.3	192.4	183.6	58.7	164.8	243.7	219.1	310.5	501.9	891.1	1,387.0	788.3	951.3	1,046.9	1,625.4
直接投資	150.7	293.7	168.1	223.0	223.1	141.9	142.1	139.1	74.3	121.2	374.9	474.8	866.2	794.7	520.2	762.0	872.5	1,526.6
国際援助	n.a.	n.a.	n.a.	42.7	43.2	74.6	78.1	124.2	148.6	154.4	144.0	122.1	199.6	234.7	153.1	244.9	221.8	473.1
その他	−40.8	−34.4	−4.4	−40.4	−73.9	−32.9	−161.5	−98.5	20.7	−56.5	−208.4	−95.0	−174.7	357.7	115.0	−55.7	−47.4	−374.2
誤差脱漏	12.8	−78.0	−151.2	−26.7	32.3	12.4	24.7	0.9	−39.8	−45.8	−11.0	−40.2	−44.5	−45.0	−8.4	−29.4	−26.4	−42.4
外貨準備増減	−14.6	−74.5	−33.6	−20.2	−48.1	−95.5	−40.4	−66.6	−36.6	−58.5	−74.4	−199.5	−422.5	−522.0	−103.8	−150.3	−308.7	−375.5
外貨準備高	192.0	265.8	298.6	439.2	509.5	610.9	697.6	913.7	981.9	1,118.2	1,158.6	1,410.7	2,143.2	2,640.6	3,288.4	3,802.1	4,069.0	4,938.0
外貨準備高/輸入額（月）	1.9	3.0	3.3	4.5	3.8	3.8	4.0	4.6	4.4	4.1	3.5	3.5	5.7	6.2	8.8	8.3	7.3	7.4
短期債務残高	101.9	107.0	125.0	136.7	151.5	226.6	223.9	216.8	221.4	262.1	279.4	209.1	223.8	322.9	264.6	261.7	391.8	n.a.
外貨準備高/短期債務残高（年）	1.9	2.5	2.4	3.2	3.4	2.7	3.1	4.2	4.4	4.3	4.1	6.7	9.6	8.2	12.4	14.5	10.4	n.a.

人名索引

ア
アイザード (Isard, W.) 64
赤松要 24, 74
アンゾフ (Ansoff, H. Igor) 88
イースターリー (Easterly, W.) 212
ウェーバー (Weber, A.) 64

カ
クルーグマン (Krugman, P.) 23, 65, 66, 74, 79
コース (Coase, R. H.) 72, 74
小島清 74
コリアー (Collier, P.) 212

サ
サックス (Sachs, J. D.) 212
シハヌーク 1, 3, 4, 5, 6
シハモニ 3, 6
末廣昭 84, 85
セン (Sen, K. Amartya) 187

タ
ダニング (Dunning, J.) 74
デルヴェール (Delvert, J.) 127, 226

ナ
ヌルクセ (Nurkse, R.) 212
ノース (North, D.) 74
野澤知弘 98

ハ
バーノン (Vernon, R.) 74
ハイマー (Hymer, S. H.) 72
バラッサ (Balassa, B.) 52
ハリス＝トダロ (Harris, J. and Todaro, M. P.) 15
フン・セン 1, 3, 5, 6, 7, 37, 87, 143
ヘクシャー＝オリーン (Heckscher, E. F. and Ohlin, B.) 54, 74
ペティ＝クラーク (Petty, W. and Clark, C. G.) 28
ペンローズ (Penrose, E.) 72

マ
マーシャル (Marshall, A.) 65, 66
マルサス (Malthus, T. R.) 14
ミュルダール (Myrdal, G.) 212

ヤ
ユヌス (Yunus, M.) 169

ラ
ライベンシュタイン (Leibenstein, H.) 14
ラナリット 3, 5
リカード (Ricardo, D.) 54, 74
ルイス (Lewis, W. A.) 15
ローゼンシュタイン＝ロダン (Rosenstein-Rodan, P.) 212
ロストウ (Rostow, W. W.) 24

Kim Hap 88, 90
Kith Meng 87, 88, 95
Kok An 88
Lim Chhiv Ho 88, 92
Ly Yong Phat 88, 92
Mong Reththy 88, 94
Pung Kheav Se 88, 89, 164, 165
Sok Kong 87, 88, 96
Sy Kong Triv 87, 88, 91
Theng Bunma 87, 88, 97

事項索引

ア

アジア開発銀行　41, 186, 209
アジア通貨危機　20, 28, 149
アジアの奇跡の幻　23
一般特恵関税　53, 55
エステート　129, 133, 134, 136
越境交通協定　140
欧州連合　209

カ

改正投資法　60, 134
開発援助委員会　185, 212, 213
拡大構造調整融資　186
カップランプ　130, 131, 132, 133
カンボジア NGO 協議会　218
カンボジア王国投資法　59
カンボジア王国投資法の遂行　59
カンボジア・ガーメント・トレーニング・センター　104, 193
カンボジア開発協力フォーラム　209
カンボジア開発評議会　59
カンボジア経済センサス2011　193
カンボジア・ゴム開発協会　128
カンボジア市民フォーラム　218
カンボジア社会経済調査　237
カンボジア証券取引所　154
カンボジア商工会議所　87
カンボジア人民党　6, 7, 87
カンボジア繊維縫製業協会　85, 87
カンボジア天然ゴム研究所　128
カンボジア電力公社　244, 245
カンボジア投資委員会　59
カンボジア日本人材開発センター　215
カンボジア日本人商工会　71
カンボジア縫製業協会　100

カンボジア・マイクロファイナンス協会　170
カンボジア・ミレニアム開発目標　222, 223
カンボジア・ラオス・ベトナム開発の三角地帯　143
技術的格付けゴム　130, 131, 136
京都議定書　225
クズネッツの逆U字仮説　187
グラミン・バンク　169, 180
クリーン開発メカニズム　225
燻煙シート・ゴム　130, 131, 136
経済協力開発機構　185, 209, 210, 212, 213
経済センサス　30, 85, 106
工業開発10カ年政策　48
購買力平価　184
国際エネルギー機関　233, 234
国際開発協会　42, 209
国際協力機構　80, 226
国際金融公社　165, 170
国際通貨基金　186
国際労働機関　101, 102, 120
国連開発計画　41, 186, 209
国連開発プログラム　188, 239
国連カンボジア暫定統治機構　3, 5, 95
国連食糧農業機関　41
国家戦略開発計画　33, 34, 42, 44, 45, 46, 47, 128
コッコン SEZ　93, 142
壊れた籠　12

サ

最恵国待遇　21, 100
サム・ランシー党　6, 7
サンコー・ポイペト SEZ　142

ジェンダー　45, 47, 189, 215
ジニ係数　37, 38
シハヌーク派　5
社会経済復興計画　33, 34, 42
重債務貧困国イニシアティブ　42
所得貧困　184
人口ボーナス期　14
森林減少および森林劣化等に起因する温室効果ガスの排出削減　225
垂直分業型　76, 77
水平分業型　76, 77
スモール・ホルダー　123, 128, 129, 132, 133, 134
成長マトリックス　88, 99
政府開発援助　213
——大綱　213, 214
——に関する中期政策　214
世界エイズ・結核・マラリア対策基金　209
世界銀行　42, 105, 186
世界貿易機関　3, 21, 51, 52, 101
繊維・縫製品協定　100

タ

第一次社会経済開発計画　33, 35, 42, 127
タイセン SEZ　142
第二次社会経済開発計画　33, 37, 39, 40, 41, 42, 127
タイ・プラス1　71, 76, 142
多国間繊維協定　100, 101
多次元貧困指数　188, 189
チャイナ・プラス1　71, 76
貯蓄・投資ギャップ　210, 211
低所得国　184
テール・ルージュ　127
適格投資案件　141
適格投資認可額　61
適格投資プロジェクト　60

天然ゴム・エステート　130, 132
投資の自由化、促進及び保護に関する日本国とカンボジア王国との間の協定　71
投資法　21, 100
東南アジア諸国連合　3, 20, 21, 24, 25, 29, 36, 51, 52, 59, 79, 80, 185, 189, 207, 214
特別経済区　79, 141
土地コンセッション　63
特恵関税　100
トライアングル・ストラテジー　37, 43
ドラゴンキング SEZ　142
トリクル・ダウン仮説　187

ナ

南部経済回廊　80, 139
日メコン協力のための東京戦略2012　214
日本・ASEAN 包括的経済連携協定　52
日本カンボジア官民合同会議　72
日本・カンボジア間友好条約　3
日本・カンボジア経済技術協力協定　214
日本・カンボジア投資協定　3
日本・メコン地域諸国首脳会議　214
人間開発指数　39, 188, 189
農業センサス　124
濃縮ラテックス　130, 131
ノン・フォーマル教育　191

ハ

バリューチェーン　79, 80, 104
万人のための教育　191
東アジアの奇跡　22
ビッグ・プッシュ　212
1人当たり国民総所得　184
貧困ギャップ比率　37, 190
貧困削減・成長融資　186
貧困削減戦略文書　42, 43, 186
貧困者比率　37, 184, 185
フィールド・ラテックス　130, 131

フィッシング・ロット　227, 228
プノンペン商工会議所　87, 97
プノンペン特別経済区　72
プレビッシュ＝シンガー命題　54
プロダクトサイクル・モデル　74
ベーシック・ヒューマン・ニーズ　187
ベター・ファクトリーズ・カンボジア　101
ポイペト・オーニアンSEZ　142
包括的開発フレームワーク　42

マ
マンハッタンSEZ　142, 143
未燻煙シート・ゴム　130, 131
ミレニアム開発計画　33, 45
ミレニアム開発目標　33, 188, 189, 263

ヤ
ユニセフ　41
良い統治（グッド・ガバナンス）　44, 47

ラ
ラテックス　132, 133, 136
リーマン・ショック　22, 28, 47, 54
レクタングラー・ストラテジー　44, 45, 47
ローマ・クラブ　14

A
ACLEDA Bank　151, 152, 156, 159, 161, 162, 163, 164, 165, 169, 170
Anco　88, 89
Anco Brothers　88
ASEAN　3, 20, 21, 24, 25, 29, 36, 51, 52, 59, 79, 80, 185, 189, 207, 214
AFTA　21, 51, 52, 207
Association for Rubber Development of Cambodia　127

B
B to B　78
B to C　78
BOT　63, 93, 210

C
Cambodia Mekong Bank　151, 152, 163, 164, 167
Cambodian Public Bank　151, 152, 156, 158, 162, 163, 164, 166
Canadia Bank　89, 151, 152, 156, 158, 159, 161, 162, 163, 164
Canadia Integrated Enterprise　88, 89, 90
CLMV　24, 52
CMP（Cutting, Making and Packing）　85
CRRI　133

E
EDC　244, 245
ENJJ協議会　216

G
GMAC　104

I
IEA　233, 234
ILO　101, 102, 120
IMF　36, 42, 233

J
JICA　225

K
Kim Hap　88, 90
KT Pacific　87, 88, 91

L
LCH　88, 92

L.Y.P　88, 92, 93

M
Mekong Bank　97
Mong Reththy　88, 94

N
NIEs　59

O
OECD　185, 209, 210, 212, 213
Overseas Cambodia Investment Corporation　89

R
Royal　87, 88, 95

S
SOKIMEX　87, 88, 96, 97

T
Thai Boon Roong　88, 97, 98

U
UNDP　188, 239
UNTAC　20, 21

W
WTO　3, 21, 51, 52, 101

著者紹介

廣畑 伸雄（ひろはた のぶお）
国立大学法人山口大学大学院技術経営研究科教授、博士（工学）
1983年日本開発銀行（現．日本政策投資銀行）入行、同行設備投資研究所研究員、日本経済研究所国際部長、スタンフォード大学国際政策研究所客員研究員などを経て現職。
主著：
『ビジネスガイド・カンボジア』ジェトロ、2000年
『カンボジア経済入門──市場経済化と貧困削減』日本評論社、2004年
『メコン地域開発──残された東アジアのフロンティア』（分担執筆）アジア経済研究所、2005年
『メコン流域国の経済発展戦略──市場経済化の可能性と限界』（分担執筆）日本評論社、2005年

福代 和宏（ふくよ かずひろ）
国立大学法人山口大学大学院技術経営研究科研究科長・教授、博士（工学）
1998年日立製作所入社、同機械研究所研究員を経て2002年より山口大学勤務、2015年より現職。
訳書：
『戦略的技術マネジメント──科学・技術とビジネスの架け橋』（共訳）日本評論社、2007年

初鹿野 直美（はつかの なおみ）
日本貿易振興機構バンコク事務所／アジア経済研究所研究員
2003年日本貿易振興機構アジア経済研究所入所、カンボジア王立法律経済大学客員研究員などを経て現職。
主著：
『後発ASEAN諸国の工業化──CLMV諸国の経験と展望』（分担執筆）アジア経済研究所、2006年
『開発援助がつくる社会生活──現場からのプロジェクト診断』（共著）大学教育出版、2010年
『カンボジアを知るための62章 第2版』（分担執筆）明石書店、2012年
『東アジアにおける移民労働者の法制度──送出国と受入国の共通基盤の構築に向けて』（分担執筆）アジア経済研究所、2014年

新・カンボジア経済入門──高度経済成長とグローバル化

2016年7月15日／第1版第1刷発行

著　者　廣畑 伸雄／福代 和宏／初鹿野 直美
発行者　串崎 浩
発行所　株式会社日本評論社
〒170-8474　東京都豊島区南大塚 3-12-4
　　　　　　電話　03-3987-8621（販売）
　　　　　　　　　03-3987-8601（編集）
https://www.nippyo.co.jp/
印刷所　精文堂印刷株式会社
製本所　牧製本印刷株式会社
装　幀　山崎 登

© Nobuo HIROHATA/Kazuhiro FUKUYO/Naomi HATSUKANO　検印省略
Printed in Japan
ISBN 978-4-535-55856-4

JCOPY　〈(社)出版者著作権管理機構 委託出版物〉
本書の無断複写は著作権法上での例外を除き禁じられています。複写される場合は、そのつど事前に、(社)出版者著作権管理機構（電話 03-3513-6969、FAX 03-3513-6979、e-mail：info@jcopy.or.jp）の許諾を得てください。
また、本書を代行業者等の第三者に依頼してスキャニング等の行為によりデジタル化することは、個人の家庭内の利用であっても、一切認められておりません。